『勧進帳』　弁慶＝十代目松本幸四郎　富樫＝二代目中村吉右衛門　長唄囃子連中
平成30(2018)年1月・歌舞伎座　©松竹(株)

『義経千本桜』「吉野山」　忠信 実は 源九郎狐＝六代目中村勘九郎　清元連中
平成30(2018)年10月・歌舞伎座　©松竹(株)

『阿国歌舞伎図屏風』(部分)　京都国立博物館蔵
舞台後方に、囃子方(笛、小鼓、大鼓、太鼓)の姿が描かれている。

『四条河原遊楽図屏風』(部分)　静嘉堂文庫美術館蔵　(公財)静嘉堂／DNPartcom
舞台中央にいる遊女が、床几に腰かけて三味線を弾いている。

『洛中洛外図屏風（舟木本）』（部分）　岩佐又兵衛　東京国立博物館蔵　Image: TNM Image Archives
芝居小屋の上部にある櫓に、三種の武器とともに大太鼓が据えられている。

『助六由縁江戸桜』　茶屋回り金太＝二代目大谷廣松　茶屋回り新次＝三代目大谷廣太郎
平成20(2008)年1月・歌舞伎座　©松竹(株)

右:『壇浦兜軍記』「阿古屋」　阿古屋＝五代目坂東玉三郎　平成30(2018)年12月・歌舞伎座　©松竹(株)
左:『一谷嫩軍記』「熊谷陣屋」　熊谷直実＝二代目中村吉右衛門　平成24(2012)年3月・京都南座　©松竹(株)

音を聴く　深く観る

歌舞伎音楽事始《ことはじめ》

土田牧子

NHK出版

装幀　tobufune　　装画　中島梨絵

はじめに

劇場で皆さんを歌舞伎の世界へと導いてくれるものは何でしょうか。劇場前のポスター、絵看板や飾り物。正面玄関から足を踏み入れる瞬間の絨毯《じゅうたん》の感触、劇場のにおい。筋書（プログラム）の写真や文章。開演前のロビーや客席にあふれる独特の高揚感……。私たちは五感で劇場と歌舞伎を感じながら席に着き、歌舞伎の世界へといざなわれていきます。

そして、柝《き》の音。チョンチョンチョン……という柝が刻む音とともに幕が開きますが、よく聴いてみると、幕が開くときには音楽も演奏されていることが多いものです。どんな音楽でしょうか。唄？　三味線？　太鼓や笛の音も聞こえるでしょうか。

幕が開くと、そこはもう歌舞伎の世界。幕明《まくあき》の音楽は、私たちをストーリーの中へと導く役割を担っているのです。そして、舞台一面の大道具や、艶やかな衣裳に身を包んだ役者の姿が目に入ってくるとともに、役者の声が劇場に響きます。贔屓《ひいき》の役者であればなおさら、その姿や声に惹きつけられるのも、歌舞伎ファンならではでしょう。歌舞伎役者の発声は、能や狂言ほど特徴的ではないかもしれませんが、現代演劇とは違う「歌舞伎の声」です。舞台俳優、とりわけ歌舞伎役者にとっては、江戸の昔から声（口跡《こうせき》）は大切とされ、顔や姿よりも声の良さやセリフの巧さが重んじられる傾向がありました。「一声《いちこえ》、二顔《にかお》、三姿《さんすがた》」という言葉があります。最近はあまり聞きませんが、舞台俳優に大切な要素を上げた言葉です。とりわけ照明の発達していなかった江戸の芝居小屋では、見た目よりも声が大きな魅力を発揮したのだと思いますが、「良い声」を大事にする伝統は、歌舞伎界に根付いています。なお、「一声、二振《にふり》、三男《さんおとこ》」という言い方もありますが、スタイルやルックスよりも声の重要性が勝るという点では同じと捉えてよいでしょう。

でも、歌舞伎の音は役者の声だけではありません。柝の音、役者の動きに合わせたバタバタというツケの音、役者が踏む所作舞台（舞踊などの時に舞台に敷かれる檜の板。所作板、所作台とも）の音、大向《おおむこ》うの声など、歌舞伎には印象に残る音がたくさんあります。

そして、歌舞伎における音の中枢を担うのはやはり歌舞伎音楽でしょう。歌舞伎にたくさんの音楽が使われていることは、よく知られていますし、そうしたイメージを持っている方も多いでしょう。しかし、どんな音楽がどこで使われているか、そのすべてを把握することはなかなか難しいことです。

歌舞伎に使われている音楽は、とても多種多様です。しかも、それぞれの音楽が担っている役割や、ジャンル、演奏場所、楽器、音色、発声など、音楽に関わる要素のそれぞれに、いくつもの種類やヴァリエーションがあり、それらが複雑に絡み合っています。多種多様で複雑だけれども、歌舞伎という一つの世界で統一されている、そんな豊かな音楽が歌舞伎を支えているのです。

この本は、歌舞伎音楽をなるべく分かりやすくご紹介することを目指しています。歌舞伎で使われる音楽ジャンルや楽器、歌舞伎音楽の歴史、そして音楽に注目してご覧いただきたい演目。

それらをひとつずつ紐解いていきますが、必ずしも順に読んでいただく必要はありません。気になったところからページをめくっていただければと思います。そもそもこのような本を私が書くことになったのも、私自身が歌舞伎と歌舞伎音楽に魅せられているからにほかなりません。なかなか一筋縄ではいかない歌舞伎音楽ではありますが、この本が、歌舞伎音楽の世界と歌舞伎が好きな皆さんとの橋渡しともなりましたら、望外の喜びです。なお、本書では、多様で複雑な歌舞伎音楽の世界をできるだけわかりやすくお伝えするため、一般的ではない事例や細かい事柄については割愛した部分もあります。本書を読んで、さらに深く詳しく知りたいという方は、参考文献に挙げた書籍や論文を手に取っていただければ幸いです。

巻末には、歌舞伎音楽の演奏に携わる方の生の声として、インタビューを掲載しました。歌舞伎音楽を伝承し、体現し、歌舞伎を支えている方々の貴重なお話です。本編と併せてお楽しみいただけましたら幸いに存じます。

はじめに……3

第一部　歌舞伎音楽を知る

第二部　歌舞伎音楽を聴く

凡例

○文中の記号の表記はおおよそ以下のとおりです。

・『』芝居の演目名（本名題、通称）など。

・「」芝居の場名など。

・《》舞踊の演目名、長唄・常磐津節・清元節の曲名、能の演目名など。

・〈〉黒御簾音楽の曲名、竹本（義太夫節）の曲節名など。曲名を列記する項では、一部太字を用いました。

・〽」詞章（歌詞）の引用部分に付し、文字にはアミをかけました。

○巻末の「歌舞伎音楽用語集」に出てくる用語は、初出時に太字（丸ゴシック）で表記しました。本文を読み進めるうえで、用語集もご活用ください。

○年号は、元号（西暦）を基本としましたが、一部例外もあります。

○歌舞伎の作品名、場面名とその読み方は、基本的に近年の歌舞伎座の上演に従いました。

【歌舞伎の舞台と演奏場所】

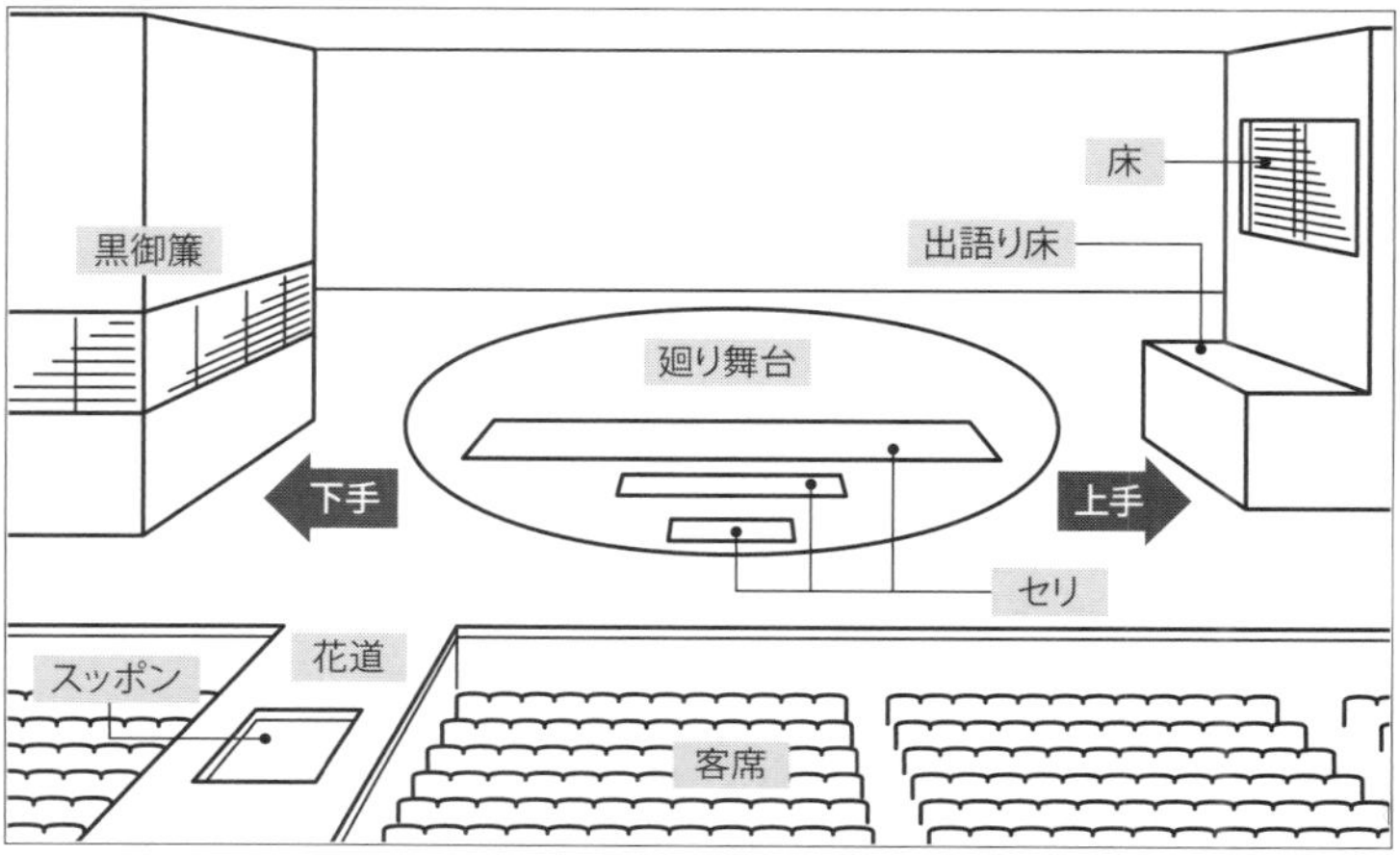

第一部

歌舞伎音楽を知る

第一章　歌舞伎音楽ってどんなもの？

皆さんは「歌舞伎音楽」というと、どのようなものを思い浮かべるでしょうか。《京鹿子娘《きょうがのこむすめ》道成寺《どうじょうじ》》や《勧進帳《かんじんちょう》》といった大曲《たいきょく》の舞踊では、舞台いっぱいに並んだ**長唄《ながうた》**の一糸乱れぬ演奏に圧倒されますね。《連獅子《れんじし》》など**獅子物《ししもの》**の舞踊では、三味線のソロの超絶技巧に拍手をした経験のある方も多いでしょう。あるいは、舞台の上手《かみて》（客席から向かって右側）でエネルギッシュに語る**竹本《たけもと》**（**義太夫節《ぎだゆうぶし》**）の**太夫《たゆう》**さんを思い浮かべる方もいらっしゃるでしょうか。どれも生演奏ならではの迫力が味わえるものでしょう。しかし、ここに挙げたものは、歌舞伎音楽の一部です。歌舞伎では、量の面でも種類の面でも、実にたくさんの音楽が使われています。

そもそも、一言で歌舞伎と言ってもいろいろな種類の作品があることは、歌舞伎をご覧になったことがある方ならすぐにお気づきになるでしょう。歌舞伎は、その発生から今日に至るまで、時代の流行に合わせて次々と新しい作品を生み出してきました。それとともに、歌舞伎音楽もそのヴァラエティーを増やしていったのです。歌舞伎の歴史と歌舞伎音楽の歴史は切っても切れない関係にあります。

この本では、その多種多様な歌舞伎音楽をいくつかの切り口で順にお話ししていきたいと思っ

芝居	純歌舞伎狂言	『暫』『鳴神』『助六』『寿曽我対面』など
		『青砥稿花紅彩画』『東海道四谷怪談』など
	義太夫狂言	『仮名手本忠臣蔵』『一谷嫩軍記』など（時代物）
		『心中天網島』『夏祭浪花鑑』など（世話物）
	新歌舞伎	『修禅寺物語』『元禄忠臣蔵』など
	新作歌舞伎	『盲目物語』『源氏物語』『鰯売恋曳網』など 『NINAGAWA十二夜』『ワンピース』など
舞踊	長唄舞踊《京鹿子娘道成寺》《鷺娘》《二人椀久》《藤娘》《勧進帳》《連獅子》など	
	竹本舞踊《道行旅路の嫁入》《道行恋苧環》《団子売》《龍虎》《小鍛冶》など	
	常磐津舞踊《関の扉》《戻駕》《将門》《乗合船》《勢獅子》など	
	清元舞踊《道行旅路の花聟》《三社祭》《お祭》《保名》《四季三葉草》など	
	掛合の舞踊《喜撰》《吉野山》《奴道成寺》《素襖落》《紅葉狩》など	

【表1】 歌舞伎作品の分類

ているのですが、ここではまず、歌舞伎音楽に関わる大きな分類の仕方を三種類ご紹介しておきます。

・劇音楽／舞踊音楽
・**歌い物／語り物**
・**出《で》囃子《ばやし》／出《で》語《がた》り／陰《かげ》囃子《ばやし》**

劇音楽と舞踊音楽

歌舞伎は、主にセリフによってストーリーが進行する「芝居」と、主として振りによる身体芸を見せる「舞踊」とに大きく分けることができます**【表1】**。音楽もそれに対応する形で、芝居で使われる「劇音楽」、舞踊で使われる「舞踊音楽」の二種に分けることができます**【表2】**。

芝居と劇音楽

歌舞伎の「芝居」には実にさまざまな種類がありますが、**【表1】**のように大きく四種に分類されることが多いようです。「**純歌舞伎狂言**」「**義太夫狂言**」「新歌舞伎」「新作歌

劇音楽	黒御簾音楽、竹本、他所事浄瑠璃
舞踊音楽	長唄、竹本、常磐津節、清元節
歌い物	長唄
語り物（**＝浄瑠璃節**）	竹本、常磐津節、清元節

【表2】 主な歌舞伎音楽の分類

舞伎」の四種類です。「純歌舞伎狂言」には、『暫《しばらく》』や『助六《すけろく》』のような**歌舞伎十《かぶきじゅう》八番《はちばん》**物や『寿曽我対面《ことぶきそがのたいめん》』のような**曽我狂言**、そして鶴屋南北《つるやなんぼく》や**河竹黙阿弥《かわたけもくあみ》**といった狂言作者（歌舞伎専業の作者）によって書かれた**世話物**の数々が含まれます。世話物とは、江戸時代の庶民の世界を描いた作品を指し、江戸時代の人々にとっての現代劇とも言える作品群です。それに対して、**時代物**とは江戸時代よりも前の時代、つまり戦国や源平の戦いの武家社会や平安時代の公家の世界を描いたものを指します。純歌舞伎狂言の曽我狂言などは時代物です。「義太夫狂言」は、人形浄瑠璃《じょうるり》の作品が歌舞伎化されたもので、それらも時代物と世話物に分けることができます。そして明治以降に文学者や劇作家などが手掛けたものを「新歌舞伎」（明治以降も、旧来の手法で書かれた作品であれば、純歌舞伎狂言や義太夫狂言に分類される）、戦後から現代までに作られたものを「新作歌舞伎」と呼ぶことが多いようです。

　これら芝居で用いられるのが「劇音楽」です。劇、つまり舞台進行に合わせて演奏されるもので、役者の演技（登退場、動き、セリフ）はもちろん、幕の開閉や道具の転換など共存しています。むしろ、一部の例外を除いては、これらの舞台進行がなければ成り立たない音楽と言えるでしょう。

「劇音楽」には、主として**黒御簾音楽《くろみす》**、竹本（義太夫節）、**他所事浄瑠璃《よそごとじょうるり》**が含まれます【表2】。それぞれの音楽の特徴はあとで詳しく述べますが、なかでも歌舞伎の中で独自に発展した劇音楽である黒御簾音楽は、舞台の情景や人物像を描写したり、立廻《たちまわ》りなどの演技を支えたりと、舞台を彩る重要な役割を果たします。また、義太夫狂言の音楽演出の中心である竹本（義太夫節）も、人形浄瑠璃から取り入れられたものではありますが、役者の演技との共同作業によって舞台を創り上げる、歌舞伎ならではの手法を築き上げています。

舞踊と舞踊音楽

「舞踊」にもいろいろな種類があり、一時間以上に及ぶ大作と二十分くらいの小品とでは全く雰囲気が違います。舞踊だけれども、セリフが入ってストーリー性のある、舞踊劇と呼ばれるものもあります。舞踊の分類の仕方には、「女形《おんながた》舞踊」「**立役**《たちやく》舞踊」など役柄によって分ける方法、「道成寺物」「**変化物**《へんげもの》」「**松羽目物**《まつばめもの》」のように題材によって分ける方法などさまざまありますが、使われる音楽ジャンルによって分類するのも一つの方法です【表1】。すなわち、長唄、竹本（義太夫節）、**常磐津節**《ときわずぶし》、**清元節**《きよもとぶし》の四種、そして長唄と清元、長唄と常磐津といった具合に複数のジャンルを併せて用いる**掛合**《かけあい》です。このほか、表には載せていませんが、《黒塚《くろづか》》のように箏曲《そうきょく》を用いる舞踊や、珍しい例として、太鼓芸能集団「鼓童《こどう》」を使った《幽玄《ゆうげん》》（演出・出演：坂東玉三郎）のような作品もあります。

これらの「舞踊音楽」は、役者の踊りに合わせて演奏されるものですが、演奏会などでは踊りを伴わないこともあります。劇音楽と違い、舞踊音楽は音楽としての独立性が高いと言えるでしょう。なお、江戸時代以来、歌舞伎では舞踊のことを**所作事**《しょさごと》と呼んできました。また、音楽のことを所作事の**地**《じ》、舞踊音楽の演奏者を**地方**《じかた》とも言います。これらの言葉も時々使われますので「舞踊音楽」とともに覚えておくとよいでしょう。

歌い物と語り物

歌舞伎の音楽では、三味線が大いに活躍します。舞踊、芝居を問わずあらゆるジャンルの作品に三味線が広く使われています。演奏に三味線を使う音楽を総称して「三味線音楽」と呼びますが、歌舞伎音楽は三味線音楽を中心としているのです。

三味線音楽を含む日本の伝統音楽は、メロディーを聴かせることに主眼を置いた「歌い物（謡《うたい》物《もの》／唄物とも）」と、ストーリーを語ることを旨とする「語り物」に分けることができます【表2】。「歌い物」は叙情的な歌詞や心情を歌うことを得意とし、「語り物」は叙事的なことを語るのを得意とする、と説明されることもあります。歌舞伎音楽のうち、「歌い物」に属するのが「長唄」。歌舞伎で時折用いられる箏曲も「歌い物」のひとつです。一方、「語り物」に属するのが「竹本（義太夫節）」、「常磐津節」、「清元節」などの「**浄瑠璃**」の類です。「浄瑠璃」とはそもそも「三味線を伴ってストーリーを語る音楽」を指す言葉です。浄瑠璃にはさまざまなジャンルがありますが、歌舞伎で使われる音楽については、〇〇節と呼ばれるものは基本的に浄瑠璃と考えておいてよいでしょう（日本民謡に〇〇節というものが多くありますが、それらは浄瑠璃には含みません。その他、荻江《おぎえ》節という三味線音楽も例外的に「歌い物」に属すジャンルです）。

「歌い物」と「語り物」は日本の音楽の大きな二系統ですが、歌舞伎の歴史の中ではこの二者が互いに影響しあって展開する様相が色濃く見られます。そのため、実際の音楽に接してみると、長唄にも浄瑠璃の語りのように歌うところがあったり、浄瑠璃でもメロディーの美しさが際立つ歌い物のような要素があったりすることに気づくはずです。歌い物と語り物の区別は、歌っぽい、語りっぽい、といった耳で聴いた時の印象というより、それぞれの音楽ジャンルの成立事情による大きな枠組みの違いとして捉えておくとよいでしょう。

出囃子・出語り・陰囃子

歌舞伎を見始めると、芝居でも舞踊でも、歌（語り）や楽器の演奏者が舞台に出ていることが多いということに気がつくでしょう。特に舞踊では、演奏者が舞台に出ていることが普通です。

というわけで、まず舞踊からお話ししますと、舞踊の演奏は、次のように「出囃子」と「出語り」とに分けることができます。

- 出囃子……長唄と**鳴物**《なりもの》
- 出語り……浄瑠璃（竹本〔義太夫節〕、常磐津節、清元節など）

それぞれ読んで字のごとく、「出囃子」＝舞台に出て囃《はや》す、「出語り」＝舞台に出て語る、という意味です。歌い物と語り物についてご説明したばかりですので、「歌い物」である長唄が「語り」ではないことは、すでにお分かりでしょう。しかしここでは、長唄は「歌う」ではなく「囃す」という動詞を名詞にした「**囃子**」という言葉で分類されます。

「囃す」という言葉が、「映やす」「栄やす」と同語源であることはご存じの方もいらっしゃるかもしれません。それについてここで深く論じることはしませんが、「映やす」や「栄やす」という言葉に通じるように、「見栄《みば》えをよくする」「引き立たせる」というような意味が「囃子」にあることは頭に置いておいてもいいでしょう。長唄と鳴物は、歌舞伎を「囃す＝映やす・栄やす」存在として、なくてはならないものです。舞踊の場合、舞台上に出て「囃す」ので「出囃子」と呼ばれるのです。それに対して、竹本（義太夫節）、常磐津節、清元節などの浄瑠璃類、すなわち「語り物」は「出語り」と呼ばれ、「囃子」とは区別されます。

一方、芝居でも演奏者の姿が舞台上に見られることがあります。それは多くの場合、竹本（義太夫節）であり、また特定の演目における常磐津節や清元節でしょう。つまり、浄瑠璃の類です。芝居の場合でも、舞台に出て演奏する浄瑠璃には「出語り」の語を使います。

さて、「出囃子」と「出語り」の区別が分かったところで、舞台に姿を見せない演奏についても触れておきましょう。舞踊でも芝居でも、舞台上に演奏者の姿が見えないのに音楽や音が聞こえていることがあるはずです。そうした音楽のことを、「黒御簾音楽」と呼びます（65ページ参照）。黒御簾音楽は芝居で活躍する印象があるかもしれませんが、舞踊でも、出囃子や出語りで使われない楽器を用いるときには、黒御簾が演奏を受け持ちます。黒御簾音楽は、舞台の下手（客席から向かって左側）にある**黒御簾**（8ページの図を参照）の中で演奏されるのでそのように呼ばれるのですが、古くは単に「囃子」「お囃子」と呼ばれてきました。この黒御簾音楽も芝居や舞踊を「囃す」音楽なのです。しかし、舞台上に出て演奏されることはありませんので、出囃子ではありません。黒御簾音楽は、観客からは見えない「陰」で演奏する「囃子」として「陰囃子」と位置づけられる音楽なのです。

また、少し細かい話になりますが、芝居の竹本（義太夫節）も、観客の前に姿を現して語るときと、そうでないときがあります。姿を見せているときは「出語り」ですが、そうでないときには上手（客席から向かって右側）の二階の御簾の内側で語るので、「御簾内《みすうち》」の竹本と呼ばれます。「出囃子」と「出語り」、そして「陰囃子」。歌舞伎の音楽は、この三つを演奏形態の基本として成り立っています。

プログラムやチラシからわかること

皆さんは歌舞伎を見に行くときにチラシや公演プログラム（歌舞伎座では筋書）を手にするでしょうか。チラシやプログラムも、演奏者について知る良い手がかりになります。ご観劇の際には、ぜひ手にとってじっくりとご覧ください。まず、チラシを見てみましょう。舞踊が上演される場合、チラシに「○○**連中**《れんじゅう》」と記載されます。つまり、長唄舞踊のときには「長唄囃子連中」、竹本舞踊のときには「竹本連中」、常磐津舞踊のときには「常磐津連中」といった具合です。芝居でも、常磐津節や清元節を使う場面がある場合には「常磐津連中」、「清元連中」とチラシに記載されます。

さらに詳しい情報を知ることができるのは、プログラムです。詳しい配役やあらすじが書かれているページには、すべての「出囃子」と「出語り」の演奏者の名前が記載されています。演奏されている音楽ジャンルや楽器の名前も書かれていますので、ぜひご注目ください。

黒御簾の「陰囃子」や「御簾内」の竹本を演奏している演奏者を知りたい場合にもプログラムが役立ちます。プログラムに、「今月の出演俳優」という歌舞伎役者さんたちの顔写真が並んでいるページがあることは、皆さんご存じだと思います。出演の役者さんをしっかり把握したら、ぜひその次のページもご覧いただきたいのです。そこには演奏者やその他スタッフの名前の一覧があります。そこを見ると、出囃子や出語りに出ていない演奏者の名前も把握することができます（細かいことを言うと、実際には出演のない演奏者の名前も記されることがあります）。ここには常磐津節や清元節の演奏者名は記さず、長唄と鳴物（長唄囃子）と竹本（義太夫節）、そして**三曲**《さんきょく》（箏や地歌三味線、胡弓《こきゅう》、尺八《しゃくはち》）が出演するときにはその演奏者の名前を記します。演奏者だけではなく、振付や狂言作者、附打《つけうち》などのスタッフ、さらに制作の担当者の名前まで、すべてここに記されます。

ここで一度、歌舞伎音楽の要点をまとめておきましょう。

・歌舞伎の歩みとともにさまざまな音楽が生まれ、展開してきた。
・生演奏の醍醐味《だいごみ》が味わえる（上演形態等によって例外もあり）。
・劇音楽と舞踊音楽に分けられ、それぞれに使われる音楽の特徴が異なる。
・三味線音楽を主体とする。
・三味線音楽は、系統分類上、歌い物と語り物に分けられる。
・演奏者が舞台上にいることが多く、音楽ジャンルによって、出囃子と出語りに分けられる。
・観客の目に触れない場所で演奏される音楽も重要な役割を担っている（黒御簾音楽〔陰囃子〕・御簾内の竹本）。

では次の章から、こうした歌舞伎音楽について、より具体的に見ていくことにしましょう。

第二章　歌舞伎音楽の楽器

ではまず、歌舞伎音楽に使われる楽器について見ていきましょう。ここでは便宜上、「出囃子《でばやし》楽器編」「黒御簾《くろみす》楽器編」「三曲《さんきょく》楽器編」の三つに分類してご紹介します。なお「文化デジタルライブラリー」や「東京藝術大学　アジアの楽器図鑑」などのウェブサイトで、楽器の映像を見たり音を聴いたりすることができますので、ぜひアクセスしてみてください（巻末参考文献参照）。

【出囃子楽器編】

歌舞伎では数多くの楽器が演奏に使われますが、出囃子に使われるのが、三味線、笛（能管《のうかん》と篠笛《しのぶえ》）、小鼓《こつづみ》、大鼓《おおつづみ》、太鼓《たいこ》（締太鼓《しめだいこ》）です。これらの楽器は、歌舞伎の「主奏楽器《しゅそうがっき》」として分類されます。「主奏」というのは、ここでは、歴史的に見ても古くから歌舞伎とともに歩んできた楽器であり、歌舞伎の中で広く使われているという意味です。

三味線は、歌舞伎音楽で使われる声楽のほぼすべてで使われており、歌舞伎音楽において中心的な役割を担っている楽器と言えるでしょう。舞台上に演奏者が姿を現すことも多く、観客にとっても馴染みのある楽器です。三味線と言っても音楽ジャンルによってさまざまな違いがあるので、ここではそれらの違いにも触れてみることにしましょう。

また、笛（能管と篠笛）、小鼓、大鼓、太鼓（締太鼓）も、長唄《ながうた》舞踊の際には舞台上で演奏されますから、イメージしやすいことでしょう。これらは、「鳴物《なりもの》」と総称される楽器群に属します。歌舞伎音楽では、笛類と打楽器類を総称して「鳴物」と呼びます。歌舞伎には非常に多くの鳴物が使われているのですが、その中でも笛（篠笛と能管）、小鼓、大鼓、太鼓の四種の楽器（厳密には五種だが笛を一種として扱う）は中心的役割を担っています。それは、この四種の楽器が能楽囃子から移入される形で歌舞伎の歴史の極めて早い時期から歌舞伎を支えてきたからでしょう。そのため、能に倣って「四拍子《しびょうし》」と呼ばれ、主奏楽器として他の鳴物とは区別して扱われるのです。

三味線

三味線の構造と特徴

日本には三味線を伴う声楽がたくさんありますが、それらはしばしば「三味線音楽」と総称されます。歌舞伎では多くの三味線音楽が活躍しています。長唄、常磐津節《ときわずぶし》、清元節《きよもとぶし》、竹本《たけもと》（義太《ぎだ》夫節《ゆうぶし》）など、歌舞伎でおなじみのジャンルはすべて三味線音楽。また特定の作品で使われる**河東《かとう》節《ぶし》**、**新内節《しんないぶし》**、**地歌《じうた》**なども三味線音楽です。このことからも、歌舞伎における三味線の重要性が分かるのではないかと思います。

三味線は三本の弦（糸）を撥《ばち》で奏でる弦楽器で、三弦とも呼ばれます。楽器学上は、弦が振動して音を出す仕組みの弦鳴《げんめい》楽器で、弦をはじいて音を出すので撥弦《はつげん》楽器に分類されます。楽器本体

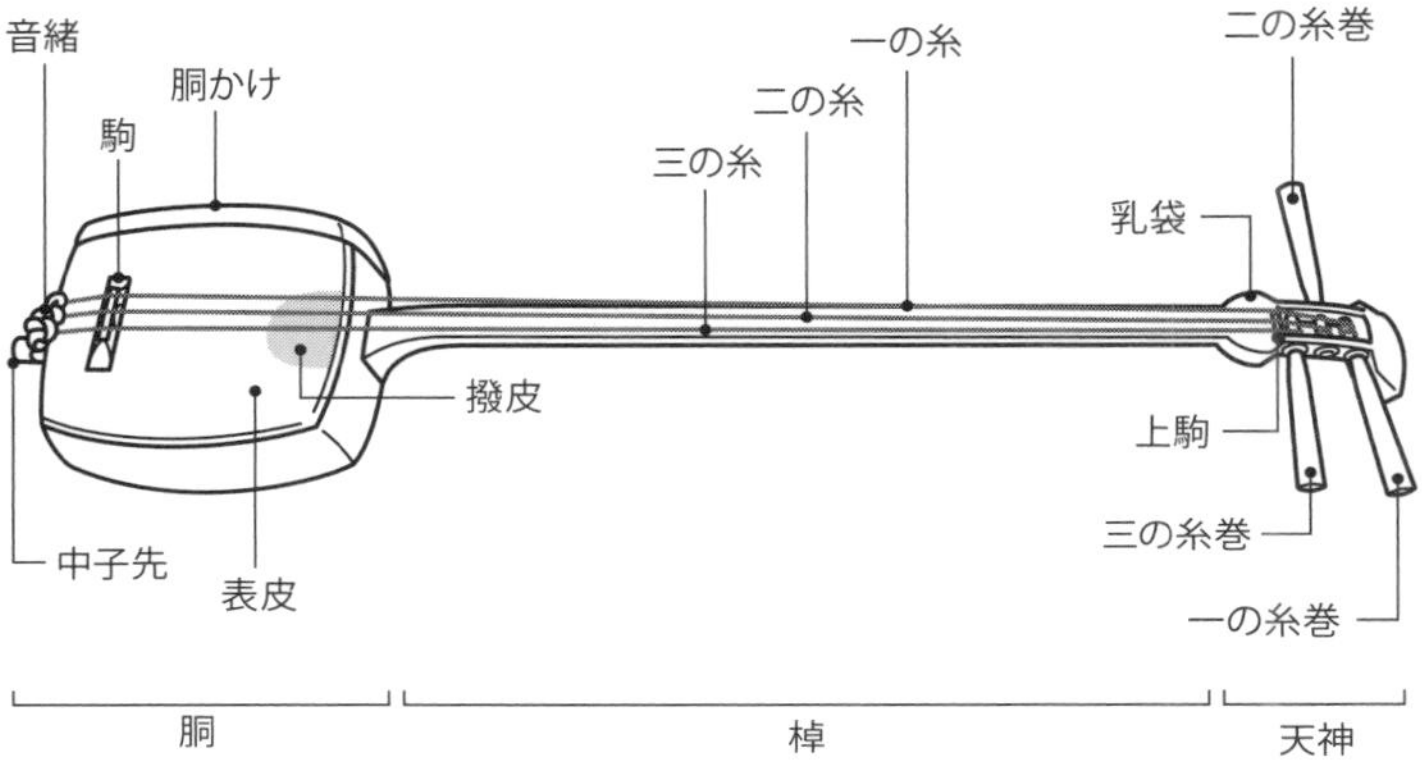

【図1】三味線の部分名称 ①

は胴（ボディ）と棹《さお》（ネック）、そして棹の先の天神《てんじん》と呼ばれる部分からなり、駒《こま》、糸巻《いとまき》、撥《ばち》などの付属品を伴います。胴は木製の枠の両面に猫や犬の皮を張って作られていて、中は空洞。言わば太鼓のような構造になっています。この太鼓のような構造になっている胴の部分に撥を当てるので、弦楽器であるとともに打楽器でもあると言われることもあります。棹も木製で一方の先端に糸蔵《いとぐら》、糸巻などを備えた天神があり、反対の先端＝中子先《なかごさき》は胴を貫き出ています【図1】。演奏しているときには分かりませんが、三味線は棹の部分が三つに分解できるようになっているものが一般的です（「三つ折れ」という）。三つ折れは、持ち歩きがしやすいように、という目的もありますが、長く使っても棹が曲がってしまったり反ってしまったりすることが少ないというメリットもあるようです。プロが舞台で使う三味線は三つ折れで、棹が分解できないもの（「延べ棹」「延べ」という）はお稽古などに使うのが普通です。

ちなみに三味線は、木材（胴は花梨《かりん》、棹は紅木《こうき》や紫檀《したん》）や、猫または犬の皮、駒や糸巻、撥などに使われる象牙など、その材料の大半に外国産のものを使用しています。江戸時代には猫や犬の皮は国内で調達していたでしょうが、紅木や紫檀といった木材や象牙は昔から海外からの輸入に頼っていました。表向きには鎖国をしていた江戸時代に発展した、日本を代表する楽器でありながら、当時から外国産の材料を使っていたというのは面白い特徴だと思います。

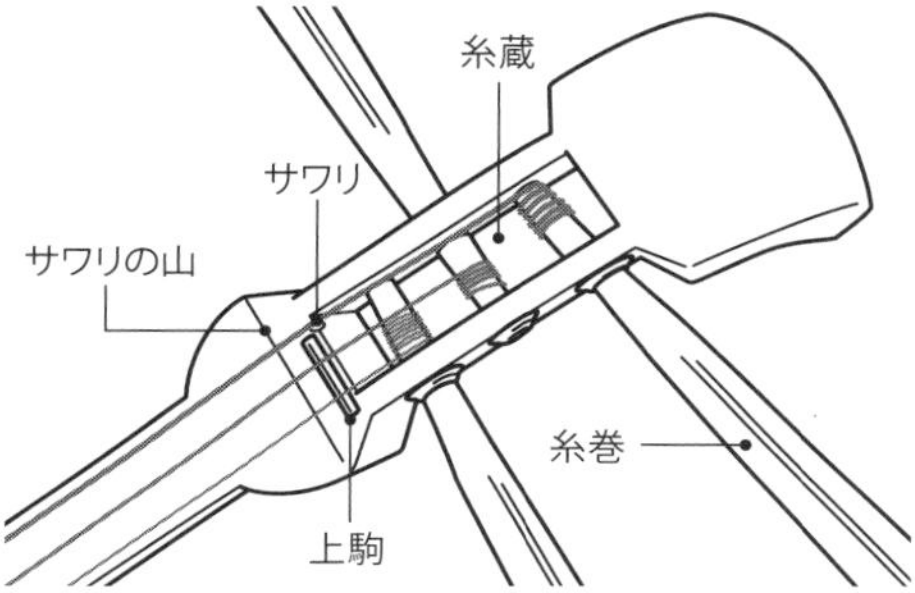

【図2】三味線の部分名称 ②

三味線の弦は糸と呼ばれ、絹製が本式ですが、近年は化繊が使われることもあります。一の糸が最も太く、二の糸、三の糸の順に細くなり、音程も高くなります。胴の上に据えられる駒と天神に備え付けられた上駒《かみごま》の間に三本の糸を張り、それをはじくことによって音が出る仕組みですが、一の糸のみ上駒を外れているという特徴があります。一の糸は棹に直接あたっており、よく見るとその部分には溝があることが分かります。これにより、乳袋《ちぶくろ》の山になっている箇所（サワリの山）に糸が触れ、一の糸を弾くと澄んだきれいな音ではなく、独特な噪音《そうおん》を出すことになります。さらに言えば（少し専門的な話になりますが）、一の糸だけではなく他の糸を弾いた時にも、音によってはこの一の糸の開放弦（弦を押さえずに弾く音）の倍音《ばいおん》が鳴って、複雑な音色を醸し出すのです。この音色の工夫は「**サワリ**」と呼ばれ【図2】、三味線の大きな特徴となっています。

ジャンルごとに異なる三味線

三味線の基本的な構造や楽器としての特徴は以上のようなものです。しかし、一口に三味線と言っても、実は音楽ジャンルごとに固有の三味線を使っています。いずれも同様の構造を持ちながら、胴の大きさや棹の太さ、皮の張り方、駒や撥の素材などによって、それぞれのジャンル固有の音色を追求しています（詳しくは第三章参照）。長唄と義太夫節のように音色の違いが明らかなものもあれば、常磐津節と清元節など少し聴いただけでは分からないような違いもありますが、そうした微妙な音色の違いを追求し、楽しんでいたところに、江戸時代の三味線文化の豊かさが表れているように思います。

種別	音楽ジャンル
細棹	長唄・河東節・小唄・端唄
中棹	常磐津節・清元節・新内節・その他浄瑠璃・地歌
太棹	義太夫節・津軽三味線

【表3】三味線の分類と音楽ジャンル

数々の種類の三味線は、胴の大きさや棹の太さによって細棹《ほそざお》、中棹《ちゅうざお》、太棹《ふとざお》の三種のグループに分けられます【表3】。ただ、劇場規模の拡大に伴って、長唄でも中棹に近いようなかなり大ぶりのものを使うようになっている、という現象も見られます。

【図3】三味線の調弦

三味線の調弦

三味線の基本的な調弦は、「本調子《ほんちょうし》」「二上《にあが》り」「三下《さんさが》り」の三種類です【図3】。三味線の音の高さ（ピッチ）は、基本的には唄や語りの声の高さに合わせますので、ピアノのようにいつも同じ高さの音とは限りません。ここでご紹介する三種類の調弦は、三本の弦どうしの音の幅によって決められています。「本調子」の場合、一番低い一の糸の開放弦を仮にシとすると、二の糸はミ、三の糸は一の糸の一オクターヴ上のシになります（シ・ミ・シ）。二上りは「本調子」の二の糸を一音上げたもの（シ・ファ♯・シ）。三下りは「本調子」の三の糸を一音下げたものとなります（シ・ミ・ラ）。繰り返しになりますが、本調子の場合、「シ・ミ・シ」という音に合わせるというわけではなく、それぞれの糸の開放弦の音の幅を「シ・ミ・シ」と同じ幅に合わせる、ということです。

本調子は浄瑠璃の基本の調子となるほか、長唄でもかっちりとした曲調によく使います。二上りは華やか、三下りはしっとりとした味わいと言われます。この基本の三調子の他、一下り、六下り（三メリ）など変調子と言われる調子もあります。

曲の途中で本調子から二上りへといった具合に調弦を変えることも珍し

【図4】三味線の枷

くありません。また、たとえ調弦は変わらなくとも、ヴァイオリンなどの弦と比べて三味線は演奏中に糸が緩みやすいので、演奏中にも音高（ピッチ）を調節する必要があります。演奏中によく見ていると、演奏者の方が糸巻を触っていることがあります。それは、調弦を変えているか、音の調節（チューニング）をしているか、どちらかの場合です。

また、三味線には「上調子《うわぢょうし》」と呼ばれる装飾旋律がつくことがあります。上調子は、主旋律を弾く三味線よりも高く調弦した三味線を使って、主旋律を装飾する役割を担います。上調子の調弦は主旋律を演奏する三味線の二の糸の音高に一の糸を合わせるもので、普通「枷《かせ》」という器具を棹につけて高い音高を設定します【図4】。この上調子は、常磐津節や清元節で広く使われる奏法で、歌舞伎舞踊でも聴くことができます。江戸後期から長唄でも使われるようになったのですが、歌舞伎の長唄舞踊で使われることは稀です。長唄の演奏会では使われていますので、ぜひ足を運んでみてください。

笛

主奏楽器としての笛は、能管《のうかん》と篠笛《しのぶえ》の二種ありますが、いずれも筒に歌口《うたくち》を開けただけの、エアーリードの横笛です。見た目や音色は異なりますが、音を出す仕組みはフルートと同じです。

邦楽囃子の笛奏者（笛方）は、能管と篠笛の両方を習得し、持ち替えながら演奏します。

能管

能管は七孔（七つの指孔《ゆびあな》）の笛【図5】。その名からも分かるように能で使われる笛で、能、歌舞伎、長唄の他、京都の祇園囃子など一部の民俗芸能にも用いられています。

能管は竹製で、樺巻や籐巻（樺桜《かばざくら》の表皮や籐を細く割いて巻き付ける）が施され、表面に漆が塗られています。また、歌口と指孔の間に「喉《のど》」と呼ばれる短い竹管を挿入することで、能管独特の音色や音律（音どうしの高さの幅）が生まれるのが大きな特徴になっています。

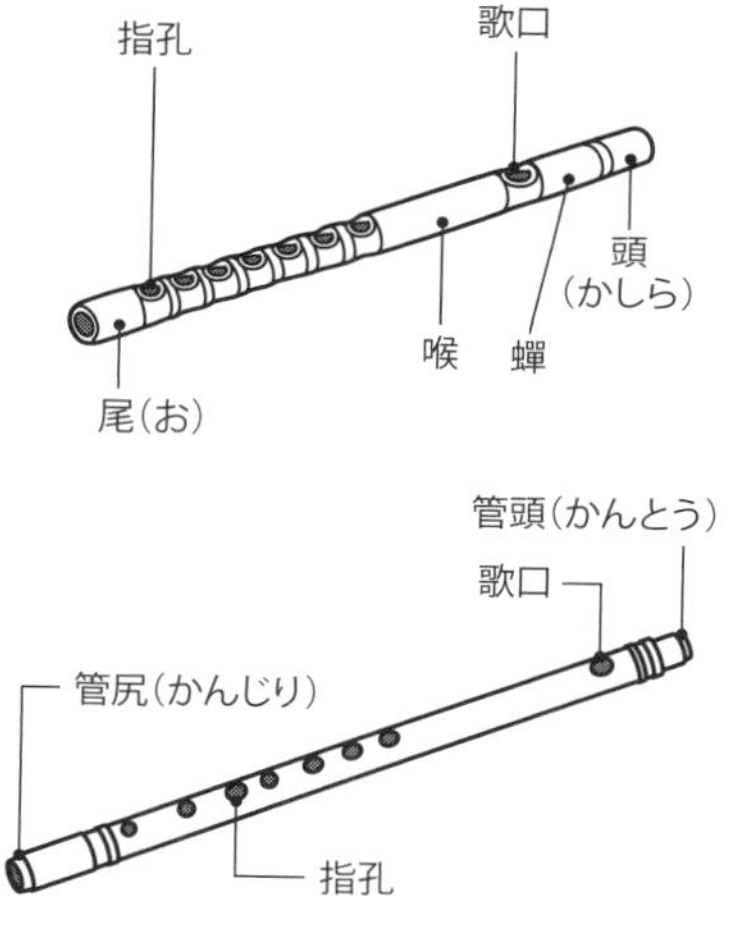

【図5】能管（上）と篠笛（下）

能管は、唄や三味線の音程に合わせて吹くことを想定されていないので、一本ずつ音律が異なります。能では一管での演奏となりますが、歌舞伎舞踊では曲目によって二管を同時に吹き合わせて、その微妙な音のずれが独特な雰囲気を演出することがあります（《京鹿子《きょうがのこ》

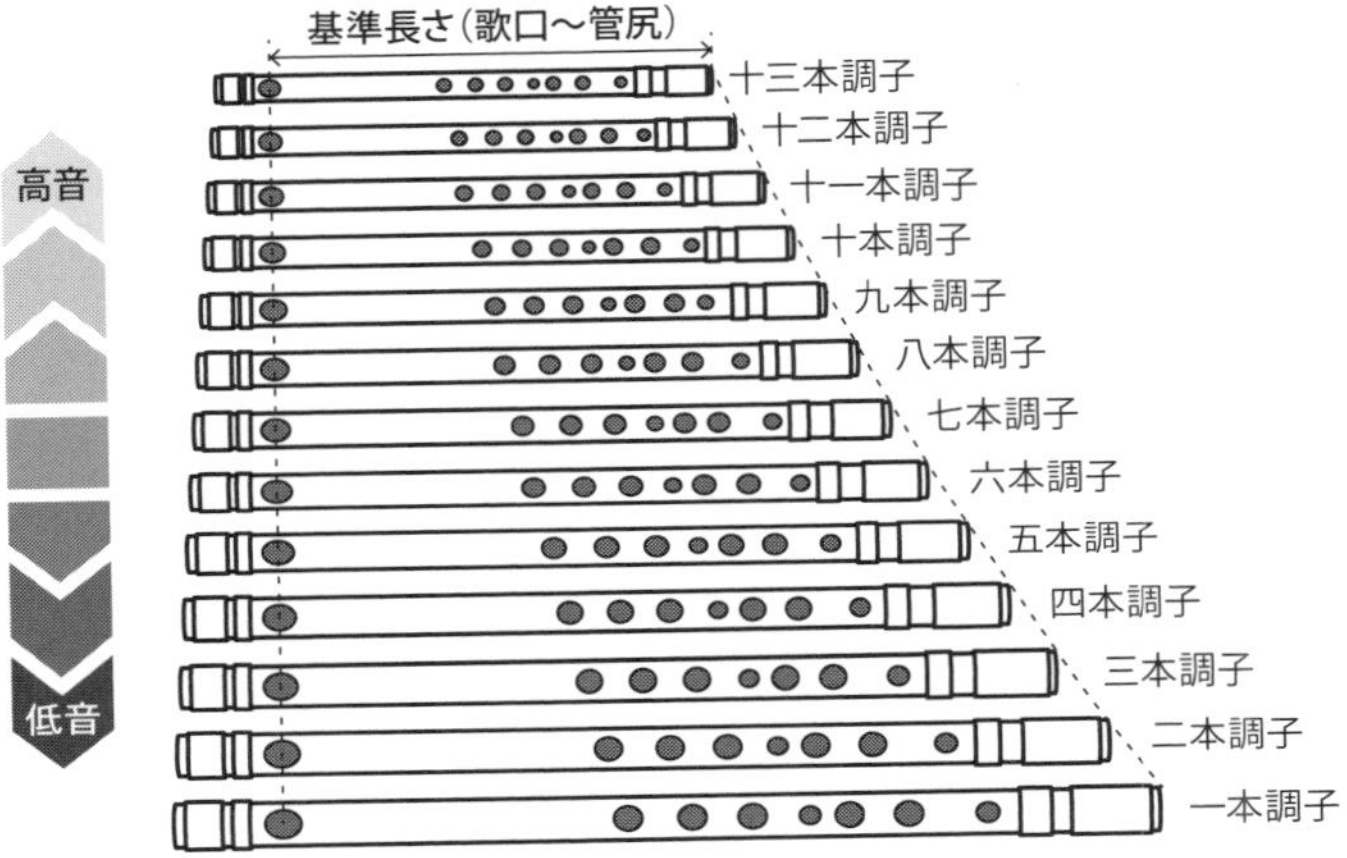

【図6】一本から十三本の篠笛

娘道成寺《むすめどうじょうじ》》など）。

篠笛

篠笛も七孔の竹製の笛です。竹に歌口と指孔（指穴）を開け、内部に漆や合成樹脂を塗った簡素な構造です【図5】（籐巻や漆塗りを施したものもある）。音色は能管に比べて穏やかで、細かな旋律や装飾を吹くのに適しています。祭囃子、獅子舞、盆踊りなど身近な民俗芸能でも広く使われているもの（六孔もあり）と同種です。

篠笛は長さの違いによって基音（笛ではすべての穴を塞いだ音を筒音《つつね》といって、これを基音とする）の音高が異なります【図6】。基音（筒音）の高さは「●本（または●本調子）」と数字で示し、篠笛の場合、低い方から一本から十三本までの十三種が揃っています。演奏者は、唄や三味線の音高に合った笛を演奏します。この、唄や三味線に音高を合わせるという点が能管と大きく違う点です。さらには、音の高さだけでなく、音色によっても使い分けるため、何十本もの笛を使い分けることになります。

さらに、篠笛は厳密には「唄笛」「囃子笛」の二種類に分けることができます。唄笛は、調律笛、ドレミ調とも呼ばれ、三味線や唄の旋律により正確に合わせられるよう音高が緻密に調整されています。ドレミ調の名のとおり、ドレミに合わせて吹けるので現代音楽にも適しています。一方の囃子笛は祭囃子や神楽に使われるもので、古典調とも呼ばれる篠笛本来のものです。唄笛は戦後に工夫された楽器ですが、今日の歌舞伎では、唄や三味線によりいっそうぴったり合わせられるものとして、唄笛が好んで用いられているようです。

小鼓

小鼓は四拍子《しびょうし》の中心となる楽器で、左手で持って右肩にかまえ、右手で下から上に打ち上げるという珍しい奏法の打楽器です。楽器学上は打楽器のうちの膜鳴《まくめい》楽器（張った膜の振動で音が鳴る楽器）に属し、いわゆる太鼓の一種です。

小鼓は、真ん中がくびれた形の木製（桜）の「胴」、馬皮を金属の枠に張って作られた「革」、麻でできた「調べ（調べ緒）」と呼ばれる紐からなり、胴の両側に革をあて、調べで締め上げて組み立てられています【図7】。革には、漆で補強や装飾を施します。調べはややゆとりを持たせて締め上げ、演奏時にこれを左手で握って締めたり緩めたりすることで革面の張力を変化させるのが大

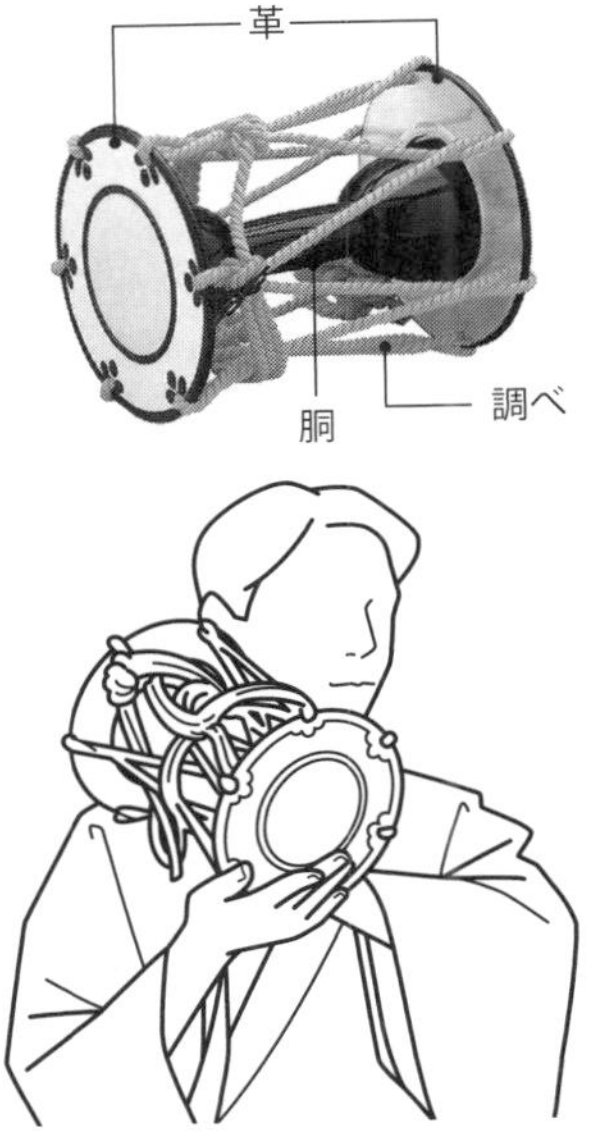

【図７】小鼓

＊写真協力：宮本卯之助商店（図７〜９）

きな特徴です。小鼓の演奏は、この調べの握り方と革を打つ場所、また打つ強さによって音色や音の強さ、音程を変え、「強く高い音（タ）、弱く高い音（チ）、弱く低い音（プ）、強く低い音（ポ／ポン）」という四種の音を打ち分けます。また、小鼓は湿気を好む楽器なので、調子紙という和紙を裏面の革に唾液でつけたり、演奏中にも革に息をかけたりして音色を整えています。

また小鼓など鳴物の演奏に欠かせないのが「掛け声」です。歌舞伎でも能でも、鳴物の演奏者の掛け声は印象的ですが、掛け声は演奏者が好き勝手にかけているのではなく、楽器の打音と「ホォ」「ヨー」などの掛け声とで作られるリズムパターン（手組《てぐみ》といいます）が決まっていて、楽曲の多くの部分では、基本的にこの手組を組み合わせることで楽曲が成り立っています。小鼓の場合、この手組が大鼓との組み合わせで成り立っているものも多く、小鼓と大鼓は「**大小**」とまとめて呼ばれるほどに強い結びつきを持ちます。

大鼓

大鼓は演奏の現場では「おおかわ」と呼ばれることが多く、小鼓と組み合わせて演奏されることの多い鳴物です。楽器学上、膜鳴楽器に分類される点も小鼓と同じです。

木製（桜）の真ん中がくびれた胴の両側を、金属枠に張った馬皮で挟み、麻の調べで締め上げるという構造も、小鼓に似ています【図8】。ただ、小鼓より大きく、胴の中央に鍔《つば》という飾り彫のある点、革に漆で補強や装飾を施さない点が異なります。そして、調べに緩みを持たせずにきつく締めあげる点、演奏前に二時間ほど焙《ほう》じて乾かす点が、小鼓との最大の違いです。これらの違いにより、打音も小鼓とは大きく違い、乾いた激しい高音が鳴ります。また、長く使い込めば使うほど良いと言われる小鼓の革と違い、乾かしたりきつく締めあげたりする大鼓の革は消耗が激しく、五回から十回ほどの演奏で交換が必要です。

【図8】大鼓

演奏法も異なり、大鼓は左の膝に楽器を乗せ、右手で打ちます。右の指には指革をつけて保護します。打ち方の強さで「ドン／ツ」「チョン／

チョ」の二種類を打ち分けます。掛け声とともに手組というリズムパターンを作る点、その組み合わせで楽曲を構成する点は小鼓と同様です。小鼓のところでも記したように、まとめて「大小」とも呼ばれる小鼓と大鼓は、両者の組み合わせでリズムパターンを作り上げることも多く、密接な関係にあります。

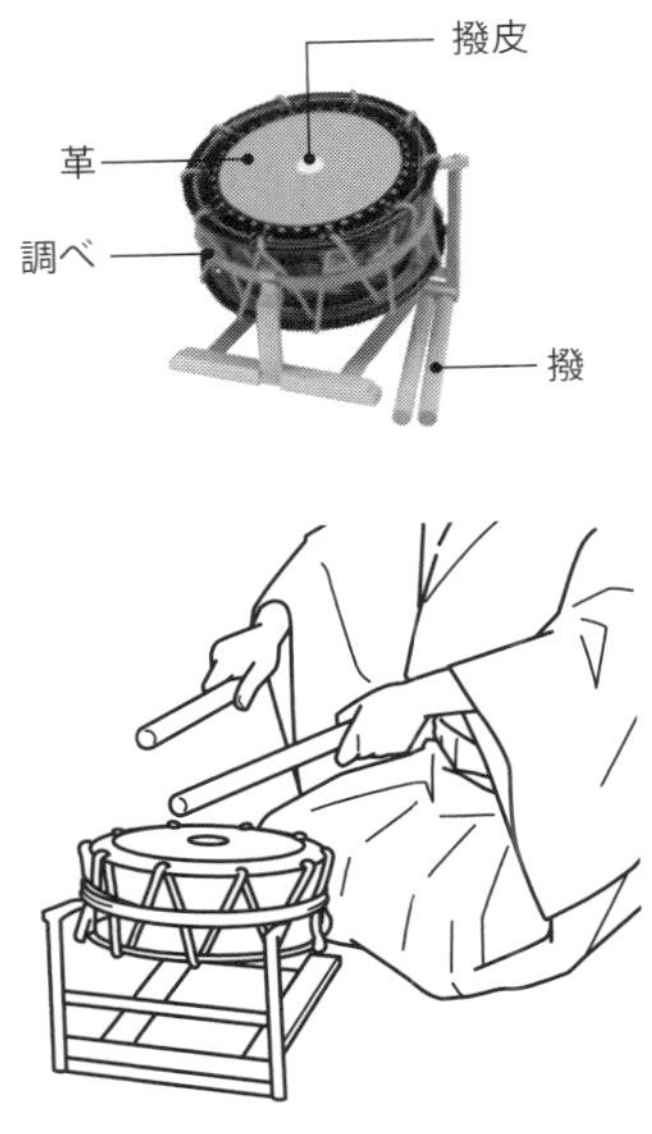

【図9】太鼓

太鼓

四拍子の最後は太鼓（締太鼓）です。締太鼓とは、革と革とを紐で締めて張力を作る打楽器の総称です。ここまでに説明した小鼓も大鼓も紐で革を締める構造なので、締太鼓の一種なのですが、四拍子の太鼓を他の太鼓と区別するために締太鼓と呼ぶことがあります。

木製の胴と二枚の革、そして調べからなる点は、小鼓や大鼓と同じです【図9】。ただ、胴は欅《けやき》を使い、真ん中にはくびれがなく、桶型と形容される平たい形をしています。牛の皮を金属の枠に張り、中心には鹿皮の撥皮（撥革）を貼ります。

奏法も鼓のように手に持つのではなく、専用の折り畳み式の台に乗せて演奏します。これを木製（檜《ひのき》）の撥で打つのですが、撥で革面を打って音を響かせる打音（天《テン》／テ／ケなど）と、撥を革面に軽く付けて音を響かせない打音（ツ／クなど）を使い分けます。撥は、能で使う太撥と祭囃子系の細撥の二種類を使い分けます。一曲の中でも持ち替えて使うところは、笛奏者にとっての能管と篠笛の持ち替えと似ていると言えるかもしれません。また、〈角兵衛《かくべえ》〉という鳴物の演奏には、細く長い竹撥を使います。

【黒御簾楽器編】

ここからは劇音楽である「黒御簾音楽」（陰囃子。17ページ参照）で使われる楽器を見ていきます。なお、「出囃子楽器編」でご紹介した三味線と笛（能管・篠笛）・小鼓・大鼓・太鼓は、黒御簾でも中心的役割を果たします。つまり、三味線と四拍子は、出囃子でも黒御簾でも使われ、舞踊、芝居の両方で活躍するのです。そういう意味でやはり「主奏楽器」と言えるでしょう。

黒御簾音楽では三味線・四拍子以外にたくさんの鳴物が使われ、その数は四十種とも五十種とも言われます。この多彩さは、黒御簾音楽が、作品や場面が求める音に応じて楽器を増やしてきた結果によるものです。その多くは打楽器で、祭囃子や寺院音楽など他のさまざまなジャンルから取り入れたり、黒御簾独自の楽器を創り出したりしてきました。庶民にとっての娯楽であった歌舞伎が、常に観客を惹きつけるために新しい作品を生み出したのと相まって、黒御簾音楽も次々と新しい音や楽器を追求していったというわけです。とても種類が多いのでここで全てはご紹介できませんが、大きく「太鼓類」、「金属楽器」、「その他の黒御簾楽器」に分けて見ていきたいと思います。最初に、黒御簾楽器の中で特別な位置付けにある大太鼓についてご説明しましょう。

大太鼓

大太鼓は直径八十~九十センチの大きな太鼓で、胴は欅を本来とし、革は牛を使います。これまでに出てきた小鼓、大鼓、太鼓(締太鼓)はいずれも革を紐で括る締太鼓の類ですが、大太鼓は革を鋲《びょう》で止める鋲打ち太鼓です。歌舞伎で使われる楽器の中でもとりわけ大きな楽器です。お祭りや和太鼓アンサンブルなどでも使われるので、皆さんにも馴染み深いのではないでしょうか。

歌舞伎では大太鼓が大活躍します。三味線や四拍子と違って、観客の目に触れる場所で演奏されることはありませんが、大太鼓は非常に重要な役割を担っているのです。絵画資料に描かれた初期歌舞伎の小屋の櫓《やぐら》には、必ずと言っていいほど大太鼓が備え付けられおり(114ページ参照)、歴史を振り返ってみても、大太鼓は歌舞伎の初期のころからなくてはならない楽器だったことがわかります。そのため、黒御簾の「主奏楽器」として説明されることもあります。

大太鼓の役割は大きく分けて、「儀礼囃子」と「劇音楽」の二つに分けられます。いずれも黒御簾の中で演奏されます。

儀礼囃子というのは、芝居や舞踊とはかかわりなく、開演三十分前、終演などの、興行の区切りを知らせる儀礼的な囃子のことを言います。江戸時代から伝承される劇場習俗の一端と言えるでしょう。現在の儀礼囃子は、開演三十分前の**〈着到《ちゃくとう》〉**、演目の終了を知らせる**〈シャギリ〉**、終演を知らせる**〈打出《うちだ》し〉**が主なところでしょう。いずれも、普段の歌舞伎公演で毎日聴くことのできる囃子ですので、お芝居の前後にぜひ注目していただきたいものです。一方、一日の興行の始まりを知らせる**〈一番太鼓〉**など、江戸時代には毎日行われていたけれども、現在は通常は行われない囃子もあります（**〈一番太鼓〉**は現在では劇場の開場式で打つことが多く、平成中村座の初日にも聴くことができる）。

劇音楽としても大太鼓の活躍は目立ちます。板戸に吹き付ける**〈風音《かざおと》〉**、川を流れる**〈水音《みずおと》〉**、寄せては返す**〈浪音《なみおと》〉**、パラパラと打ちつける**〈雨音《あまおと》〉**など、自然現象を表現することでよく知られています。本来は音のしない雪を大太鼓で表す**〈雪音《ゆきおと》〉**、幽霊出現の**〈ドロドロ〉**も大太鼓によるもの。他にも大太鼓を使う曲は非常に多く、**〈三保神楽《みほかぐら》〉**、**〈岩戸《いわと》〉**や**〈飛去《とびさ》り〉**など荒事《あらごと》系の演目で使われる曲、**〈通り神楽〉**、**〈宮神楽〉**などの神楽系の曲、捕《と》り物を表す**〈三つ太鼓〉**、陣屋や奉行所の場面に使われる**〈時の太鼓〉**など、枚挙にいとまがありません。

こうした多くの曲目の演奏にあたり、黒御簾では何種類もの撥を使い分けるのも特徴です。「長撥」が最も多く使われ、儀礼囃子、自然現象の音、幽霊など怪奇現象の**〈ドロドロ〉**、**〈大太鼓**

入り〉と言われる立廻りの曲、御殿《ごてん》の描写である〈管絃《かげん》〉など、黒御簾では多数の用例があります。荒事系の曲には「三保撥《みほばち》」という太めの長い撥を使います。自然現象の多くは「長撥」ですが、〈雪音〉には専用の「雪バイ」という先を布で丸く巻いた撥を使っています。また、いわゆる一般的な大太鼓の撥のイメージをもつ「樫《かし》撥」は〈三つ太鼓〉、〈時の太鼓〉、〈神輿《みこし》太鼓〉など太鼓の音の表現に使われています。

太鼓類

太鼓とは刳《く》りぬかれた胴（枠）に革を張り、それを打って革の振動で音を出す楽器で、楽器学分類上は膜鳴楽器といわれる楽器群の一種です。出囃子で使われる小鼓や大鼓、太鼓も広義の太鼓類ですし、大太鼓のほかにも、黒御簾では多くの太鼓類が使われます。革を紐で締めるタイプの締太鼓と、革を鋲で止めるタイプの鋲打ち太鼓に分けることができます【表4】。

金属楽器

金属そのものが叩かれたり打ち合わせられて音を出す楽器を指します。楽器学上は、叩く物体そのものが鳴る体鳴《たいめい》楽器に分類されます。釣鐘状やベル状のものから、円盤型の鉦《かね》まで種類が多く、幅広く使われます【表5】。

大太鼓	鋲打ち太鼓／黒御簾の主奏楽器
小鼓	締太鼓／出囃子楽器（四拍子）／黒御簾でも中心的役割
大鼓	締太鼓／出囃子楽器（四拍子）／黒御簾でも中心的役割
太鼓	締太鼓／出囃子楽器（四拍子）／黒御簾でも中心的役割
大拍子《だいびょうし》	締太鼓／長い胴を持つ里神楽系の楽器／盛り場の場面など
桶胴	締太鼓／神楽や獅子舞の囃子に使われる／江戸の街、田舎の雰囲気を出す
楽太鼓《がくだいこ》	鋲打ち太鼓／雅楽の楽器を模した平たい大太鼓／大太鼓の代用としても
カンカラ太鼓	鋲打ち太鼓／甲高い音／おかしみの場面など
飴屋太鼓	鋲打ち太鼓／行商の飴売りの太鼓を模した／江戸の街など
豆太鼓	鋲打ち太鼓／黒御簾独自の楽器／子どもが出る場面など

【表4】黒御簾で使われる代表的な太鼓類

本釣（本釣鐘）	寺院の鐘を模した小型の梵鐘／撥で打つ／時の鐘・局面変化や演技の強調
銅鑼《どら》	円盤状／撥で打つ／本釣鐘と似た用法のほかドラブチ（銅鑼の縁を叩く奏法）も使用
双盤《そうばん》	やや大型の鉦／撥で打つ／民俗芸能などでは二つ一組だが、歌舞伎では単独で使用
当り鉦《がね》	小型の鉦／片手で持ち、撥で打つ（伏せて打つ場合も）／祭囃子など。各地の祭囃子でも使われる（摺り鉦、チャンチキとも）
コンチキ	小型の鉦／片手で持ち、撥で打つ／上方系の囃子など
一ツ鉦	小型の鉦／伏せて撥で打つ／殺し場、死に直面する場面など
松虫	大小一組の鉦／伏せて撥で打つ／人気のない場面など
チャッパ	小型のシンバル状／二つを打ち合わせる／神楽系の囃子に使用
磬《キン》	椀状／撥で打つ／大寺院の場面、劇的局面の強調など（寺院楽器）
妙八	シンバル状／二つを打ち合わせる、擦り合わせる／寺院の場面など（寺院楽器）
レイ	ベル型の振り鈴／振る／荘厳な場面など（寺院楽器）
オルゴール	小型の磬を複数横に並べたもの／撥で打つ／蝶の描写、異国情緒など
駅路	中が空洞のドーナツ型／複数を紐に吊るして振る／馬鈴を模す。街道の場面などに使用
シンバル	洋楽器／新作などで使用することもある
鈴	洋楽器／新作などで使用することもある

【表5】黒御簾で使われる金属楽器（形状／奏法／使用する場面など）

木魚	丸形で中は空洞／撥で打つ／荒れ寺、人気のない場面、世話の立廻りなど（寺院楽器）
小木魚	丸形で中は空洞（小型の木魚）／撥で打つ／おかしみの立廻りなど
木琴	長さの異なる複数の音盤（板）を空洞の箱上に並べたもの／撥で打つ／滑稽な場面、座頭の描写など
木鉦《もくしょう》	円盤状（寺院楽器）／伏せて撥で打つ／寺院の場面、滑稽な場面など
砧《きぬた》	二つ一組の木製の棒／打ち合わせる／田舎の場面など
四つ竹	二つ一組の竹／打ち合わせる／貧家の描写など
板木《ばんぎ》	板を紐で吊るす／撥で打つ／寺院の場面など（寺院楽器）
時計	木製の歯車に竹をかませたもの／柄を持って回す／歯車と竹が触れてガリガリという音が出る／オルゴール（金属楽器）と組み合わせて大名時計の音を模す

【表6】黒御簾で使われる木製・竹製楽器

能管	出囃子楽器（四拍子）／黒御簾でも中心的役割
篠笛	出囃子楽器（四拍子）／黒御簾でも中心的役割
ビイ	リード製の小型のラッパ／大寺院や御殿の場面
※法螺貝	法螺貝にリードをつけたもの／戦いの描写、武将の引込みなど
※虫笛	虫笛（秋の虫の声）、ヒグラシ笛など
※鳥笛	鶯笛、烏笛、鶏笛など多数
※赤子笛	あかちゃんの泣き声

※は囃子方ではなくお弟子さんと呼ばれる役者や音響係が担当

【表7】黒御簾で使われる笛類

その他の黒御簾楽器

木製や竹製の楽器が挙げられます。分かりやすいものとしては木魚《もくぎょ》、木琴《もっきん》などです【表6】。いずれも叩く物体そのものが鳴る体鳴楽器です。また、主奏楽器である篠笛と能管の他にも笛類が用いられますが、鳴物方の演奏者が担当する笛類は種類が少なく(リード楽器のビイなど)、他にお弟子さんと呼ばれる役者や劇場の音響係が担当する、虫や鳥の声を模倣する笛類が数多く見られます【表7】。

【三曲楽器編】

ほかに、歌舞伎で使われる楽器に箏《こと》、地歌三味線、胡弓、尺八などがあります。箏、地歌三味線、胡弓または尺八という三種類の楽器による音楽を総称して三曲と呼びます。これらの楽器は合奏される場合も(三曲合奏)、単体で演奏される場合も、ジャンルとしての三曲に属します。三曲は役者による箏や三味線の演奏を除き、基本的には三曲専門の演奏家が演奏します(地歌三味線についてはこの限りではなく、長唄方が演奏することも)。これらの楽器が使われる場合、公演プログラムの演奏者一覧のページに「三曲」としてその演奏者の名前が載ります。

箏

箏（琴とも書くが、正しくは箏）は三味線と並んで近世を代表する楽器です。三味線のように歌舞伎で頻繁に使われる楽器ではありませんが、歌舞伎の中で演奏家または役者によって箏が演奏される例は初期歌舞伎以来、今日も見ることができます。

箏は、上部がアーチ状の細長い胴（桐製）の表面に多数の弦（糸）を張り、爪を付けた指でそれをはじいて音を出します。三味線と同じく弦の振動で音の出る弦鳴楽器であり、弦をはじいて音を出す撥弦《はつげん》楽器ですが、形状としては違うタイプの楽器です。歌舞伎で使われる箏は十三弦で、胴の表面に立てた柱《じ》（ブリッジ）で糸（弦）を支え、柱の位置を動かすことによって調律します。糸（弦）は絹製を本来としますが、今日ではテトロンも広く使われています。柱と爪は象牙またはプラスティックで作られます。奏法は爪を付けた右手で糸を弾いたり、こすったりする右手法と、左手で糸を押して弦の張力を変えるなどする左手法とに分けることができます。

今日、歌舞伎で箏を使用する例としては主に、舞踊音楽と黒御簾における劇音楽とに分けられます。舞踊音楽としては近代以降に作られた新しい舞踊曲に多く使われています（《黒塚《くろづか》》、《龍虎《りゅうこ》》、《韃陀《だったん》》など）。劇音楽としては、箏の音が聞こえてきそうな屋敷や邸宅の描写、実際に箏の演奏が聞こえてくるという設定などに使われます。そのほか、芝居の中で役者が箏を弾くシーンも見られます（役者の演奏については102ページ参照）。箏曲は、武家や裕福な町人などの屋敷で享受されていた音楽だったので、典雅な雰囲気を出すのに一役買っていると言えるでしょう。

地歌三味線

江戸時代に上方《かみがた》(関西地方)で発展した三味線音楽である地歌は、現在では箏曲との結びつきが強い音楽ジャンルですが、元禄期《げんろくき》(一六八八〜一七〇四)から享保期《きょうほうき》(一七一六〜一七三六)ごろまでは歌舞伎音楽と強い結びつきを持っていました。上方の歌舞伎関係者が作詞、作曲し、歌舞伎に使われた曲の一部は、地歌に摂取されて、「芝居歌」という地歌の一ジャンルを形成しています。

地歌の三味線は、長唄の三味線よりも柔らかい音を好みます。構造上の違いとしては、駒に鉛が埋め込まれている点が大きいでしょう。黒御簾では、地唄の演奏家が唄のみを担当し、三味線は長唄の三味線方が地歌の駒を使って演奏することが多いのだそうです。地歌と歌舞伎の結びつきは江戸時代の比較的古い時代にさかのぼりますが、現在、地歌や地歌三味線の演奏は『土屋《つちや》主税《ちから》』、『ぢいさんばあさん』など新しい作品で多く聴くことができます。

胡弓

胡弓は、ヴァイオリンやチェロのように弓で弾く楽器です【図10】。弦を弓でこすって音を出すので、弦楽器の中でも擦弦楽器《さつげんがっき》といわれる部類に属しています。胡弓の音色は非常に特徴的ですので、歌舞伎で使われるとかなり目立つ存在です。三味線を小型にしたような形で三本または四

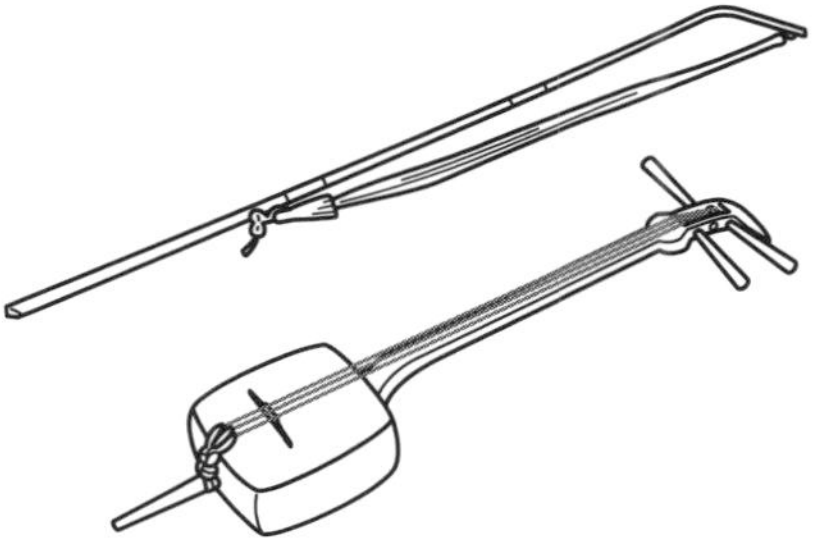

【図10】胡弓

本の弦（糸）を備えますが、棹の先端（中子先）が長い点が異なります。演奏時は楽器を縦に構え、中子先を膝の上に置いて、または膝の間に挟んで、楽器を回転させながら、馬の尻尾の毛で作られた弓で弦をこすります。

特徴的な哀切な響きは、歌舞伎では女性が男性に愛想をつかす縁切りの場面の〈ひなぶりの合方《あいかた》〉に使われるほか（『御所五郎蔵《ごしょのごろぞう》』、『伊勢音頭恋寝刃《いせおんどこいのねたば》』、『籠釣瓶花街酔醒《かごつるべさとのえいざめ》』など）、『本朝廿四孝《ほんちょうにじゅうしこう》』「十種香《じっしゅこう》」で八重垣姫《やえがきひめ》が腰元濡衣《ぬれぎぬ》を呼び寄せるシーンでの使用がよく知られます。また、『沼津《ぬまづ》』の「千本松原《せんぼんまつばら》」で平作の命をかけた訴えに胡弓の音が響くシーンは印象的です。また、役者が胡弓を弾く作品として『壇浦兜軍記《だんのうらかぶとぐんき》』の阿古屋が有名です。

尺八

尺八が黒御簾や揚幕《あげまく》の内で演奏される作品もあります。尺八は竹製の管楽器で、江戸時代には普化宗《ふけしゅう》という禅宗の僧侶たちによって演奏される楽器でしたが、そのころから尺八が歌舞伎の舞台に登場する機会はあったと言われています。近代になって一般に広められ、今では海外でも大人気の楽器になっています。

尺八は、箏とともに新作舞踊に用いられるほか(《黒塚》、《龍虎》など)、登場人物が吹いている体で黒御簾や揚幕内で演奏することがあります(『忠臣蔵』「九段目」の加古川本蔵《かこがわほんぞう》、『助六』の助六ほか)。

新たな楽器の使用

歌舞伎では、このほかにもさまざまな楽器が使われる例があります。最近は新作歌舞伎の上演が盛んで、本来歌舞伎では使われない津軽三味線や洋楽器(オルガンやトランペット、ドラムなど)の使用も増えていますし、Jポップを使う作品では、その中で用いられる楽器を聴くことができます。しかし、明治時代に目を向けてみると、その当時も新しい楽器を使う試みがなされていたことが分かります。ピアノやヴァイオリン、オルガン、アコーディオンなどの洋楽器や、当時流行した月琴《げっきん》や明笛《みんてき》、清笛《しんてき》など明清楽《みんしんがく》(近世に中国から日本に伝来した民間音楽)の楽器を黒御簾に持ち込んで使っている例が時々見られるのです。散切物《ざんぎりもの》や新派物《しんぱもの》など、その時代を映した作品を上演するにあたり、それに合わせた楽器を使用しているというわけです。

黒御簾の演奏は極めて柔軟なものであると言えましょうが、黒御簾独特の約束事やレパートリーが根底にあるからこそ、例外的な使い方が生きてくるものです。黒御簾の約束事やレパートリーのことを少しでも知っていると違った見方ができるでしょう(黒御簾音楽については64ページから参照)。

第三章　歌舞伎音楽のジャンル

歌舞伎音楽の各ジャンルをご紹介するうえでは、「劇音楽」「舞踊音楽」という大きな括りの中でご説明するのが分かりやすいかと思います。まずは、「舞踊音楽」から見ていきましょう。

【舞踊音楽編】

では、11ページの【表1】の「舞踊」の分類に沿って、長唄、竹本（義太夫節）、常磐津節、清元節の四種を取り上げ、その概要や舞踊音楽としての特徴をご紹介します。また、長唄と結びつきの強い鳴物についてもご説明します。

長唄

長唄は歌舞伎のための音楽として成立し、歌舞伎とともに歩んできた三味線音楽です（「第四章　歌舞伎音楽の歴史」参照）。歌舞伎劇場は古くから、専属の囃子方（長唄と長唄三味線の演奏者〔唄方と三味線方〕、および鳴物方）を抱えてきました。長唄はその発生から現在に至るまで、歌舞伎ときわめて密接な関係を保ちながら展開してきたのです。舞踊音楽としての長唄は、舞台に出て演奏する出囃子（15ページ）にあたります。歌舞伎における長唄の役割は舞踊音楽だけではありませんが、ここでは長唄（唄と三味線）の音楽的特徴に触れた上で、舞踊音楽としての長唄について見ていきたいと思います。

長唄は、長い歴史の間で、その時々の流行に敏感に反応する形で展開してきました。その間には、各時代の流行唄や、隆盛した浄瑠璃、能の謡や狂言の小謡などさまざまなジャンルの要素を取り入れています。そのため、一口に長唄と言ってもいろいろな特徴があります。

唄の特徴

一般的には、長唄の発声は明るく開放的と説明されます。浄瑠璃の類と比べると、そのように表現することもできるでしょう。ただ、先に述べましたように、長唄はさまざまなジャンルを取り入れてきた経緯を持つため、作られた時代や作品のタイプによっても味わいが変わります。また、一曲の中でも、明るく歌うところ、しっとりと陰りを帯びて歌うところなど、変化を感じることができます。長唄の旋律には特定の浄瑠璃や謡などを模した旋律や唄い方を部分的に取り入れることもあり、そういう部分を、各種音曲の名をとって一中《いっちゅう》ガカリ、外記《げき》ガカリ、謡《うたい》ガカリなどと呼んでいます。

【図11】長唄の見台

唄は一人で歌う**独吟**《どくぎん》と、複数で声を揃えて斉唱する連吟《れんぎん》とに大きく分けることができます。長唄には稀に独吟のみで成り立つ小品もありますが、舞踊曲では一曲の中を、連吟で歌う部分と独吟で歌う部分に分けて変化をつけています。ただ、実際の演奏家たちは、舞踊曲に関しては連吟の用語はあまり用いず（譜面には記載されている）、**ツレ**（連れて唄うの意）という言葉をよく使っています。

出囃子で唄方が用いる**見台**《けんだい》（譜面台）は白木のシンプルなものが使われます【図11】。

三味線の特徴

三味線は細棹の長唄三味線を使用します。三味線の中では比較的小ぶりで軽く、皮の張り方が強いため、明るく軽快で、華やかな音を奏でるところに特徴があります。三味線も一人で弾く独《ひと》弾《びき》と複数で奏でる連弾《つれびき》がありますが、独弾をするのは特定の箇所に限られていて、連弾を基本としています。

長唄三味線は、棹は紅木《こうき》、胴は花梨《かりん》、皮は猫皮、撥は象牙を本来とし、駒も象牙、上駒は金属を用います。また近年は、上駒の部分に金属のねじを取りつけて音色を工夫する「吾妻《あづま》ザワリ」（59ページ参照）を使うこともあります。吾妻ザワリはもともと常磐津節や清元節の三味線の工夫でしたが、長唄三味線にも使われるようになりました。

舞踊音楽としての長唄

長唄舞踊は歌舞伎舞踊の中でも曲数が多く、曲種のヴァラエティーにも富んでいます。例えば、

《京鹿子娘道成寺》はさまざまな趣の恋の踊りをつなぎ合わせた組曲のような構成であるのに対し、《勧進帳《かんじんちょう》》は能の《安宅》を下敷きにしながら、長唄らしさもたっぷり聞かせ、奥州に落ち延びていく源義経と弁慶主従の物語をドラマティックに描き出します。《越後獅子《えちごじし》》のような軽妙な曲もあれば、《船弁慶》のような重厚な曲もあります。異なるジャンルとの合奏を行う「掛合」にも、比較的多くの曲例があります。長唄が時代の流行を柔軟に取り入れて、長唄舞踊として成立させていく様は、歌舞伎そのものの歩みと重なるところがあるとも言えるでしょう。

　楽曲構成も作品によりさまざまですが、舞踊の基本的な構成である、**置キ**（音楽のみによる導入部分）・**出端**《では》（人物の登場）・**クドキ**または**物語**（眼目となる部分）・**踊り地**（鳴物入りの賑やかな部分）・**チラシ**（終局）という五部構成、またはそれを変形させた構成が長唄舞踊には多く見られます。

演奏形態

　舞踊音楽としての長唄が舞台正面の**雛壇**で演奏される場合は、大人数が並ぶことで舞台に華やかさを添えます。演目によっては演奏者の肩衣《かたぎぬ》が作品に合わせたデザインになり、演奏者が見た目にも作品の一部となります（《京鹿子娘道成寺》などにはピンクの桜柄など）。

　演奏者の人数は劇場の広さや作品のスケールによりますが、多い時には唄方と三味線方が十名ずつ並ぶこともあります。唄（または語り）と三味線の演奏の編成は「●挺《ちょう》（丁）●枚《まい》」と呼び習わされています。挺（丁）は三味線の数え方に由来して三味線の人数を表し、枚が唄方の人数を表しま

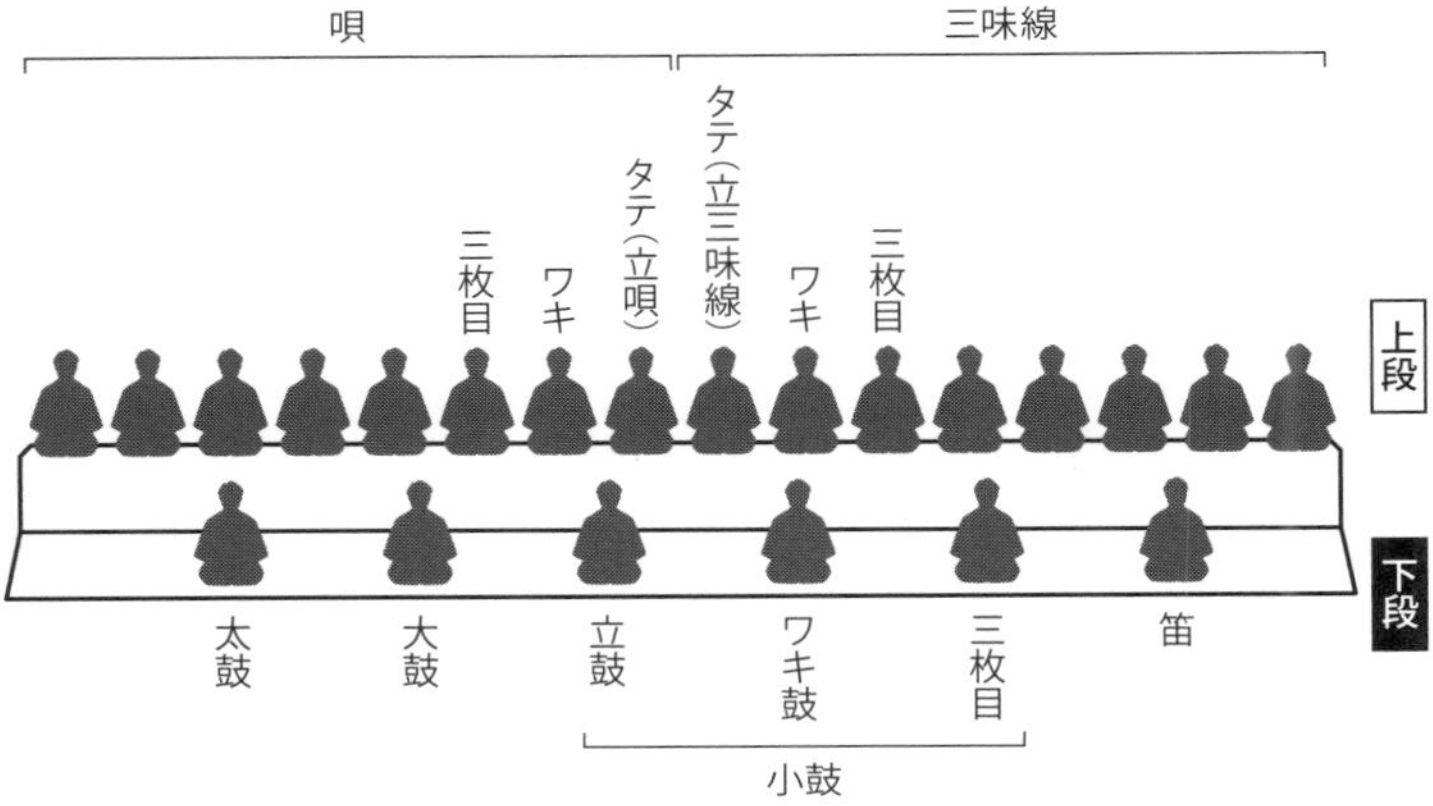

【図12】長唄の雛壇の並び方

す。十名ずつの場合は「十挺十枚」となります（三味線を先に数える）。【図12】は唄方と三味線方が八名ずつ（八挺八枚）の場合を図式化したものです。唄方と三味線方は雛壇の上段に居並びます。人数にかかわらず、上段中央の二人が唄と三味線のリーダーで、唄方のリーダーを**タテ**または立唄《たてうた》、三味線のリーダーをタテまたは立三味線と呼んでいます（稀に「立別れ」と言って立唄と立三味線が、それぞれ二人ずつ出る形態もある）。唄は中央から向かって下手（左側）へ**ワキ**（二枚目）、三枚目……となり、三味線は中央から向かって上手（右側）へ、ワキ（二枚目）、三枚目……となります。雛壇の下段に並ぶのは鳴物方です（鳴物については次に説明）。なお、長唄の場合、曲によっては舞台上手の**山台**や毛氈《もうせん》を用いることもあります。山台の場合には上段に唄、中段に三味線、下段に鳴物と並ぶことが多く、それぞれのタテが中心に位置します。

舞踊曲における独吟はタテ（立唄）や二枚目に多く振り分けられますが、クドキの部分などではすべての唄方が一人ずつ唄うことが多く見られます。唄の独吟は聴かせどころ。演奏者一人一人の声や唄い方の違いに耳を傾けてみるのも楽しいでしょう。

一方、三味線の独弾は主としてタテと二枚目（三枚目も弾くことも）の受け持ちです。**大薩摩**《おおざつま》（97ページ参照）と呼ばれる旋律には、よく独弾の箇所があります。また、長唄では、本来の旋律に対して別の旋律（複旋律）を合わせて、二重奏を奏でることもあります。二重奏を作る旋律は、**替手**《かえで》と**タマ**に分けることができます。替手は、他の演奏者が弾く**本手**《ほんで》（本来の旋律）と異なる旋律を弾いたり、同旋律をリズムをずらして弾いたりして合奏するもので、多くの楽曲に見られます（《京鹿子娘道成寺》、《越後獅子》など）。一方、タマは、他の演奏者が「地」と呼ばれる短い旋律を繰り返して弾くところにタテが半ば即興的に演奏を合わせる演奏法です。《京鹿子娘道成寺》の鞠唄や、《二人椀久《ににんわんきゅう》》の〽按摩《あんま》けんぴき 按摩けんぴき」のあとのタマなどが有名です。なお、長唄の演奏会などで見られる上調子（一番端の演奏者が主旋律よりも高く調弦した三味線を用いて装飾的な旋律を奏でる）についてはすでに記したとおりです（26ページ参照）。上調子は若手の演奏者が担当することが多いようです。

替手やタマの入る重奏は、曲中の聴かせどころや華やかに盛り上がるところに使われます。舞踊では、演奏者の姿が常に観客席から見えますので、ぜひ目と耳で味わってみてください。

鳴物

すでに記しましたように（21ページ）、歌舞伎音楽における鳴物《なりもの》とは、笛類と打楽器類を総称して指す言葉です。歌舞伎で使われる鳴物は実に種類が多いのですが、舞踊では、笛（篠笛と能管）、小鼓、大鼓、太鼓の四種の楽器（＝四拍子）が長唄（唄と三味線）とともに「出囃子」を担います。

また、舞踊曲では舞台下手にある黒御簾の中で演奏される鳴物（黒御簾音楽）が、出囃子に効果音を添えることがあります。観客からは見えませんが、大事な役割ですので、これについても少し触れたいと思います。

舞踊音楽としての鳴物の演奏形態

長唄舞踊の出囃子では、鳴物は雛壇の下の段に居並びます【図12】。《勧進帳》、《土蜘《つちぐも》》などの松羽目物《まつばめもの》では、小鼓と大鼓の演奏者が床几《しょうぎ》に腰かけて演奏することがあります。肩衣は長唄と同じものを身につけ、見台は用いません。例は多くありませんが、浄瑠璃の舞踊で囃子が出囃子となるときには、浄瑠璃（語りと三味線）の下の段に鳴物が並ぶ場合と、浄瑠璃が上手、鳴物が下手に分かれて並ぶ場合があります。

並ぶ順番は、上手（右）から笛、小鼓、大鼓、太鼓の順。人数は曲によりますが、笛は基本的に一人（《京鹿子娘道成寺》などで二人のこともあり）、小鼓は三〜四人、大鼓は一人、太鼓は一〜二人が一般的なようです。複数の演奏者がいる楽器は、いずれも中央寄りの人がタテ（リーダー）を担当しています。小鼓は能では一人を原則としますが、歌舞伎舞踊では複数の小鼓方が並びます。小鼓は、大鼓に近い演奏者をタテ（立鼓）とし、そこから笛側に向かって順番にワキ鼓、三枚目……となります。

鳴物の演奏の構成

鳴物の演奏は、「手組《てぐみ》」と言われる、長短さまざまのリズムパターン（笛は旋律パターン）を基本として構成されています。それらは能楽に由来する能楽手法と、歌舞伎の中で作られてきた歌舞伎手法との、大きく二つに分類することができます。能楽手法には三味線の旋律とはあまり関わりなく演奏されるものが多く、歌舞伎手法では三味線の旋律と強い結びつきをもって演奏されるものがあります。笛は一曲の中でも能管と篠笛を持ち替えて演奏することがあるのですが、能管で演奏する旋律は能楽手法が主体となり、篠笛は比較的三味線の旋律と近い関係を保ちながら演奏されます。鳴物は、こうした手組を配列して、一つの楽曲を創り上げているのです。

長唄舞踊においては、三味線と、笛・小鼓・大鼓・太鼓からなる四拍子が舞台上で演奏されますので、ぜひ一度、オペラグラスを使って細部まで観察してみてください。音の出る仕組み、音程や音色の変え方、複数の演奏者の役割分担など、興味は尽きることがないでしょう。

舞踊音楽としての黒御簾音楽

黒御簾音楽は劇音楽としての働きを主としますが、舞踊音楽としても使われます。竹本（義太夫節）、常磐津節、清元節など浄瑠璃舞踊の際には、鳴物は舞台に並ばず、すべて黒御簾で演奏することが普通です（竹本舞踊には出囃子を使うことがある。その他、常磐津や清元にも例外あり）。長唄舞踊の場合には通常、四拍子は出囃子として雛壇に並びますので、黒御簾での演奏が加わるのは四拍子以外の楽器が必要とされる時ということになります。舞踊の際に大太鼓、オルゴール（37ページ参照）などの黒御簾音楽を使うことは少なくありません。なお、舞踊会などでは四拍子以外の楽器を黒御簾で演奏することは「蔭囃子」と呼ばれます（舞踊会では「陰」ではなく「蔭」の字を使う）。あるいは研究者の間では、「出囃子」に付ける「囃子」として「付囃子」という名称を与えられています。

竹本（義太夫節）

歌舞伎舞台の上手（客席から向かって右側）から聞こえてくるのが、義太夫節です。義太夫節は、貞享元（一六八四）年、竹本義太夫によって人形浄瑠璃のために創始された浄瑠璃の一派です。初期の人形浄瑠璃ではさまざまな種類の浄瑠璃の太夫たちが林立し、互いに芸を競っていましたが、竹本義太夫の活躍以降、人形浄瑠璃の世界では義太夫節が他の浄瑠璃を圧倒するようになっていきます。単に「浄瑠璃」と言って、義太夫節を指すこともあるくらい、義太夫節は「浄瑠璃」の親分的存在なのです。歌舞伎も義太夫節を早い段階から取り入れ、長唄と並んで歌舞伎にとってはなくてはならない三味線音楽として使ってきました。古くから劇場専属の演奏者が置かれてきた点も長唄と同様です。なお、歌舞伎では義太夫節を正式には「竹本」と呼んでいますので、本書でも歌舞伎の義太夫節に限定して述べる場合にはその名称を用いていています。

義太夫節は、太夫による語りと三味線によって成立します。歌舞伎における竹本は、人形浄瑠璃を歌舞伎化した「義太夫狂言」と呼ばれる作品群と、一部の「純歌舞伎狂言」（はじめから歌舞伎のために作られた作品）や一部の新歌舞伎、新作歌舞伎の中で用いられる「劇音楽」として、そして「舞踊音楽」としても用いられます。その本領は、「劇音楽」としての演奏で発揮されると言ってよいでしょう。しかし、竹本の舞踊曲も、他の舞踊曲にはない格調高い雰囲気（《寿式三番叟《ことぶきしきさんばそう》》など）や古風な味わい（《団子売《だんごうり》》など）がある大切なレパートリーです。

語りの特徴

義太夫節の語りは、一人でいくつもの役を語り分ける技量と豊かな情感が求められます。また、三味線音楽の中でも特に息をたくさん使う大きな声量で、エネルギッシュな語りを特徴としています。舞踊曲でもこの発声の特徴は活かされていて、それが独特の品格や古風な味わいを出すのに一役買っていると言えるでしょう。ただ、義太夫節の音楽的特徴は「劇音楽」としての竹本と深く関連しているため、詳しいことは「劇音楽編」で述べたいと思います（81ページ参照）。

竹本の演奏場所は、劇音楽の場合は床《ゆか》(83ページ参照)、舞踊の場合は主として山台となりますが、どちらも上手に位置しています。演奏者は演目の雰囲気に合わせた柄や色の肩衣を身につけ、劇場の紋と房のついた黒塗りの立派な見台を使用します【図13】。

三味線の特徴

義太夫三味線は、低い音色の太棹の三味線です。他の三味線に比べて胴が大きく、棹も太く、重いのが特徴です。長唄と同じく棹は紅木、胴は花梨ですが、糸巻には黒檀、皮は犬皮を使います。音色には重厚感がありますが、撥を叩きつけるように演奏する非常に激しい音色から、繊細で哀切な音色まで、表現が幅広いのが義太夫三味線の特徴と言ってよいでしょう。そうした音色を実現するのが、胴の大きさや棹の太さに加え、撥や駒など付属品の作りです。撥は象牙ですが、他のジャンルに比べて撥先の開き(幅)が狭く、先も厚くなっています【図14】。この撥でさまざまな奏法を弾き分け、多彩な表現を生んでいるのです。駒は水牛の角でできていて、長唄に比べて大ぶりで高さもあり、中に鉛を埋めてあります。これらによりあの独特な音色が出るのです。三味線についても、演奏の詳細は「劇音楽編」で触れることとします。

舞踊音楽としての竹本

義太夫節による舞踊曲を、歌舞伎では「竹本舞踊」と呼ぶことがあります。レパートリーとしての曲数は少ないですが、先にも述べたように古風な味わい、格式の高さが竹本舞踊の特徴と言えるでしょう。語りの声も三味線の音も低いのに、不思議と独特な華やかさが感じられます。また、竹本の〝語り物性〟が舞踊に与える影響も注目すべきところです。舞踊の詞章《ししょう》でありながら、竹本の詞章は意味を持つ「ことば」として観客に届くことが多いからです。特に「道行物《みちゆきもの》」では、舞踊としての華やかさと同時に、長い物語の一幕の出来事として浮かび上がってきます。『仮名手本忠臣蔵』の二つの**道行**、清元による《道行旅路《みちゆきたびじ》の花聟《はなむこ》（落人《おちうど》）》と、竹本による《道行旅路の

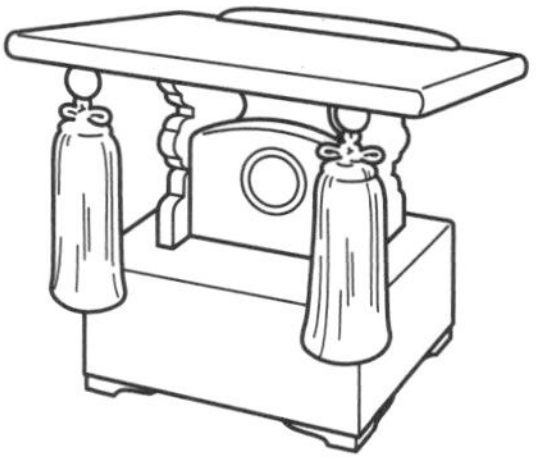

【図13】竹本（義太夫節）の見台

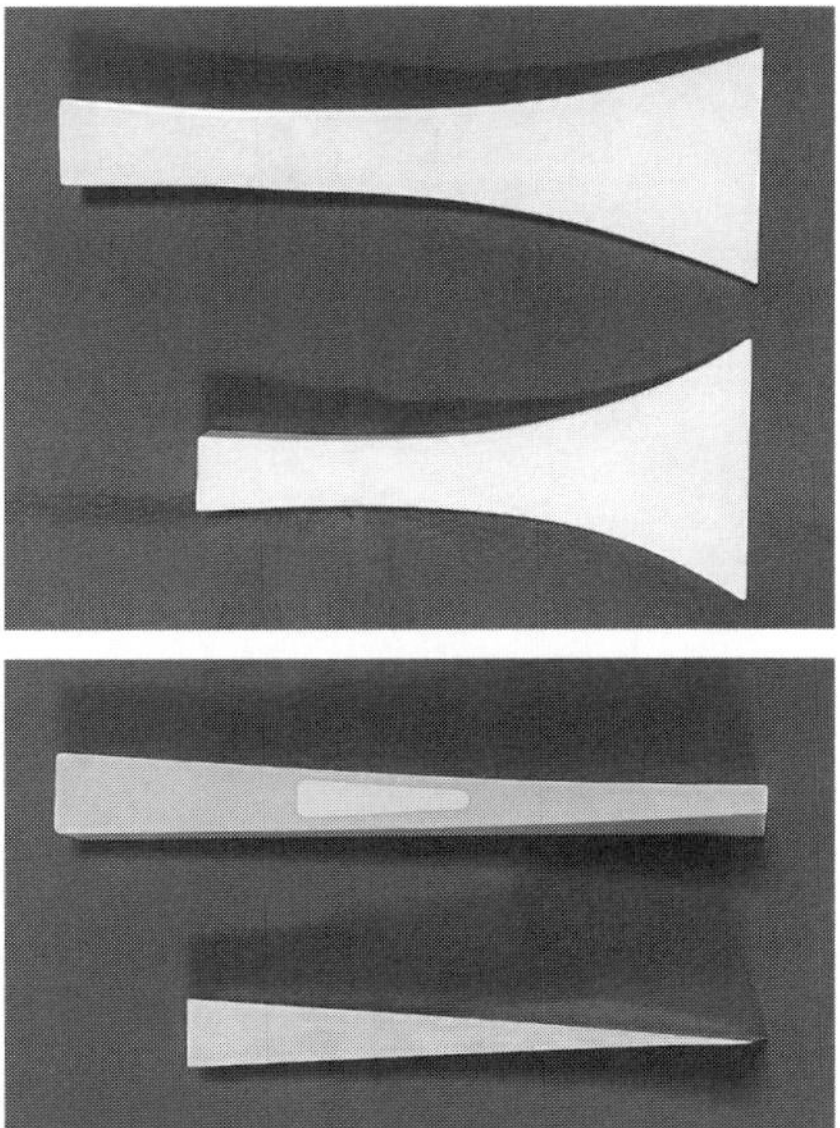

【図14】義太夫三味線（上）と長唄三味線の撥の比較

嫁入《よめいり》（八段目）》を比べてみるとその対照が感じられるのではないでしょうか。

演奏形態

劇音楽としての竹本は一人の太夫と一人の三味線が二人一組で演奏するのを原則としていますが、舞踊音楽として使われる場合には、数名ずつの太夫と三味線が上手に置かれた山台の上に並んで演奏します。人数は四名ずつ（四挺四枚）、または三名ずつ（三挺三枚）の場合が多いようです。義太夫節では、太夫と三味線のタテを**「シン」**ということが多く、一段に太夫と三味線が並ぶ場合には、向かって左側に太夫、右側に三味線が座り、共に中央の二人がシンとなります。また、二段に分かれる場合には上段に太夫、下段に三味線が座り、それぞれ向かって右から二人目がシンとなります【図15】。

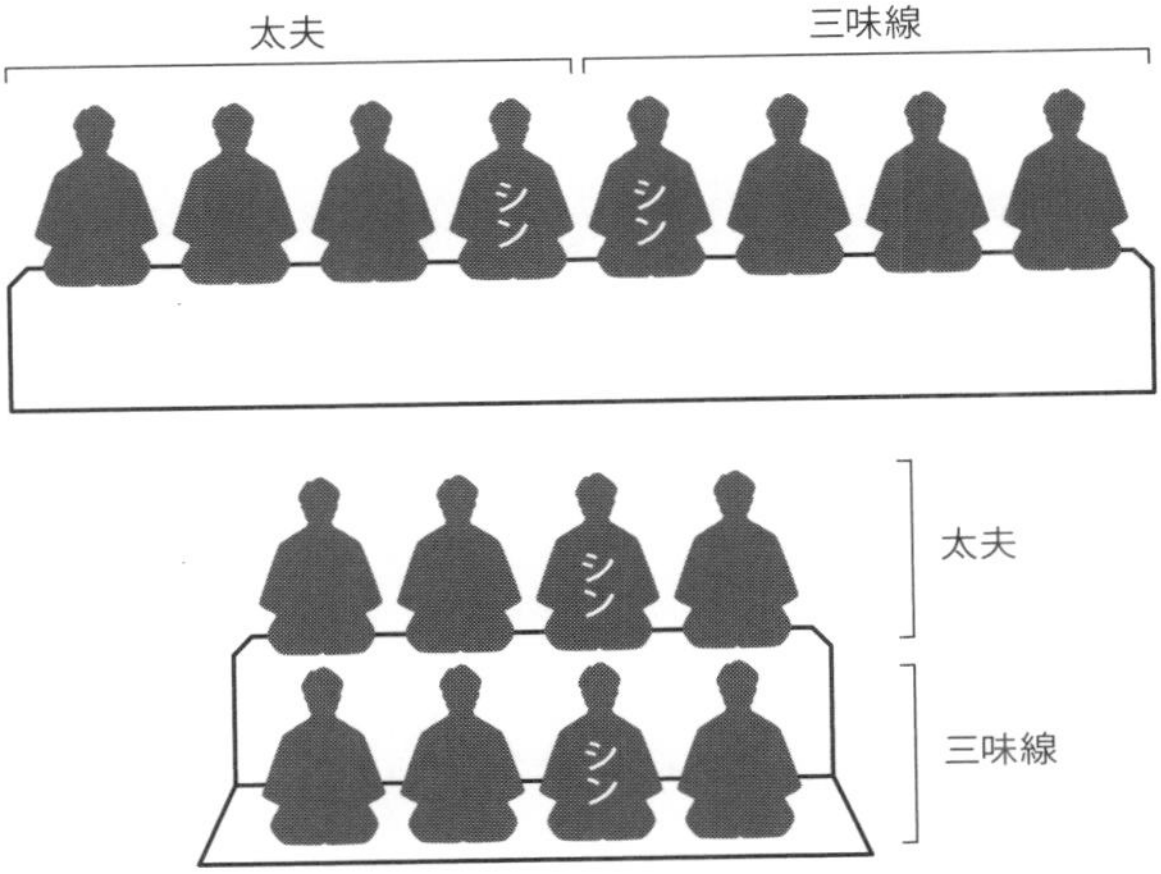

【図15】竹本の演奏形態

なお、舞踊の場合、稀に人形浄瑠璃の義太夫節の演奏者が出演することがあり、その場合には

「文楽座出演」と銘打っています。

常磐津節

常磐津節は、豊後節《ぶんごぶし》という浄瑠璃から生まれた**豊後系浄瑠璃**のひとつで、歌舞伎舞踊のための音楽として展開してきました(120ページ参照)。

常磐津節は、人形浄瑠璃の音楽として成立した義太夫節とは雰囲気は異なりますが、ともに上方(関西)にルーツのある浄瑠璃。やはり太夫による語りと三味線とによって成り立つ語り物の音楽です。ただし、常磐津の元となった豊後節を創始した宮古路豊後掾《みやこじぶんごのじょう》が京都の人であるという意味でルーツは上方にあるのですが、常磐津節が創始されたのは江戸です。つまり常磐津節は、上方のルーツをひきながら、江戸で生まれ江戸で育った浄瑠璃なのです。常磐津節は上方の濃厚で柔らかい味わいと、江戸の粋との両方を持ち合わせていると言えるかもしれません。

語りの特徴

太夫の発声は自然なものが良いとされます。高音を聴かせる箇所もありますが、無理のない聴きやすい発声を本来とします。歌舞伎では四人の太夫が並ぶことが多く(四枚)、語りには一人ずつ語る部分と、全員で一緒に語る部分(ツレ)とがあります。太夫が四人並ぶ場合、タテとワキがそれぞれ一人で語る部分が量的に多く、三枚目と四枚目が一人で語る部分には高い音域が多く見

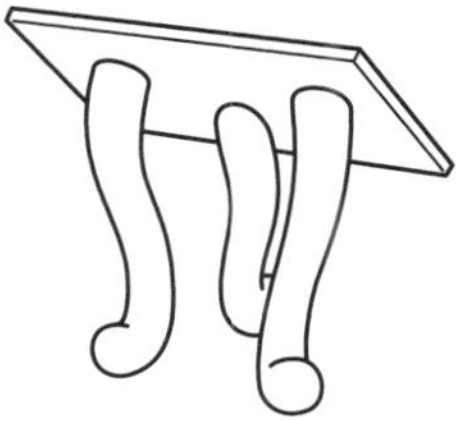

【図16】常磐津節の見台

られます。

常磐津節の語りは、義太夫節ほどに語り物性が強くはなく、かといって清元節のように技巧的な旋律を聴かせるものではありません。語り物的性格と歌い物っぽいところの両方を兼ね備えている浄瑠璃と言えるでしょう。また、常磐津節の語りは節をつけて語る部分と、節をつけずにセリフとして語る部分とがあります。歌舞伎ではセリフ部分は役者が言うことが多いのですが、太夫が受け持つこともあります。太夫がセリフ部分を語って役者が所作(振り)で見せる「付台詞《つけぜりふ》」といわれる手法は常磐津節の特徴のひとつとされ、《積恋雪関扉《つもるこいゆきのせきのと》》などの歌舞伎舞踊で見ることができます(184ページ参照)。

見台は蛸足《たこあし》と呼ばれる朱塗りのものを使うのが普通ですが【図16】、黒や臙脂《えんじ》の見台を使うこともあります。肩衣は柿色のものを使うことが多いようです(『廓文章』では、蛸足でない見台を使うことが多く、黒の羽織を着る)。

三味線の特徴

常磐津三味線は中棹に属し、胴は花梨、棹は紅木、皮は猫、撥や駒は象牙、糸巻は黒檀を本来とします。全体に大きくて太く、重量もあります(義太夫三味線ほどではない)。駒が長唄よりも幅、高さともに大ぶりで、これが常磐津三味線の丸みのある音色のひとつの要因となっています。撥の使い方によって重厚な音も軽妙な音も出すことができ、常磐津節の幅広いレパートリーを支えています。また、常磐津三味線の場合、金属製のねじでサワリが上下する小さな機械を埋め込み、三の糸がサワリに触れる具合を調節できる「吾妻ザワリ」を使うことが一般的です【図17】。

舞踊音楽としての常磐津節

一般的には、常磐津節はリズミカルで古風な味わいのある浄瑠璃とされます。声質も三味線の音色も中庸を大事にしており、ゆったりとした大らかな味わいが楽しめる浄瑠璃と言えるでしょう。ただ、歌舞伎舞踊とともに歩んできた浄瑠璃であるために、作られた時代によって、また舞踊の特徴によってさまざまな表情を見せます。作品ごとに特徴を摑んでみたいものです。

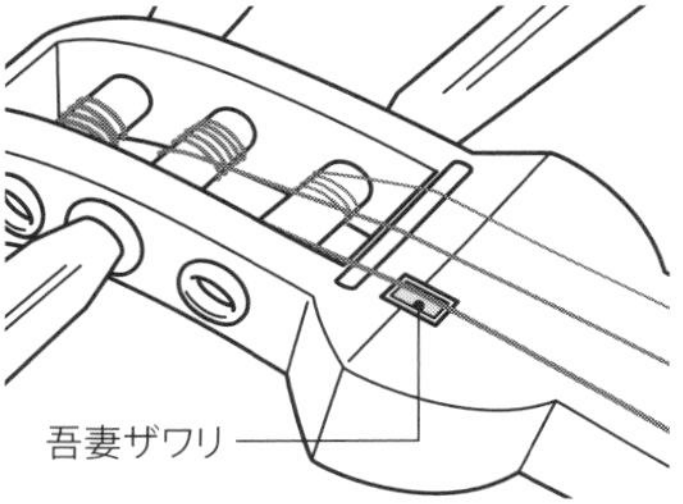

【図17】吾妻ザワリの構造

演奏形態

常磐津節は、山台に太夫と三味線が一列に並んで演奏します。歌舞伎で最も多いのは太夫四人、三味線三人（三挺四枚）による演奏です。山台は上手の場合も下手の場合もありますが、下手に置かれることのほうが多いようです。長唄と同じく中央に座った太夫と三味線がそれぞれタテとなり、太夫は外側に向かってワキ、三枚目、四枚目、三味線はワキ、上調子と呼び習わしています。上調子（26ページ参照）は一般的には若手が担当しますが、これによって楽曲はより美しいものになります。

芝居で常磐津節を使う例に、『廓文章（吉田屋）』（演出により常磐津節を使わない例も）がありますが、その場合も、並び方などは舞踊曲と違いはありません。

清元節

清元節は、常磐津節と同じ豊後系浄瑠璃のひとつで、常磐津節よりも六十年以上経ってから江戸に生まれた浄瑠璃です。常磐津節から分かれ出た富本節《とみもとぶし》（江戸時代には歌舞伎で大いに活躍した）から文化十一（一八一四）年に独立して、歌舞伎における変化《へんげ》舞踊の隆盛期を支えました。豊後系浄瑠璃としては新しいものとなります。同じ豊後系浄瑠璃の常磐津節と似た旋律も使われますし、細部には共通点がたくさんあるのですが、ちょっと聴いたところではずいぶん違うように思えるかもしれません。常磐津節があまりテンポを揺らさないのに対し、清元節は全体的にテンポの変化が大きく、高音を好んで使い、柔軟に揺れ動きます。その旋律は技巧的で、語り物でありながら旋律を重んじる要素が強いとされています。

語りの特徴

高音域を好んで用い、装飾的な技巧を多用する語りが清元節の本分と言っていいでしょう。高い音程から低い音程への移行や、声を揺らしたり転がしたりする技法、フレーズの切り方（節尻《ふしじり》）などに強く特徴が見られます。

清元節の語りは、旋律をつけて語る「語り」と、旋律をつけない「セリフ」、その中間とされる「色コトバ」に分けることができます（歌舞伎ではセリフの部分は役者が担うことが多い）。

見台は黒塗りの一本足のものを使うのが普通で【図18】、萌葱色《もえぎ》（濃い緑）の肩衣を身につけることが多いようです、ただし、清元節を劇音楽として用いる他所事浄瑠璃《よそごとじょうるり》（95ページ参照）の場合には羽織を着て演奏します。

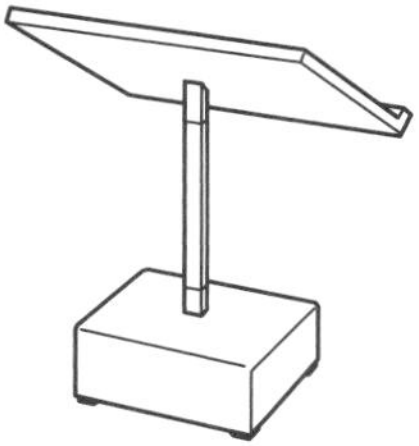

【図18】清元節の見台

三味線の特徴

三味線は常磐津節と同じく中棹で、本体、付属品ともに材料も同じですが、常磐津よりも少し小さめのものを使います。また、棹に「吾妻ザワリ」をつけてサワリの音色を調節するのも常磐津と同様です。

清元三味線の音色は、柔らかい音色、澄んだ音色、豊かで潤いのある音色などと形容され、控えめながらも繊細で美しい音色が聞き手を魅了します。テンポを自由に変化させる語りに寄り添って、太夫が語る世界をいかに浮かびあがらせることができるかというところが、三味線の腕の見せどころと言えるでしょう。

舞踊音楽としての清元節

清元節も常磐津節と同じく歌舞伎の舞踊曲として展開してきたものです。洒脱な小品舞踊や道行物などに名曲が多く、江戸らしいエスプリに溢れた味があります。幕末の**端唄**《はうた》や流行唄《はやりうた》を取り入れていることも多く、そうしたところに江戸の粋や時代の面影が感じられるのでしょう。

演奏形態

清元節は、山台に太夫と三味線が一列に並んで演奏します（歌舞伎では、三挺四枚のことが多い）。山台は上手の場合も下手の場合もありますが、下手のことが多いようです（口絵1ページ参照）。太夫は中央がタテ（リーダー）で外側（向かって左側）に向かって、タテ、ワキ、三枚目、四枚目となります。他の浄瑠璃と同じく、楽曲は一人で語る箇所と全員で連れて語る箇所に分かれています。タテがいわゆる聴かせどころを担当しますが、他の太夫にも一人で語る箇所があり、三枚目・四枚目が高音域を多く語るのは常磐津節と同様です。

三味線は中央がタテ、外側に向かってワキ、上調子となります。一番端に座る上調子が三味線に枷という器具を装着して、高い音高で主旋律を装飾する点も常磐津節と同じです。

【図19】『紅葉狩』平成20(2008)年8月・歌舞伎座　©松竹㈱
長唄(舞台上手奥)、竹本(上手上部)、常磐津節(下手)の三方掛合。

なお、劇音楽である他所事浄瑠璃の場合も、並び方については舞踊曲に準じます。

掛合

「舞踊音楽編」の最後に、「掛合《かけあい》」という手法について触れておきましょう。掛合とは、異なる複数の音楽ジャンルを一つの楽曲中で使う手法で、歌舞伎舞踊において使われます。また、三種類のジャンルを組み合わせて使うことを、特に**三方掛合《さんぽうかけあい》**と呼び、《紅葉狩《もみじがり》》(【図19】長唄・竹本・常磐津)がその例として知られています。

掛合の曲では、その言葉のとおり、複数の音楽ジャンルをまさに掛け合うように演奏することで、ひとつの楽曲に変化をつけて聴かせることができます。掛合では、竹本(義太夫節)、常磐津節、清元節などの浄瑠璃と長唄を掛け合わせることが多いので、歌い物と語り物の対比を感じる契機ともなるでしょう。長唄と浄瑠璃の掛合には、《身替座禅《みがわりざぜん》》(長唄と常磐津)、《喜撰《きせん》》(長唄と清元)など、浄瑠璃どうしの掛合には、《双面水照月《ふたおもてみずにてるつき》》(竹本と常磐津)や、《吉野山》(竹本と清元。口絵1ページ参照)などがあります。

【劇音楽編】

次に、「芝居」で使われる「劇音楽」についてお話ししましょう。

劇音楽は、役者のしぐさやセリフ、幕の開閉、道具の転換といった舞台進行と一緒に演奏されて初めて意味を持つ音楽です。原則として、単独では音楽が成り立ちません。歌舞伎では、一般の演劇や映画やテレビドラマの効果音楽に近い働きをする「黒御簾《くろみす》音楽」と、人形浄瑠璃に倣って舞台上手で演奏される「竹本《たけもと》(義太夫節《ぎだゆうぶし》)」との二つが、劇音楽の主軸を担っています。これらに加え、特定の演目で使われる「他所事浄瑠璃《よそごとじょうるり》」も重要な存在です(他所事浄瑠璃は独立した楽曲としても演奏される)。黒御簾音楽、竹本(義太夫節)、他所事浄瑠璃。いずれも歌舞伎における「劇音楽」として、個性あふれる特徴があります。順に見ていくことにしましょう。

黒御簾音楽

黒御簾音楽が使われる作品

黒御簾音楽とは、黒御簾という舞台下手の小部屋の中で（8ページの図参照）、舞台の進行に合わせて情景や心理などを描写する音楽のことです。【表1】で芝居に分類した「純歌舞伎狂言」、「義太夫狂言」、「新歌舞伎」、「新作歌舞伎」の四種類のうち黒御簾音楽が最も活躍するのは、純歌舞伎狂言。すなわち、初めから歌舞伎のために作られた作品においてです。十八番物や曽我物、河竹黙阿弥や鶴屋南北《つるやなんぼく》などの世話物においては、黒御簾音楽が主な音楽演出として活躍します。また、人形浄瑠璃から取り入れられた義太夫狂言では、竹本（義太夫節）が中心的な役割を担いますが、部分的には黒御簾音楽も使うものがほとんどです（義太夫狂言においては、重要な場面ほど竹本が活躍し、「端場《はば》」といわれる物語のクライマックスに繋がる前半の場面などで黒御簾音楽が活躍する傾向がある）。新歌舞伎や新作歌舞伎については、作品による差異が大きく、一概には言えませんが、黒御簾音楽を使用するものも多く見受けられます（ただし、全く使用しない作品もある）。また、先にご説明したように舞踊作品でも黒御簾音楽はしばしば使われます（52ージ参照）。

このように、黒御簾音楽は大多数の歌舞伎作品で使われているのです。黒御簾音楽は演出の根幹を成す要素として、歌舞伎にとって不可欠なものであると言えるでしょう。

黒御簾音楽という言葉

さて、黒御簾音楽という呼び名は、黒御簾の中で演奏する音楽という意味ですが、この音楽を、

「下座《げざ》音楽」または「陰囃子《かげばやし》」と呼ぶこともあります。

「下座音楽」の「**下座**（江戸時代は外座と表記することが多かった）」とは舞台上手の袖あたりを指す言葉で、享和期（一八〇一〜一八〇四）には場所を表すと同時に、そこで演奏される囃子の意味でも使われていたようです（125ページの【図26】に示すように、上手に演奏者が描かれている浮世絵もある）。ただ、「下座音楽」は「下座」で演奏される音楽という意味の造語で、大正時代ごろから使われるようになった言葉です。「第四章　歌舞伎音楽の歴史」（125ページ）で述べますように、芝居の際の演奏場所は時代とともに上手から下手へと移るのですが、演奏場所が上手から下手に移り始めるのに伴って「下座」と呼ばれる場所も上手からに下手に移っていったと考えられています。

もう一つの呼び名である「陰囃子」は「陰」、つまり舞台上ではないところで演奏される「囃子」の意です。舞踊音楽としての長唄が「出囃子」と呼ばれるのと対になっており、出て演奏する囃子と、陰で演奏する囃子という役割の対照がよくわかる呼び名です。「陰囃子」は古典芸能研究者の横道萬里雄（一九一六〜二〇一二）の考案による用語ですが、黒御簾音楽が「囃子」であるという視点は重要です（16ページ参照）。そもそも「音楽」という言葉は明治時代に入ってからの英語music（独語Musik）の訳語であり、江戸時代にはなかった概念ですので、黒御簾音楽の本質は「囃子」なのだという視点は忘れてはならないでしょう。

このように、どの呼び名もそれぞれに意味のあるものなのですが、この本では今日広く使われている「黒御簾音楽」を使うことにしたいと思います。

黒御簾音楽の演奏者

黒御簾音楽は、長唄（唄と三味線）と鳴物（笛と打楽器）の演奏家たちが担当しています。しかし、黒御簾音楽には役者の演技や舞台の転換に合わせて演奏するという特別な技術が必要とされます。しかし、長唄や鳴物の演奏家であれば誰でも務まる、というものではありません。今日の歌舞伎公演では、舞踊音楽としての長唄は歌舞伎専属ではない外部の演奏家に依頼することもありますが、黒御簾音楽は歌舞伎専属の演奏家が主体となって務めています。

【図20】黒御簾内の鳴物方　©松竹㈱

黒御簾の中を少し覗いてみることにしましょう。黒御簾では、作品、場面、曲などにより随時必要とされる人が出入りしながら演奏をしています。少ない場合は大太鼓一人ということもありますが、オールメンバーで賑やかに囃す時には十五〜十六人が黒御簾の中に入ることになります。黒御簾内には楽器も置いてありますので、それだけの人数が入ると少し狭いなと感じるようです。一番舞台に近いところに座って演奏をするのが三味線方です。客席から黒御簾の中は見えにくいですが、舞台に面した御簾の中に三〜四人の三味線方が座っている様子が見えることもあります。唄方は三人〜六人ほどで、三味線方の後ろに立って演奏します。そして、鳴物。鳴物方の人数はその時々で大きく変わり、少ない時には一人、多い時には八人くらいにまでなることもあるそうです【図20】。

この他、演目によって箏《こと》や胡弓《こきゅう》、尺八《しゃくはち》が必要な場合は、黒御簾にこれらの楽器演奏の専門家が加わることがあります。

黒御簾内の演奏のリーダーを舞台師《ぶたいし》といい、舞台を見ながら演奏を始めるキッカケ（タイミング）や止めるキッカケ、演奏のテンポ、音量などを決め、他の演奏者たちを統率して引っ張る役目を担っています。指揮者兼コンサートマスターのような役割を担っていると考えてもいいかもしれません。黒御簾全体の舞台師は三味線方が担当することが多く、唄や鳴物にもそれぞれリーダーがいて、各パートを統率しています。

黒御簾音楽の役割

黒御簾音楽は、映画やテレビドラマにおける背景音楽（ＢＧＭ）や効果音に例えられることがしばしばです。黒御簾音楽の役割の主なものに、情景や人物、状況などの描写と、雨や風などの自然現象の音などの効果音が挙げられますので、この点では映画やテレビドラマの音楽と共通する点があると言えるでしょう。けれども、黒御簾音楽が持つ多様さと複雑さは、それらとは少し様子が違っています。黒御簾音楽は、他の劇音楽とどう似ていてどう違うのか、見てみることにしましょう。

ここでは黒御簾音楽の役割を次の五つに分けてみたいと思います。

一．情景描写（場面の情景）
二．人物描写（人物像やその人物の置かれた状況）
三．効果音（自然現象や鐘の音など）
四．強調機能（セリフやしぐさを際立たせ、支える）
五．代行演奏（舞台上の人物が演奏をする演技に合わせて演奏する）

第一に情景描写。幕明《まくあき》や場面転換に際して、黒御簾音楽の演奏は観客をその場面にいざなう役割を担っています。例えば海辺や街道筋、御殿《ごてん》（大名や貴族の館）や武家屋敷、町人が暮らす町家、あるいは貧家など、さまざまな情景を音楽によって浮かび上がらせます。

第二に人物描写。登場する人物が武家なのか、男伊達《おとこだて》（俠客《きょうきゃく》）なのか、ならず者なのかといった人物像を音楽で表すことができます。また、人物が急いでいる様子や、手負い（瀕死の重傷）で述懐をする様子など、登場人物が置かれた状況を音楽で演出することもあります。

第三に、〈風音〉、〈雨音〉などの自然現象や寺院の〈鐘の音〉など、いわゆる効果音としての役割も受け持っています。

そして、第四の役割として重要なものに、旋律やリズムによってセリフやしぐさ（登退場、舞踊的な所作、立廻りなど〉を際立たせ、支える役割があります。場合によっては役者の演技だけでなく、〈セリの合方《あいかた》〉のようにセリという大道具の転換を際立たせる例もここに加えて考えることができると思います。舞台上で起きていることを際立たせるもので、強調機能と呼ばれることもある役割です。しかも、その実体は多面的で多彩です。例えば登退場で演奏する曲は、人物の登場を強調していると同時に人物像も描写しているので、強調機能であると同時に人物描写でもあります。また、立廻りを支える曲が同時に情景描写になっていることもあります。

最後に第五として、代行演奏を加えておきます。登場人物が箏や三味線、鼓《つづみ》や笛を演奏するシーンで舞台上の役者に代わって演奏するのも黒御簾音楽の役目です。鼓の例には、『義経千本《よしつねせんぼん》桜《ざくら》』の静御前の小鼓や、『傾城反魂香《けいせいはんごんこう》』「土佐将監閑居《とさのしょうげんかんきょ》の場」のおとくの小鼓などが挙げられます。『一谷嫩軍記《いちのたにふたばぐんき》』「熊谷陣屋」で藤の方が平敦盛の笛を吹くシーンなども、この種のものに数えられます。〈附鼓《つけつづみ》〉、〈附笛《つけぶえ》〉などと呼ばれます。また、『助六』の助六や『仮名手本忠臣蔵』「九段目」の加古川本蔵が吹く尺八の音も、代行演奏です。なお、箏や三味線は、役者が実際に演奏することもあります（102ページ参照）。

黒御簾音楽の役割がこれだけなのであれば、ほかの劇音楽や効果音の役割と大きくは変わらないと思われるかもしれません。映画やドラマなどでも、ＢＧＭが海辺や街頭などさまざまな情景を描写し、登場人物が繰り広げる状況に彩りを添えています。ちょっとコミカルなシーンではそれらしい音楽が使われるなど、音楽が情景や物語の展開を説明することも珍しくありません。第四の強調機能については、舞踊的な所作を伴ったり、立廻りの様式的な動きと音楽がリンクしていますので、多分に歌舞伎的ではありますが、映画やドラマでも人物の登場や動作を音楽が際立たせたり、支えたりすることはあると思います。この五点では、黒御簾音楽と映画やドラマの音楽とは、確かに似ているところがあると言ってもよいでしょう。

しかし、黒御簾音楽にはもう一つ、映画やドラマの音楽、あるいは一般の演劇の音楽とは大きく異なる役割があります。それは、「生演奏である」という黒御簾音楽の特徴が担う役割です。当たり前と思われる方も多いかもしれませんが、生演奏であることは黒御簾音楽の大事な特徴です。黒御簾音楽の演奏は、役者の台詞や動きのキッカケ（キュー）になったり、役者のセリフのリズムや音高を定めたりするのに重要な役割を担っています。逆に、役者の演技が黒御簾音楽の演奏開始のキッカケとなることもよくあります。つまり、役者と黒御簾内部の囃子方との間では、双方向にコミュニケーションをとっていて、それによって舞台が進行していくのです。そのため原則としては、黒御簾音楽が生演奏でなければ歌舞伎は成立しないと言っても言い過ぎではありません。この点が、一般の演劇や映像の音楽と大きく違う黒御簾音楽ならではの役割と言えるでしょう。〝舞台は生き物〟とよく言われますが、黒御簾音楽は役者と一緒に呼吸をして役者と一緒に動いている、まさに生き物なのです。

これぞ黒御簾音楽の真髄?!

今度は演奏する曲に注目してみることにしましょう。黒御簾音楽の大きな特徴として、そのレパートリー性が挙げられます。黒御簾音楽は毎回新しい曲を使うのではなく、たくさんの曲をレパートリーとしてストックしています。

そのレパートリーは、構成要素の面から考えると、次の七通りがあります。

・唄のみ　・唄と三味線　・唄と三味線と鳴物　・唄と鳴物
・三味線のみ　・三味線と鳴物　・鳴物のみ

一方、成り立ちの観点からは、大きく二つの曲群に分けることができます。黒御簾独自に作り上げてストックしてきた曲群と、長唄や浄瑠璃や流行唄、あるいは祭囃子や寺院音楽など他のジャンルの曲から借りてきてストックしてきた曲群です。それらを合わせると、優に千を超すと言われるくらい膨大な数になります。

そしてそのレパートリーの多くが、これまでの積み重ねの中で生まれた歌舞伎の約束事と結びついてそれぞれの「機能」を与えられており、黒御簾音楽はそれを利用して音楽演出を作り上げているのです。「機能」というのは例えば、海辺の情景を表す曲、街道筋の景色を表す曲、御殿の場面を表す曲、町家の風景を表す曲、あるいは人物が急いでいる様子を表す曲、手負いの人物の悲壮感を際立たせる曲、さらにはセリフの間に演奏する曲、立廻り用の曲、などです。

先にご紹介した黒御簾音楽の五つの「役割」のうち、代行演奏はやや特殊な位置づけですが、それ以外の四点の「役割」を支えているのが、この個々の曲が持っている「機能」と言ってよいでしょう。つまり、「海辺の情景を表す曲」によって情景を描写する、「人物が急いでいる様子を表す曲」によって状況を描写する、といった具合です。

演劇、映画やドラマでも時には既存の曲を使うことがあり、その場合、既存曲のイメージをうまく利用していると思います。それと少し似てはいますが、黒御簾音楽の場合、既存の曲を使う方法を基本にしており、かつその多くが黒御簾独自のレパートリーであると言えば分かりやすいでしょうか。このように、既存のレパートリーがあって、しかもひとつひとつの曲にあらかじめ備わった機能があるという点こそが、黒御簾音楽の最大の特徴だと私は考えています。「最大の特徴」かどうかは意見が分かれるところでしょうが、他の劇音楽と一線を画す特徴であることは間違いありません。

この「機能」は、豊富なレパートリーと細かい使い分けによって支えられています。次は三つの機能について具体的に見ていきましょう。

黒御簾音楽の多様な実態

(一) 御殿の場面の情景描写

歌舞伎の類型的な場面のひとつである御殿の場面の例を見てみましょう。御殿とは貴族や大名の立派な館を意味しますが、この御殿の情景を表す曲にはいくつかあります。唄の入る曲(唄入り）には、**〈逢瀬嬉《おうせうれ》しき（琴唄）〉**、**〈心尽《こころづく》し〉**、**〈室咲《むろさき》の〉**などがあり、いずれも御殿の幕明にはおなじみの曲。唄の入らない三味線の曲（合方《あいかた》）には、**〈管絃《かげん》〉**、**〈乱れ合方〉**、**〈琵琶《びわ》の合方〉**、**〈六段合方〉**、**〈想夫恋《そうふれん》合方〉**、**〈忘れ貝合方〉**、**〈五色《ごしき》合方〉**などがあります。さらに鳴物にもヴァラエティーがあります。**〈管絃〉**の合方には同名の**〈管絃〉**という鳴物をかぶせますし、**〈乱れ合方〉**にはやはり同名の**〈乱れ〉**という鳴物を使うのですが、ほかにも**〈音楽〉**、**〈奏楽〉**などさまざまな鳴物が唄や合方とともに、あるいは単独で使われます。同じ御殿の場面でも、使われる音楽のヴァラエティーは実に豊富なのです。

しかも、これらの曲はいずれも御殿の場面に使えるものでありながら、それぞれに微妙にニュアンスが違います。例えば合方であれば、**〈管絃〉**は最も位が高いと言われ、『妹背山婦女庭訓《いもせやまおんなていきん》』の「御殿」のように格式のある場面にふさわしいのに対して、**〈琵琶の合方〉**は少し写実な味があり、**〈五色合方〉**は柔らかい印象で女形のセリフやしぐさに適しているなどの違いがあります。ひとつの作品の中でも**〈奏楽〉**と**〈音楽〉**の鳴物を使い分けて、変化を付けることもあります。

こうした多様なレパートリーと使い分けは、御殿の情景に限ったものではありません。廓の情景、田舎（在郷）の情景など、それぞれの情景描写に豊富なレパートリーがあり、作品ごとに使い分けているのです。

（二）立廻りを彩る曲

立廻りに使われる曲はさらに種類の多いものです。

時代物の様式的な一対一の立廻りには**〈ドンタッポ〉**や、**〈八千代獅子《やちよじし》合方〉**などの曲が使われます。**〈八千代獅子合方〉**は立廻りだけでなく、切迫したセリフにも用いることができます。同じ時代物でもテンポが速く一人が大勢と立ち廻る場面には**〈忠弥《ちゅうや》合方〉**や**〈わざわい合方〉**などが使われます。また、世話物でよく使われるものに**〈早木魚《はやもくぎょ》合方〉**、**〈葛西念仏《かさいねんぶつ》合方〉**などがあります。その他にも立廻り用の合方は枚挙にいとまがなく、立廻りの種類や性格によって細かく使い分けられています。

立廻りとは少し性格の違うものですが、世話物に多い「殺し場」には**〈露は尾花《おばな》〉**や**〈待つ宵《よい》〉**などゆったりとした唄の入る音頭《おんど》という曲群が使われることがしばしばです。殺しという陰惨な場面を美しい旋律と唄で様式化してしまう、歌舞伎独特の演出法です。

さらには、**〈だんじり囃子〉**を使う『夏祭浪花鑑《なつまつりなにわかがみ》』「長町裏」の義平次《ぎへいじ》殺し、**〈太鼓謡〉**を使う『極付《きわめつき》幡随長兵衛《ばんずいちょうべえ》』の「湯殿《ゆどの》」の立廻りのように、いわゆる立廻り用や殺し場用の曲を使わない例も山ほどあります。

（三）セリフに入る合方

もうひとつ、セリフに使う曲の例を見てみましょう。

セリフの間を縫って演奏する曲でよく知られるものに、**〈替《かわっ》た合方〉**があります。〈替た合方〉は時代物・世話物両方で使うことができますが、やや改まった場面に使われることが多いようです。「お聞き下さりませ」等の言葉で始まる一連のセリフについて演奏することで、そのセリフを際立たせる役割を担っています。ほかにも世話物でよく使われる**〈只《ただ》の合方〉**は、人物の出入りにも使えますが、セリフに使われることも多い曲です。**〈本調子合方〉**は大名屋敷などの情景描写に使われますが、これもセリフの間を縫って演奏されます。しかも、これらの合方は、弾き始めの三味線の旋律にヴァリエーションを加えることで、強調の度合を少しずつ変えることができます。ひとくちに**〈本調子合方〉**といっても数種類があるのです。セリフ専用の合方には、時代物の中でも特に古風で様式的な武家のセリフに使われる**〈肥前節《ひぜんぶし》合方〉**、手負いの悲壮なセリフに使われる**〈竹笛入り合方〉**などもあります。

さらに、セリフの間に弾かれるのはこうしたセリフ専用の合方だけではありません。情景描写の曲や人物の登場に演奏した曲をそのままセリフに使うことなどもとても多いのです。特に幕明の曲をそのまま人物の出入りに使うことは黒御簾の常套手段です。例えば、町家のシーンで幕明に**〈向い小山〉**という曲を唄入りで演奏し、その後に出てくる人物の登場にもそれをそのまま使う、あるいはその後のセリフに**〈向い小山〉**を合方（三味線のみ）で演奏する、というような例はごく普通に見られます。

ここにあげたものはほんの一例です。『歌舞伎下座音楽』『黒御簾音楽精選１００』（巻末参考文献参照）などの音源資料をお聴きいただくと、黒御簾の曲の多様性や雰囲気を実際に味わっていただけると思います。

黒御簾の音楽監督「付師」

こうした黒御簾音楽の多岐にわたる役割やレパートリー、それぞれの曲の微妙な差異を理解し、同時に、黒御簾や長唄に留まらないあらゆる三味線音楽についての豊富な知識を活かして、作品に合わせて黒御簾音楽による音楽演出を組み立てていくのが「付師《つけし》」と言われる人々です。

付師は、近年では主として三味線方の演奏者が担当し（ただし鳴物については鳴物方が担当）、音楽演出全体を決める音楽監督のような役割を担っています。古典作品の場合、音楽演出が定型化している場合が多いですから、まずはそれを把握していることが求められます。そして新作歌舞伎や復活狂言（長く上演が途絶えていた演目を再上演したもの）の上演時には、音楽演出を一から構成します。また古典作品でも役者から新たな注文が出たときには、その求めに応じて、既存曲の中から「こんな曲はどうですか」と提供できなくてはなりません。その場合は、黒御簾のレパートリーだけでなく、長唄、端唄、小唄、流行唄などさまざまな三味線音楽に通じているほうが、発想が豊かになることは言うまでもありません。そして時には新たに作曲をすることもあります。付師は、黒御簾音楽の全体像を把握していることはもちろんですが、三味線音楽全般についてたくさんの引き出しを持っていることが要求される大事な役割なのです。

付師は、古くから「付帳《つけちょう》」（正確には「囃子付帳」）という帳面を記し、公演ごとの音楽演出を作り、記録してきました。今知られている範囲で現存最古の付帳は、江戸時代の終わり、文久元(一八六一)年のものです。今日では帳面に記すよりも、配布される台本に書き込むことのほうが一般的なようですが、いずれにしても記録することで、付師たちは黒御簾音楽についての知識と記憶と経験を日々積み重ねてきました。その積み重ねを歌舞伎の上演に活かし、支えている人々、それが付師なのです。また、私のような研究者にとっては、幕末や明治時代など、古い付帳が遺されていることによって、今とは違う昔の音楽演出を知る手掛かりにもなります。

特別な演奏法

最後に、黒御簾音楽の特別な演奏法について触れておきましょう。特別な演奏としては、竹本の三味線と一緒に弾く「上下」の奏法、一人でしっとりと唄を聴かせる「**独吟**」、舞台に出て演奏する奏法などが挙げられます。このうち、「上下」については竹本(義太夫節)のところでご説明することとし(93ページ)、ここでは「独吟」と舞台に出て演奏するケースをご紹介したいと思います。

(一)独吟

舞踊曲でも、唄方が一人で唄うことを独吟と言いますが、黒御簾にも独吟で唄われるものがあります。黒御簾では一人で唄うことを独吟、二人で唄うことを両吟と言い、独吟に使用例が多く見られます。

独吟で唄われる黒御簾の曲の代表的なものに「**めりやす**」があります。めりやすは短い曲をしっとりと情感たっぷりに唄うもので、黒御簾の曲でありながら、独立して演奏されることもあります。多くの場合、「一の句」、「二の句」と続き、最後に「上《あ》ゲ」で結ぶ構成で、その間に三味線に乗せた役者のセリフが入ります。めりやすの有名なものに、『廓文章』「吉田屋」で伊左衛門《いざえもん》が夕霧《ゆうぎり》を待つ間に演奏される《**ゆかりの月**》があります。また、『桜姫東文章《さくらひめあずまぶんしょう》』「岩淵庵室《いわぶちあんじつ》」で桜姫が鏡台に向かって髪飾りをつけ姫の姿に戻っていくところでは《**黒髪**》が使われています。ほかに分かりやすい例として、『忠臣蔵』「七段目」のおかると由良之助《ゆらのすけ》のやりとりに使われる〈**小夜千鳥《さよちどり》**〉、『四谷怪談』「浪宅《ろうたく》」でお岩が鉄漿《おはぐろ》をつけ髪梳《かみす》きをするところで使われる〈**瑠璃の艶《つや》**〉などがあります。

めりやすの語源は、生地の名称「莫大小《めりやす》」で、伸び縮みがするというところから来たものと言われます。黒御簾のめりやすがもつ自在な演奏からこの名で呼ばれるのでしょう。ちなみに、竹本（義太夫節）にもメリヤスと呼ばれる用法があります（93ページ参照）。こちらは三味線が短い旋律を繰り返すものですが、やはり伸縮自在なところからこの名で呼ばれています。

めりやすの他、端唄や長唄、地歌の一節も独吟で唄われることがあります。例えば『十六夜清心』「百本杭川下の場」で御座敷船の賑わいが清心の入水を妨げるところでは、端唄《**お互いに**》が独吟で歌われています。また『籠釣瓶花街酔醒』の「八ッ橋部屋縁切りの場」では長唄《**松の緑**》の一節〽なおも深め」が独吟で使われます。独吟の使用例は数が多いので、第二部第二章にも数例を挙げています（243ページ参照）。なお、独吟についてより詳しく正確に知りたい方は、配川美加氏の『歌舞伎の音楽・音』の説明をご覧になってみてください。

かつては独吟の曲がある作品が出ると、耳の肥えた観客は独吟を誰が歌うか注目していたと言われます。私たちもぜひ独吟をじっくり味わってみたいものです。

(二) 舞台に出て演奏する例

人物が花道から退場する**引込《ひっこ》み**専用の〈**送り三重《さんじゅう》**〉は立三味線が花道の付け際に出て、立って演奏します。今は『忠臣蔵』「四段目」の由良之助の幕外の引込みと『熊谷陣屋』の熊谷直実の幕外の引込みが主な例です(口絵4ページ参照)。役者の足取りに合わせて、しかしピッタリと合っているのではない微妙かつ絶妙な演奏で、登場人物の心情を表す非常に難しい役割です。

黒御簾音楽は、同じ曲であっても、演奏の仕方によってさまざまに姿を変えます。唄が入ったり、三味線だけになったり。鳴物を入れたり、抜いたり。速く弾いたり、ゆっくり弾いたり。もともと数え切れないほどあるレパートリーは、演奏者たちの手によってさらなる拡がりをもつことになるのです。この拡がりをもたせることこそ、黒御簾音楽の劇音楽としての醍醐味であり、演奏者の腕の見せ所と言えるのかもしれません。

劇音楽としての黒御簾音楽について、説明がやや長くなりました。劇音楽としての活躍が実に多彩であるだけでなく、舞踊音楽としても(52ページを参照)、儀礼囃子としても(35ページ参照)使われる黒御簾音楽のことを少し知ってみると、歌舞伎の見方がきっと変わると思います。

竹本（義太夫節）

竹本が使われる作品

音楽ジャンルとしての竹本（義太夫節）については、舞踊音楽編ですでにご説明しました。ここでは劇音楽としての竹本の特色を中心にご説明したいと思います。

歌舞伎の劇音楽において竹本が重要な位置を占めていることは言うまでもありません。劇音楽としての竹本が最も活躍するのは、人形浄瑠璃から取り入れられた作品群である義太夫狂言ですが（11ページ【表1】参照）。また、もともと歌舞伎のために作られた純歌舞伎狂言でも竹本が使われることは珍しくありません（「**ト書き浄瑠璃**」171ページ参照）。さらに、新歌舞伎や新作歌舞伎の中にも竹本を用いるものがあります。これに舞踊音楽（竹本舞踊）を加えると、歌舞伎ではかなり広範囲にわたって竹本が使われていることが分かります。

義太夫狂言に関して付け加えますと、義太夫狂言は人形浄瑠璃をそのまま歌舞伎に移したものではありません。人形浄瑠璃よりもふんだんに黒御簾音楽を使ったり、竹本の詞章や旋律を変えたりと、歌舞伎ならではの工夫が見られます。それどころか、歌舞伎独自の場面やセリフが挿入されていることも珍しくありません（**入れ事**《ごと》）。人形浄瑠璃と歌舞伎との距離、すなわちどのくらい共通していてどのくらい違うのかは、作品によって異なります。できる限り本行（人形浄瑠璃）

に近い演出で演じることが求められている作品（場面）もあれば、かなり歌舞伎本位に作り替えられているものまで、その度合いはさまざまです。義太夫狂言に少し慣れてきたら、人形浄瑠璃と比べて見るのも楽しいでしょう。

竹本の役割

もともと人形浄瑠璃の語りとして展開してきた義太夫節は、太夫の語りと三味線の音色によって、情景や人物の心理を描写し、老若男女の役々を演じ分けます。現在の歌舞伎における竹本の演奏は、江戸時代以来、人形浄瑠璃における義太夫節を基本としつつ、歌舞伎独自の工夫が積み重ねられていったものと言えるでしょう。

歌舞伎が人形浄瑠璃と決定的に異なるのは、人形がしゃべらないのに対し、人間である役者は自身でセリフを言う、ということです。つまり、人形浄瑠璃では、地の文（情景や心理の描写）とセリフ部分すべてを義太夫節が語るのに対し、歌舞伎の場合は、セリフ部分は役者が主に担当することになります。しかし、歌舞伎の竹本も地の文（情景や心理の描写）だけを語っているのではありません。セリフの一部を担うこともあります。役者と掛け合うようにセリフを語ることもあり、役者と同時に声をあげて泣くこともあります。太夫と三味線とが力を合わせ、役者の演技を支え、ともに演じているのです。

浄瑠璃（＝義太夫節）が中心と言われる人形浄瑠璃に対して、歌舞伎ではあくまで役者が芯となり、竹本は役者を支えながら、ともにドラマを創り上げていく、という点で劇音楽としての役割が異なると言えるでしょう。

竹本の演奏形態

舞踊音楽としての竹本の場合は太夫、三味線ともに複数人で演奏しますが、劇音楽としての竹本は太夫と三味線一人ずつ、二人一組を基本とします。この本では説明の順番上、舞踊音楽としての竹本が先になりましたが、義太夫節としてはむしろ、この二人一組が基本の演奏形態となります（三味線がもう一人加わる場合もある。その他、上手と下手で二人一組がそれぞれに演奏する『妹背山婦女庭訓』「山の段」のような例外もある）。見台や肩衣については舞踊音楽の場合と同様で、房のついた黒塗りの豪華な見台を用い、太夫・三味線揃いの肩衣を身につけます。

【図21】竹本の演奏場所「床」
太夫＝竹本葵太夫、三味線＝鶴澤宏太郎

また、舞踊音楽としての竹本は山台に座るのに対し、劇音楽としての竹本は「床」を演奏場所とします【図21】。歌舞伎において「床」と呼ばれる場所は次の二つに分けることができます。

一つは、舞台上手の揚幕の上の二階部分。普段は御簾がかかっている場所です。義太夫狂言の端場（後半クライマックスの場面〔切場〕へとつながる前半の場面）や、純歌舞伎狂言、新歌舞伎や新作歌舞伎の場合に、この二階の床で演奏することが多いようです。御簾を下ろして演奏する場合は「御簾内」、御簾を上げて演奏者を見せて演奏する場合は「御簾上げ」と呼んで区別することもあります。

もう一つは、舞台上手に設置される竹本専用の演奏場所です。単に「床」というとこちらを指すことが多いでしょう。二階の床と区別して「出語り床」と呼ぶこともあります。「出語り床」は人形浄瑠璃を模倣したもので、近代になって歌舞伎に取り入れられたと言われます。この床には、人形浄瑠璃に倣って、「文楽廻し」と呼ばれる小さな廻り舞台のようなものをつけ、それによって演奏者が交代する仕組みになっています。「出語り床」は義太夫狂言の重要な場面で用いることが多く、基本的には「御簾内」や「御簾上げ」に比べて重要な場面であることが多いですが、『仮名手本忠臣蔵』では昔ながらの演出を重視して、大序から六段目までは「御簾内の床」で演奏することを原則としていると言われます。

語りの特徴

義太夫節の語りの特徴は、ひとりで何人もの役を語り分けるところにあるでしょう。このことは、義太夫節が人形浄瑠璃のための音楽として成立し、展開してきたことと深く関係しています。歌舞伎ではセリフ部分は基本的には役者が担当しますので、人形浄瑠璃のようにセリフを語り分けるという特徴は顕著ではないかもしれません。しかし、竹本はセリフ部分も語りますし、また地の文（ト書き部分）であっても、それがどの人物を形容しているのか、またその人物はどのような状況なのか、どのような心情なのか、それを見極めて語られているのです。

　義太夫節の語りをもう少し詳しく見てみましょう。義太夫節をよく聴いていると、歌うように旋律をつけて語っているところと、セリフのように語っているところがあることに気がつくのではないでしょうか。義太夫節の音楽構造は、「地《じ》（地合《じあい》）」という旋律を付けて語る部分と、「詞《ことば》」という旋律を付けずにセリフのように語る部分に大きく分けることができます。ただし、これは詞章内容としての地の文とセリフと常に対応しているわけではありません。地の文は地（地合）で語られるのですが、セリフ部分は、詞で語られる箇所と地（地合）として旋律をつけて語られる箇所とがあります（【図22】参照）。

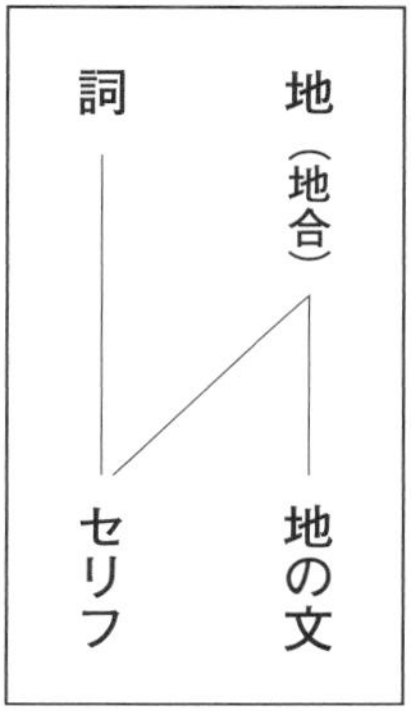

【図22】義太夫節の音楽構造

　繰り返しになりますが、歌舞伎ではセリフの部分は役者が担当することが多いものの、竹本もセリフ部分を担当します。とりわけ、立役の「**物語**」や女形の「**クドキ**」、戦の場面の「**ご注進**」などに、役者と太夫が「交互にセリフ部分を担う独特な演出が見られます（詳しくは88ページ）。役者のセリフの途中から竹本が語り、竹本が語っている間は役者は身振りによって感情や状況を表現し、また再び役者のセリフとなり……、という手法です。セリフであっても竹本が語る部分は旋律をつけて「地（地合）」で語られることが多く、ところによっては役者と声を合わせて泣いたり、声を揃えてセリフを言ったりする箇所もあります。また、役者のセリフが三味線の音に合わせるようにかなりメロディックになる箇所もあります。そういう演技を「**糸に乗る**」と言い、義太夫狂言を演じる役者に求められる必要なテクニックでもありますし、見る者にとっては義太夫狂言ならではの醍醐味であるともいえるでしょう。このように役者と竹本が一緒にセリフを紡ぐ手法は、人形浄瑠璃の義太夫節にはない、歌舞伎の竹本特有の技法であり、独自の劇的効果を生み出すものです。

物語、クドキ、注進以外にも歌舞伎の竹本に独特な表現はたくさんありますが、その多くが役者のセリフや動きと竹本が息を合わせて、一緒に場面を盛り上げていくものです（具体例については「寺子屋」150ページからを参照）。役者との共同作業によって舞台を創り上げていくこと、これが竹本の語りの最大の特徴と言えるのではないでしょうか。

では次に、地の文とセリフの部分に分けて、それぞれ特徴的なところを見てみたいと思います。

（一）地の文（情景描写と人物描写）

地の文で大切にされているのは、場面の始まりです。義太夫節で場面の始まりによく演奏されるフレーズ（旋律型）の種類に、「三重」や「オクリ」と呼ばれるものがあります。三重は「段」という大きな構成上の区切り、オクリは段の中の「場面」の区切りに演奏されるフレーズです。場面の始まりにはこれらのフレーズを演奏することも多いのですが、これから繰り広げられる物語の性格（重苦しい場面なのか、華やかな場面なのかなど）によって、演奏のしかたを変えます。最初のフレーズで、観客を物語の世界に誘うことができるか、ここが重要である点は人形浄瑠璃と共通していると言えるでしょう。

なお、歌舞伎の義太夫狂言の場合、黒御簾音楽で幕を開けることもあります。しかしその場合も、太夫が発する最初の一言、三味線の最初の一音が大切であることは同様です。最初の一言や最初の一音で、その場面の情景が浮かび上がるように演奏する、と言われます。場面の始まりはとくに重要とされますが、「情景描写」は作品全体を通じて竹本の重要な役割のひとつだと言えるでしょう。

場面の始まりと同じような意味で重要視されているのが、人物の登場シーンにおける演奏です。演奏によって、人物像やその人物が置かれている状況を観客に伝えなくてはならないからです。登場シーンは特にですが、それ以外の部分でも「人物描写」が重要であることは変わりません。人形浄瑠璃にも歌舞伎にも「性根《しょうね》」という言葉があります。役者や語り手が役を演じる際に捉えなければならないとされる人物像、人物の本質を意味します。性根を捉えることの重要性は、人形浄瑠璃の義太夫節にも、歌舞伎の竹本にも、歌舞伎の役者にも当てはまります。人物をどう捉えるのか、それを演奏として表すのが、竹本による人物描写であると言えるでしょう。

すでに見たように、黒御簾音楽も場面の情景や人物の状況を音で表します。さまざまな音や旋律を駆使して表現する黒御簾音楽と、太夫の声と一挺の三味線とによって表現する竹本とは、ある意味対照的であると言えるでしょう。しかし片方に絞らず、両方を使うそのミクスチャー性こそ、歌舞伎の醍醐味なのかもしれません。

(二)セリフ部分(クドキ・物語・ご注進)

竹本がセリフを語る代表的な例として、クドキ、物語、ご注進があり、役者と太夫が交互にセリフ部分を担う、独特な演出が見られます。順に見てみましょう。

一、クドキ

義太夫狂言において、女方が恋心や悲しみなど強い心情表現を切々と訴える演技を「クドキ」と呼んでいます。『義経千本桜』「鮓屋《すしや》」のお里《さと》は、祝言をあげるつもりでいた弥助《やすけ》(平維盛《たいらのこれもり》)に妻子がいたことを知って、その妻子に詫びながらも、愛する人に対する切なる気持ちと恋の叶わぬ悲しみを訴え、『本朝廿四孝《ほんちょうにじゅうしこう》』「十種香《じゅしゅこう》」の八重垣姫《やえがきひめ》は初めて直接会う許嫁《いいなずけ》、武田勝頼《たけだかつより》を前に恋の情熱がほとばしります。

ここでは、『伽羅先代萩《めいぼくせんだいはぎ》』「御殿」の乳母《めのと》・政岡《まさおか》(六代目中村歌右衛門〔国立劇場一九八八年〕)のクドキの一部を挙げてみましょう。息子の千松を目の前で殺された政岡が、その忠義の死を称えつつ、嘆き悲しむ場面です。内容的には一連の政岡のセリフですが、「政岡」と頭につけた行が役者が言う部分、〽から始まるアミかけが竹本が語る部分となっています。

政岡　これ千松、そなたの命は出羽奥州五十四郡の一家中、所存のほぞを固めさす、誠に国の

〽礎《いしずえ》ぞや、

〽とは云うものの、可愛やなあ、君の御為かねてより覚悟は極めていながらも

政岡　せめて人らしい者の手にかかっても死ぬことか、人もあろうに弾正《だんじょう》が妹づれの刃《やいば》にかかり、

〽なぶり殺しを現在に傍に見ている母が気は

政岡　どのようにあろう

〽エエマァどうあろう。

このように、クドキでは、一連のセリフを役者と竹本の太夫が受け渡しながら、一体となって切なる気持ちを表現します。竹本が語っている間、役者は身振りで感情を表現します。感情の高ぶりが大きいほど、竹本が語って役者は身振りで演技をする傾向にあるといわれます。

二、物語

立役が過去の出来事をその場の人々に語って聞かせる一連の演技を「物語」と呼びます。この

「物語」も、竹本と役者がセリフの受け渡しをしながら見せる見せ場の一つです。『源平布引滝《げんぺいぬのびきのたき》』「九郎助住家《くろすけすみか》の場」は、斎藤実盛《さいとうさねもり》が小万《こまん》の腕を切った一部始終を語る物語が場面の眼目になっていることから「実盛物語」と呼ばれています。

ここでは『熊谷陣屋』の熊谷直実が、平敦盛（実は熊谷小次郎）を討った様子を語る物語の一部を見てみましょう（二代目中村吉右衛門〔歌舞伎座二〇一三年〕）。クドキの引用と同様に、内容的には一連の熊谷のセリフですが、「熊谷」とつけた行が役者が言う部分、アミかけが竹本が語る部分となっています。

熊谷　まっこの如くせがれ小次郎、敵に組まれて命や捨てん。浅ましきは武士の倣いと太刀も

〽抜きかねしに、逃げ去ったる平山が後ろの山より声高く

熊谷　熊谷こそ敦盛を組み敷きながら助くるは二心《ふたごころ》に極まったりと

〽呼ばわる声々

熊谷　ハハァ是非もなや。仰せ置かるることあらば、言い伝え参らせんと申し上ぐれば

〽御涙を浮かめ給い

熊谷　父は波濤に赴き給い、心にかかるは母人の御事

熊谷は、敦盛との会話、その時の自分の気持ち、平山武者所《ひらやまのむしゃどころ》をはじめとする周囲の源氏方の武

将たちの声などを交えながら、戦場の様子を語って聞かせます。熊谷の物語を聞いているのは、その場にいる妻の相模と敦盛の母藤の方、そして観客。相模や藤の方は、熊谷の物語の折々にセリフを挟みます。物語のひとつの特徴は、物語を話している、あるいは聞いている人物たちがいる「今」と、物語られる「過去」が行き来することにあります。一方、観客は、熊谷が討ったのは実は敦盛ではなく熊谷の子の小次郎だということを知っています。しかし熊谷はここではあくまで敦盛を討った物語を聞かせるのであり、観客は、熊谷の臨場感あふれる物語を聞きながら、「敦盛の死」を実感するのです。この「物語」という様式は、過去の出来事を「語る」ことを見せる芸であることから語り物性にあふれていると言えるでしょう。

三、ご注進

もうひとつ触れておきたいのがご注進です。歌舞伎におけるご注進とは、戦の様子や事件の詳細などを主君に知らせる役割と、その一連の演技を指して言います。『近江源氏先陣館《おうみげんじせんじんやかた》（盛綱陣屋《もりつなじんや》）』の二人のご注進や、『義経千本桜』「大物浦《だいもつのうら》」の相模五郎・入江丹蔵、『傾城反魂香』「土佐将監《とさのしょうげん》閑居《かんきょ》の場」の狩野雅楽之助《かのうたのすけ》などがその例です。『本朝廿四孝』「十種香」の原小文治《こぶんじ》と白須賀《しらすが》六郎は追手として差し向けられるところですが、演技様式としてはご注進です。このご注進の演技も竹本と役者のセリフが掛合になり、また竹本の語りや三味線に乗せての役者の派手な動きが特徴的です。

クドキ、物語、ご注進、いずれの場合も竹本がセリフを語っている部分では、役者は身振りで表現をします。どこで竹本にセリフを受け渡すかは、役者によって違いがある場合もありますが、いずれにしても、役者と竹本が交互にセリフをいう手法は、義太夫狂言の醍醐味と言えるでしょう。作品においても、またストーリー上も重要な見せ場となっていることが多いので、ぜひ注目してみていただきたいところです。

三味線の演奏の特徴

三味線はどうでしょうか。義太夫節の三味線は、太夫の語りの伴奏ではなく、太夫とともにドラマを作り上げる役割を担っています。時に太夫に寄り添い、時に太夫をリードし、時に太夫と対峙しながら、ドラマを作るのだと言われます。また、太夫が役を「語り分け」るように、「弾き分け」も大切なポイントとなります。役の人物像をその音色に反映させるのです。同じ旋律を弾いていても、例えば男性なのか女性なのか、武士なのか町人なのか、あるいはそれぞれの人物の置かれた状況によって、音色やテンポ、ニュアンスを微妙に変えています。三味線の演奏にもテクストに対する深い理解が必要なのです。これは人形浄瑠璃の義太夫節についてだけでなく、歌舞伎の竹本についても同じと言えるでしょう。

ここでは、歌舞伎の竹本が多用する演奏法として、「**カラニ**《に》」と「**メリヤス**」を挙げておきましょう。どちらも人形浄瑠璃でも弾くものですが、歌舞伎では多用されるという特徴があります。「カラ二」とは、三味線の二の糸の開放弦を弾くことで、緊迫した雰囲気を作る技法です。音を鳴らすことで、逆にピーンと張りつめた、静まり返ったような雰囲気が出るのは不思議なものです。

一方、「メリヤス」は一連のセリフや動作に合わせて演奏する三味線の旋律です。短い旋律を繰り返して演奏することに特徴があり、繰り返す回数によって自在に演奏時間を伸縮させることができるために、伸縮する生地「莫大小《めりやす》」の名がついたとも言われます。例えば、『義経千本桜』ではたくさんの「メリヤス」が活躍しています。「渡海屋」では、お柳《りゅう》（実は典侍《すけ》の局《つぼね》）が義経主従に話す長ゼリフに**〈明石《あかし》〉**、「大物浦」では、典侍の局が安徳帝に入水を促すセリフに**〈竹の縁《えん》〉**、平知盛が岩に上るシーンに**〈千鳥《ちどり》〉**が使われます。「小金吾討死《こきんごうちじに》」では小金吾の動きに**〈忍び〉**というメリヤスが演奏され、幕切近くには、小金吾の死骸を見つけて維盛の身代わり首にすることを思い立った弥左衛門《やざえもん》が、首を打つ支度をする間に演奏される**〈地雷也《じらいや》〉**があります。「鮓屋」では弥助が実は維盛であると知らないお里がいそいそと布団の準備をするところに**〈色メキ〉**、「吉野山」では**〈乱れ〉**と**〈来序《らいじょ》〉**が使われます。また、「四《し》の切《きり》（川連法眼館《かわつらほうげんやかた》）」の終盤、悪僧たちが狐忠信《きつねただのぶ》に翻弄されるシーンで演奏されるのが**〈化かされ〉**です。

また、メリヤスには、竹本の義太夫三味線と黒御簾の長唄三味線とが、同じ旋律を演奏するものがあります。これを「**上下**《うえした》」と呼んでいます（黒御簾では〈上下の合方〉）。この場合、黒御簾の長唄三味線は竹本の義太夫三味線に対して上調子格となりますので、義太夫三味線の二の糸の高さと長唄三味線の一の音の高さを同じにして調弦をしますが、演奏の際には同じ旋律を同じ高さで演奏することが多いようです。「上下」で演奏されるメリヤスには、『俊寛』で赦免船が来るところなどに使われる〈千鳥〉、『加賀見山旧錦絵《かがみやまこきょうのにしきえ》』「長局《ながつぼね》」でお初《はつ》が尾上《おのえ》の肩をもむ時に演奏する〈アンマ〉、『傾城反魂香』「土佐将監閑居の場」の又平夫婦の引込みに用いる〈春藤《しゅんどう》〉などがあります。

このように、歌舞伎で使われる「メリヤス」は多数あり、その数は百を超えると言われます。人形浄瑠璃でも使われるメリヤスもあれば、歌舞伎独自のものもあり、また、特定の演目に使われるメリヤスもあれば、いくつもの作品に汎用されるメリヤスもあります。

最後にもう一点、三味線の掛け声についても触れておきましょう。長唄や豊後系浄瑠璃の掛け声は三味線方から唄方や太夫への合図が主ですが(役者への合図もあり)、竹本の掛け声は原則として役者に向けたものです。声も長唄などと比べてずっと大きく、目立つ発声ですので注目してみてください。

歌舞伎における竹本は、人形浄瑠璃のための音楽として展開してきた義太夫節の特徴を色濃く残しながらも、長い年月を経て歌舞伎独自の工夫が積み重ねられ、劇音楽として機能しています。竹本の役割は、究極的には役者の演技を引き立たせることにあると言われますが、そこには太夫の声と一挺の三味線であらゆることを表現しなければいけないという宿命が大きく作用していいます。ここでご紹介したのは、竹本の働きのごく一部です。名もない技法にも太夫や三味線の技が光ります。役者の演技と竹本がどのように絡み合っているのか、注目してみてください。

他所事浄瑠璃

黒御簾音楽と竹本が歌舞伎の劇音楽の中心をなすと言ってよいと思いますが、一部の作品で使われる「他所事浄瑠璃《よそごとじょうるり》」も独特の情緒を出す、歌舞伎らしい演出と言えます。「他所事浄瑠璃」とは、隣の家でお浚《さら》い会やお稽古をやっているという設定で、浄瑠璃を演奏するものです。その演奏が登場人物たちにも聞こえている設定で舞台が進行しますが、浄瑠璃の演奏は舞台の情景や情感を語り、登場人物たちの気持ちを代弁し、役者たちの演技を支えます。

他所事浄瑠璃は、河竹黙阿弥が清元節と提携して多くの作品で用いました（清元節については60ページを参照）。有名なものに『天衣紛上野初花《くもにまごううえののはつはな》』（直侍を中心とする部分のみの上演の場合は『雪暮夜《ゆきのゆうべ》入谷畦道《いりやのあぜみち》』）における「大口屋寮《おおくちやりょう》の場」で用いられる《忍逢春雪解《しのびおうはるのゆきどけ》（三千歳《みちとせ》）》や、『水天宮利生深川《すいてんぐうめぐみのかがわ》（筆幸《ふでこう》）』「幸兵衛内《こうべえうち》」の親子の愁嘆で用いられる《風狂川辺の芽柳《かぜにくるうかわべのめやなぎ》》などがあります。

黙阿弥が生きた時代、特に明治時代中頃までは、清元節以外にも、富本節（豊後節を祖とする浄瑠璃のひとつで、富本から分派して清元節が生まれた）や、うた沢《ざわ》（幕末から近代にかけて流行した、端唄から派生した三味線音楽の一種）を他所事浄瑠璃的に用いる演出が多用されていました。また、近代に成立した演劇ジャンルのひとつである新派では、歌舞伎の音楽演出を取り入れる形で、独自の他所事浄瑠璃的な音楽演出が多用されます。

なお、本書の第二部では、劇音楽として使われる清元節の例として、『花街模様薊色縫《さともようあざみのいろぬい》（十六夜《いざよい》清心《せいしん》)』の「大川端《おおかわばた》の場」で用いられる《梅柳中宵月《うめやなぎなかもよいづき》》を取り上げます。この場面の清元は「**道行浄瑠璃**」であり、「他所事浄瑠璃」とは少し違うのですが、劇音楽としての清元として参考にしていただければと思います。

他所事浄瑠璃の演出

他所事浄瑠璃の味わいは特にその情感にあると言えるでしょう。『雪暮夜入谷畦道』の「大口屋寮の場」は、悪事を重ね、追手に追われる直侍こと片岡直次郎が、危険を冒して恋人の三千歳に会いに来る場面です。直次郎は三千歳に会えるのはこれで最後と分かっていて来るのです。その二人の逢瀬を演出するのが他所事浄瑠璃としての清元節《忍逢春雪解(三千歳)》の語りです。黙阿弥が『雪暮夜入谷畦道』を書くにあたり、自ら詞章を書き下ろした清元の名曲で、演奏会でも独立した楽曲として演奏されることがあります。

他所事浄瑠璃の場合、通常は上手に並び、二挺三枚(太夫三人、三味線二人)を基本とします(『筆幸』の《風狂川辺の芽柳》は上手で竹本が演奏するため、清元は下手)。演奏の装束はいつもの萌葱(濃い緑)の肩衣ではなく、黒の紋付です。他所事浄瑠璃は隣家で演奏しているという設定なので、それにふさわしい装束で演奏するというわけです。

清元《忍逢春雪解(三千歳)》の語り出しは、〽冴え返る　春の寒さに降る雨も　暮れていつしか雪となり　上野の鐘の音《ね》も凍る　細き流れの幾曲り　末は田川へ入谷村」。名文として知られます。春の上野の情景を詠み込み、観客をその世界に誘います。直次郎の出にも、三千歳の出にも、それに合わせた語りをしています。そして、三千歳が切々と直次郎への思いを訴えるクドキ。〽一日逢わねば千日の　想いにわたしゃ患ろうて」。ここも有名なところです。三千歳のセリフにあたる部分を清元が語り、三千歳を演じる役者は所作で直次郎への思いを表現します。

ただ、この清元の演奏は、舞台上の役者にも聞こえている設定である(少なくとも最初のうちは)、というところが竹本の語りとの大きな違いといえるでしょう。それはセリフにも表れていて、三千歳の朋輩に「隣は清元のお浚いですよ」と言われ、直次郎が「そうかい」と応じるシーンがあります。隣から清元が漏れ聞こえてくる、その設定を観客も舞台上の登場人物と共有しつつ、同時に舞台上の人物の切ない想いを語る清元の節回しに情緒を掻き立てられるところに、他所事浄瑠璃独特の情感があると言えるでしょう。

大薩摩

「大薩摩《おおざつま》」はもともと独立した大薩摩節という浄瑠璃の一派でしたが、江戸時代を通じて長唄と近い関係にあり、幕末になって長唄に吸収されたという経緯を持ちます(「第四章　歌舞伎音楽の歴史」128ページ参照)。現在では、長唄の演奏家が担当しています。また、幕末期以降に作られた長唄の舞踊曲や鑑賞曲(歌舞伎を離れて演奏会用に作られた曲)には、大薩摩節の旋律型が多く取り入れられています。分かりやすい例を挙げれば、《連獅子》や《鏡獅子》で後シテの獅子が出てくる前に、三味線が独奏で勇壮な旋律を弾く箇所があげられるでしょう。他にも多くの例がありますし、短い旋律型を取り入れている楽曲も含めれば、ずいぶん広範囲の長唄に大薩摩が取り入れられていることになります。

舞踊曲に部分的に含まれる旋律型を別とすると、歌舞伎における大薩摩の演奏形態は大きく二種類に分けられます。ひとつは、荒事などの特定の作品で演奏される「床《ゆか》」の大薩摩。もうひとつは、やはり特定の作品において浅葱幕の前などで立って演奏される「足掛けの大薩摩」です。

大薩摩の演奏形態

（一）「床」の大薩摩

大薩摩の演奏場所は、竹本の場合と似ていて、上手の揚幕の二階部分の場合と、舞台上手に置かれた「床」の場合の二通りがあります。いずれも長唄の唄方（大薩摩の太夫名を名乗る場合もある）と三味線方が、二人ずつ（二挺二枚）並んで演奏します。演奏者は裃を身に着けますが、柿色の裃で、市川團十郎家の三升《みます》の紋を入れるのが決まりとなっています。

現在、「床」の大薩摩が使われるのは、荒事と結びついて大薩摩節が使われてきたことを反映し、荒事系統の作品を基本とします。演奏者が市川家の紋を入れた裃を身に着けるのも、荒事の創始者であり伝承の中心であった市川家と大薩摩節との特別な結びつきを表していると言えるでしょう。「床」の大薩摩が使われる主な作品に、『矢の根《やのね》』、『暫《しばらく》』、『鳴神《なるかみ》』、『外郎売《ういろううり》』などの十八番物、少し特殊な例に『極付幡随長兵衛』「村山座舞台の場」における劇中劇「公平法問諍《きんぴらほうもんあらそい》」があります。この場合、大薩摩は舞台正面に並んで演奏します。

【図23】足掛けの大薩摩（『南総里見八犬伝』平成27〔2015〕年1月・国立劇場大劇場）
大薩摩＝杵屋巳津也（現・杵屋巳三郎）、三味線＝杵屋巳太郎こと大薩摩藤原浄貢　©国立劇場

（二）足掛けの大薩摩

三味線方が**合引《あいびき》**と呼ばれる台に足を掛けて（乗せて）演奏するため、この名で呼ばれます【図23】。この大薩摩は**だんまり**や大寺院の場面に先立って、浅葱幕の前で演奏するのが通例であるため、「幕外の大薩摩」とも呼ばれます。役者のいない舞台で演奏者が主役となる貴重なケースです。大いにご注目ください。

床の大薩摩は勇猛果敢なヒーローを演出し、足掛けの大薩摩は凄味のある場面を演出するので、いずれの場合も勇壮で豪快な発声となります。三味線もこれと同じく、大薩摩の演奏の時には豪快で力強い演奏となり、また技巧的な演奏も特徴です。大薩摩の演奏については『楼門五三桐《さんもんごさんのきり》』(224ページ)を取り上げて具体的に見てみたいと思います。

その他の浄瑠璃

歌舞伎ではほかに、特定の演目に使われる浄瑠璃として河東節《かとうぶし》と新内節《しんないぶし》があります。これらについても簡単に触れておきましょう。

河東節

河東節は、現在では市川團十郎家が演じる『助六由縁江戸桜《すけろくゆかりのえどざくら》』でのみ使われる三味線音楽です。市川家の『助六』で、舞台正面の御簾内から聞こえてくるのが河東節です。河東節に限ってはプロの演奏家だけではなく、主に素人が「助六名取」として一時的に河東節の名を名乗って出演します。この場合、出演する演奏者自身が出演料を払うことになっており、『助六』上演に際して市川家との特別な契約を結ぶ形になります。

河東節は江戸で十寸見河東《ますみかとう》(一六八四〜一七二五)によって創始された浄瑠璃で、今は滅びてしまった肥前節《ひぜんぶし》、半太夫節《はんだゆうぶし》とともに「江戸節」と総称されてきました。現在残っている浄瑠璃の中では歴史が古いほうで、古風な味わいがあります。粋を重んじるといわれる語り口は、軽快さと品格を兼ね備え、フレーズの終わり(節尻)を短く切る傾向が強いのが特徴です。三味線は細棹三味線で軽快な音色を奏でますが、声という視点では三味線方の「ハーオー」という派手な掛け声がこの浄瑠璃の大きな特徴となっています。

新内節

新内節は、常磐津節や清元節と同じように豊後節に起源をもつ浄瑠璃です。宝暦期（一七五一〜一七六四）に独立して歌舞伎で活躍しましたが、その後遊里に活躍の場を移し、一世を風靡しました。文化文政期（一八〇四〜一八三〇）以降には、一部の演奏家たちが再び歌舞伎に出演し、舞踊曲の作曲なども行われましたが、現在は歌舞伎への出演はほとんど見られません。

新内節の特徴は、なんといってもその哀切な語り口と三味線の音色にあります。それが、心中物や愁嘆場の悲惨さを演出するのにうってつけで、歌舞伎作品に限らず、新内節の名曲には心中物が多く見られます。その他、「流し」と言われる演奏形態や、華やかな**前弾**《まえびき》も、新内節の特徴に挙げることができるでしょう。新内の「流し」は、三味線を弾きながら歩いて営業をする手法で、文化年間（一八〇四〜一八一八）に行われるようになったと言われます。太夫が持つ三味線と、高音を演奏する上調子の三味線（新内節の上調子は非常に小型の撥を使います）とが二重奏を奏でながら歩く手法は「新内流し」として広く知られるようになります。その旋律は、夜の江戸の町を描写する曲として黒御簾音楽にも取り入れられています。曲にもよりますが、前弾の華やかさがその後語られるストーリーの悲しさをより際立たせているようにも感じられます。

歌舞伎作品では、『明烏夢淡雪《あけがらすゆめのあわゆき》（明烏）』、『若木仇名草《わかぎのあだなぐさ》（蘭蝶《らんちょう》）』で使われることで知られます。上演機会の少ない作品ですが、戦後も数回ずつ上演されており、近年では九代目澤村宗十郎（一九三三〜二〇〇一）が手掛けています。その古風で色気のある芸風とともに、記憶にとどめておきたいものです（『明烏』〔一九八九年十二月〕・『蘭蝶』〔二〇〇〇年十二月〕）。今後また、上演されることを願っています。

その他の劇音楽

歌舞伎の劇音楽には、今まで述べてきたもののほかに三曲の楽器（箏・胡弓・尺八）の演奏や、役者自身による演奏、黒御簾音楽以外の効果音の類があります。三曲の楽器については、「歌舞伎音楽の楽器（三曲楽器編）」（39ページ）に加えた説明にとどめておきたいと思います。ここでは、役者自身による演奏と、黒御簾音楽以外の効果音について少しお話ししましょう。

役者自身による演奏

歌舞伎の中では決して数は多くはありませんが、役者自身が演技の一部として楽器を弾いたり、唄を歌ったりすることもあります。役者が演奏することは、江戸時代、特に元禄〜享保期（一六八八〜一七三六）にはもっと盛んに行われていたようですが（116ページ参照）、今は一部の役に限られています。役者が演奏するものとしては、箏、三味線、胡弓、小鼓などが主なところでしょう。

現在上演されている作品の中で役者が演奏する最も有名な例は、『壇浦兜軍記《だんのうらかぶとぐんき》（阿古屋《あこや》）』の阿古屋でしょう（口絵4ページ参照）。敵方に捕らえられている阿古屋は、恋人である悪七兵衛景清《あくしちびょうえかげきよ》の居所を知らないと答えますが、その言葉に嘘がないか、箏、三味線（地歌三味線）、胡弓を演奏させられます。琴責めともいわれる場面です。一人で三種類の楽器を弾き分ける必要があるこの役は、女形の中でも特別の難役とされています。

箏を弾く役は案外に多く、『加賀見山再岩藤《かがみやまごにちのいわふじ》』「又助内《またすけうち》」の志賀市《しがいち》、『壺坂霊験記《つぼさかれいげんき》』「沢市内」の沢市、『盲目《もうもく》物語』のお市の方、『信州川中島合戦《しんしゅうかわなかじまかっせん》』（輝虎配膳《てるとらはいぜん》）のお勝、『競伊勢物語《はで(だて)くらべいせものがたり》』「春日野小由《こよし》奥座敷」の井筒《いづつ》姫、『八陣守護城《はちじんしゅごのほんじょう》』「御座船《ござぶね》」の雛衣《ひなぎぬ》など。三味線を弾く役としては、『奥州安達原《おうしゅうあだちがはら》』「袖《そで》萩祭文《はぎさいもん》」の袖萩、『盲目物語』の弥市がよく知られています。また、『義経千本桜』「吉野山」や「四の切」の静や、『傾城反魂香』のおとくが小鼓を打ちますが、役者によっては自分で演奏することがあります（多くの場合は黒御簾で演奏家が演奏する〔「黒御簾音楽」「代行演奏」70ページを参照〕）。

役者が舞台上で演奏する際には、その演奏技術を見せることに主眼が置かれることも多いですが、いずれの場合も「役として」演奏するところに難しさがあると言われます。

舞台上で役者が演奏する作品は限られていますが、役者の修業の一環として音曲を習うことは現在でも必須とされ、演技を磨くために大切だと考えられています。今日でも、程度の差はあるものの、多くの役者が、長唄（唄・三味線）、義太夫節、鼓や太鼓などの鳴物を学んでいます。それは、歌舞伎のセリフや所作が音楽と密接に結びついているからであり、音曲を嗜むことによって歌舞伎を演じるのに必要なリズムや抑揚などを体得できるからなのでしょう。

その他の効果音

その他の効果音として、歌舞伎独特のものに**化粧声**《けしょうごえ》があります。化粧声とは、『暫』や『寿曽我対面』などの荒事で、主役の動きに合わせて、後ろに居並ぶ大勢の役者たちが斉唱する掛け声です。「アーリャ、コーリャ」と繰り返し、主役の役者が極まるところに「デッケェ」と合わせます。一種の誉《ほ》め詞《ことば》と言われ、古風な味わいがあります。

また、歌舞伎の効果音の中には、黒御簾の演奏家ではなく、お弟子さんと呼ばれる役者や劇場の音響係の人が主に担当するものがいくつかあります（39ページ参照）。ただ、以下にあげるものも、特に舞踊などにおいて唄や三味線の演奏との連携が必要な場合は、鳴物の演奏者が担当しているとのことです。

虫や鳥の鳴き声を出す各種の笛は効果音の代表的なものでしょう。とりわけ鳥は、鶯《うぐいす》笛、烏《からす》笛、鶏笛など、鳥の種類によって数種があるのが特徴です。ただし、鷹などが飛来するときに演奏する**〈トヒヨ〉**は黒御簾の演奏家（笛方）が能管を使って演奏します。

牛や馬、犬猫などの動物の鳴き声もお弟子さんや音響係の担当です。牛（『菅原伝授手習鑑』《すがわらでんじゅてならいかがみ》「加《か》茂堤《もづつみ》」など）や馬には専用の笛がありますが、犬や猫は声を使っています。ほかに、赤ちゃんの泣き声を出す赤子笛（『四谷怪談』ほか）は、比較的よく知られているものでしょう。

また、伝統的には大太鼓が活躍する自然界の音も、よりリアルな音を求めて特殊な道具を使って音を出す場合があります。代表的なものとして、雨音、雷音、浪音の表現を挙げておきましょう。リアルな雨音を表すのには、団扇《うちわ》にビーズ状のものを糸で吊るした「雨団扇《あま》」を使います。団扇を振ることでビーズが団扇の表目にあたって音を出す仕組みです。この雨団扇は鳴物の演奏者が演奏することが多いようです。また、リアルな雷の音には、「雷車《らいしゃ》」と呼ばれる歯車のついた箱状のものを舞台裏で転がして音を出します。細長いザルの中に小豆などを入れて傾けて波の音を出す「波笊《なみざる》」は、ご存じの方もいるのではないでしょうか。

また、一般的な演劇のように録音による音響効果を使うこともあります。特に新作歌舞伎は、録音なくしては成り立たない場合も多いでしょう。録音による音響効果の発展は、辻亨二の存在なしには語ることはできません。辻は戦後間もなくから舞台音響効果業務に従事し、松竹傘下の劇団新派効果部として新派や歌舞伎の音響効果を担ってきました。例えば虫の声や汽笛の音などひとつとっても、実物を録音して再生すればいいというものではありません。舞台の音響としてふさわしくあるためにはどうすべきかを探求し、奔走した辻の功績は称えられるべきでしょう。

演劇が多様化した今、舞台音響効果の役割も多様化し拡大していますが、その根底には長い間歌舞伎で培われてきた黒御簾音楽があります。長唄の唄方から新派の囃子方に転じ、新派の黒御簾音楽（歌舞伎と同様に情景や心理の描写、効果音を担う）に力を注いだ、中村兵藏という演奏家がいます。次々と作られる新派の作品の必要に応じてさまざまな音を工夫した人物で、先の辻亨二も兵藏に教わって音響の技術を磨きました。この中村兵藏はＮＨＫの音響技術にもかかわった人として知られます。また初期の映画の音も、歌舞伎を手本に作られていきました。歌舞伎から新派へ、舞台から映像の音の世界へと、近代の演劇映像芸術の歩みとともに音楽・音の世界も拡がっていったわけですが、その源には歌舞伎の黒御簾音楽があるのです。

柝とツケ

歌舞伎における音としては、**柝**《き》も**ツケ**もかなり目立つ存在であると言えるでしょう。歌舞伎と言うと、これらの音を思い浮かべる人も多くいらっしゃるかもしれません。

柝

柝は、幕明や幕切のときにチョンチョンチョンチョン……と鳴る、あの音です。樫《かし》製の二本の拍子木を打ち合わせることによって音を出しています。今日の歌舞伎で、柝を打っているのは狂言作者（関西では狂言方）と呼ばれる人々。狂言作者は、稽古期間中から本番までの舞台進行を管理する裏方の職務です。仕事の内容は舞台における仕事と、作者部屋でのデスクワークに分けられるとされ、デスクワークとしては、稽古が始まる前に「書抜《かきぬき》」と呼ばれる役者ごとの台本（各役者のセリフのみを書き抜いたもの）を作成したり（現在では松竹から印刷の台本が配られるので、「書抜」の需要は減っているようです）、道具方や衣裳方など各担当のために配役を書きだした「付帳」を作成したりしています。舞台上で使う書状などをしたためるのも、狂言作者の仕事です。稽古が始まると、脚本を管理し、稽古中の変更点などを把握して必要に応じて各担当に知らせる役割を担います。

公演プログラムの演奏者一覧のページに狂言作者の方々の名前が載っているので、ぜひ見てみてください。

舞台における狂言作者の大きな仕事が「柝」と言えるでしょう。幕が開くときのチョンチョンチョン……という柝の用法を「きざみ」を打つと言うのですが、柝は他にも多くの役割を担っており、柝の打ち方にもいろいろな種類があります。「チョンチョンチョン……」は、幕が閉まるときにも聞こえてきますが、幕切の柝には、時代物に多く使われる、初めはゆっくり、少しずつ細かく刻む手法＝「きざみ幕」と、世話物に多く使われる最初から細かく刻む手法＝「拍子幕」がありますす。幕切前の最後のセリフや**見得**が決まったところで、「チョン」と鳴る「柝」にもご注目いただきたいものです。あれは「柝頭《きがしら》」または「柝の頭」などと呼ばれ、役者の息を見計らって打つため、熟練の技術が必要と言われます。役者によってもタイミングの好みが異なり、役者の注文を受けながら、少しずつ体得していく奥の深いものなのです。

幕の開閉時のほかにも、楽屋に開幕までの時間（三十分前、十五分前、五分前など）を知らせる役割を担ったり、廻り舞台やセリを動かすタイミングや出語りの演奏開始を知らせたりするなど、柝は舞台を進行するにあたって要となるタイミングを伝える役割を担っています。ここに挙げたものの他にも柝の用法は多岐にわたり、打つリズムによってさまざまな意味が決められています。

ツケ

ツケは、上手に座って附け板に附け木を打ち付けることで音を出すものです。附け板は欅《けやき》、附け木は白樫《しらかし》を使っています。見得や立廻り、走る様子を描写するときなどに、ツケを入れることで役者の演技が際立ち、強調されます。ツケを担当するのは、附打《つけうち》と呼ばれる人々です。附打は大道具方に属する職掌で、最近はフリーで附打を専門とする人もいます。上方歌舞伎では狂言方が担うこともあったようですが、近年は関東から専門職の附打さんが加わることが一般的です。狂言作者と同様に、公演プログラムの演奏者一覧のページに「附打」として名前が載っています。

ツケにも多くの用法があり、実際の音や音の鳴る動きを強調する用法と、力強さや型を表現する用法との二つに分けることができます。前者はどちらかというと写実的な用法で、登場人物が駆け出す音やつまずく音に使われるケースが最も多く、わかりやすいでしょう。気を失った人を気づかせたり、人を斬ったり、そうした音にもツケが入ります。また、投げられた石がぶつかる音や、手紙などを落とす音(手紙は、実際は音はしないかもしれませんが……)にも使われます。

後者の力強さの表現の代表的なものとしては、「見得」が挙げられます。見得そのものだけでなく、見得の際に足を踏み出す動作にもツケが入ります。その他独特な表現として、歩くという動作を様式化して見せる「**六方**」や幽霊などに引きずられる「連理引き《れんりび》」と呼ばれる動作にも使われています。それぞれ決まったリズムやタイミングがあると同時に、役者の演技のタイミングを見計らって打つという、熟練した技術が求められます。さらに、柝頭がそうであったように、ツケにも役者によってさまざまな好みがあり、それも体得していく必要があります。
何気なく耳に入っている柝の音やツケの音にも、洗練された技の積み重ねがあるのです。

以上、歌舞伎で使われる音楽や音についてご紹介してきました。かなり話題が多岐にわたったかと思いますが、その多様性こそ歌舞伎の音楽の本質であると言えるでしょう。本章では触れませんでしたが、観客がかける**大向う**《おおむこ》の声も、歌舞伎ならではの重要な効果を生むものとして見過ごすことはできません。

浅草の芝居小屋を愛した小説家、永井荷風は『江戸芸術論』の中で、「拍子木の音と幕明の唄とに伴ひて引幕の波打ちつつあき行く瞬間の感覚、独吟の唄一トくさり聴きて役者の花道へ出《いづ》る時、あるひは徐《おもむ》ろに囃子の鳴物に送られて動行《うごきゆ》く廻舞台を見送る時」の感覚に、「芝居らしき快感」を見出しています。拍子木の音、幕明の唄、独吟の唄、囃子の鳴物……。荷風の「芝居らしき快感」には、そうした歌舞伎の音や音楽が結びついています。さらに荷風は、この「芝居らしき快感」は、歌舞伎に特有のものであって、他の演劇に求めることはできないと述べているのです。

多種多様かつ膨大な音の総体であるということ、そしてそこに独特の匂いのようなものがあること。それは歌舞伎の世界観を実現するのになくてはならないものなのです。

第四章　歌舞伎音楽の歴史

初期の歌舞伎〜歌舞伎の草創期と演奏のプロの定着

始まりは「かぶきおどり」

歌舞伎は、女性芸能者たちの踊りによって、その歴史の幕を開けました。江戸時代が始まる少し前のこと、「ややこおどり」と称する舞踊を披露する少女たちが京を中心に人気を博しました。出雲《いずも》出身と伝えられる国《くに》という女性〔出雲のお国（阿国《おくに》）〕が率いた一団がよく知られますが、お国に限らず、同類の女性芸能集団が複数存在したと言われます。その人気は宮中に招かれて演じてみせるほどで、京周辺のみならず東海、北陸地方にまで巡業をした記録も残っています。本来、「ややこ」とは幼い子どもを意味する言葉で、幼い少女たちが踊るところに魅力がありましたが、「ややこおどり」の担い手たちは時とともに成長し、「ややこ」の呼び名にそぐわなくなっていきました。「ややこおどり」はやがて「かぶきおどり」と呼ばれ、芸態も多様化しました。この「かぶきおどり」という語が初めて記録に見られるのが、慶長《けいちょう》八（一六〇三）年。それを現在では歌舞伎のはじまりとしていますが、実際には同じ系譜の芸能が江戸時代以前（一五八〇年代）から行われていたということになります。現在ではこの時期の歌舞伎を、出雲のお国の名を冠して「お国歌舞伎（阿国歌舞伎）」と呼んでいます。

お国歌舞伎の音楽はどんなものだったのでしょうか。口絵2ページに示した『阿国歌舞伎図《おくにかぶきず》屏風《びょうぶ》（阿国歌舞伎図）』は、男装したお国演じる主人公が茶屋《ちゃや》の女を相手に遊ぶ「茶屋遊び」の様子を描いたものですが、ここでは舞台正面後方に居並ぶ囃子方《はやしかた》に注目してみましょう。舞台の奥（右）から笛・小鼓・大鼓・太鼓と並んでいます。囃子方の後ろに控えているのは歌い手でしょうか。囃子や歌を担当しているのは男性たちのようです。三味線が描かれていないことも注目したいポイントです。女性芸能者たちによる黎明期の歌舞伎を描いた絵は他にも数点ありますが、いずれにおいても楽器構成は共通しており（人数には変動あり）、お国歌舞伎では三味線は使われなかったというのが定説になっています。この笛・小鼓・大鼓・太鼓（四拍子《しびょうし》）という楽器構成は、能に由来するものであり、歌舞伎の囃子は当初から能に大きく影響を受けたものであったことがわかります。踊り歌についての詳細は明らかでありませんが、いくつかの絵草紙に詞章が残されており、多様なレパートリーを備えていたことがわかっています。

「遊女歌舞伎」で三味線が登場

さて、この女性芸能者たちのかぶきおどりが大変な人気を博したため、遊女にこれを真似させて、客を呼ぼうとする者たちが現れました。後世、「遊女歌舞伎《ゆうじょかぶき》」と呼ばれるものです。江戸時代前期成立の『東海道名所記《とうかいどうめいしょき》』には、京の六条で遊郭を経営する佐渡嶋《さどしま》という者が、四条河原に舞台を作り、多くの傾城《けいせい》(遊女)に舞や能を演じさせたことが記されています。ここでも、能が演じられていることから、やはり能の影響は大きかったと考えられます。

しかし音楽面では、この遊女歌舞伎にいたって大きな変化が生じます。三味線の使用です。口絵2ページの『四条河原遊楽図屏風《しじょうかわらゆうらくずびょうぶ》』では、遊女歌舞伎の舞台を描いています。遊女たちが円形になって踊っていますが、その円の中心にいる遊女は、虎の毛皮をかけた椅子(床几《しょうぎ》)に腰掛け、三味線を弾いています。よく見ると、舞台の右側に並ぶ遊女たちも派手な着物を着て床几に座り、三味線を弾いているようです。同類の描写を他の絵画資料、文字資料にも見ることができます。

いずれの資料においても共通しているのは、三味線を奏でているのは遊女たちであるということです。とりわけ『四条河原遊楽図屏風』に見られるように、その座のスターが三味線を手に取ることが一般的だったと考えられています。

三味線は、十六世紀末、中国から琉球を経て大坂の堺へ伝来した楽器に改良を加えたものです。もともと蛇の皮を張っていた胴には猫や犬の皮を張るようになり、音色も変化しました。十七世紀初頭、まだ珍しい、新進の、しかも少し異国の香りのするこの新しい楽器を、遊女歌舞伎は早速取り入れたのです。演奏を聞かせるというよりは、珍しい楽器を奏でることで客を呼ぶことが目的だったでしょう。床几にかけられた虎の毛皮(床几の背に孔雀の羽をつけた絵も残される)や、遊女たちの華やかな着物と、同じような感覚で三味線は歌舞伎に取り入れられたと言ってもいいかもしれません。

なお、鼓や笛を演奏していた囃子方は、そのまま踏襲されました。『四条河原遊楽図屛風』の右方奥には、笛や鼓を持った男性たちが描かれています。鳴物を演奏する女性が描かれた資料もあるものの、鳴物の主力はプロの男性演奏者たちが担っていたと考えられます。

遊女歌舞伎の全盛は長くは続きませんでした。売色と結びついた遊女歌舞伎は、十七世紀前半に幾度も出された禁令により姿を消し、遊女歌舞伎と並行して行われてきた若衆《わかしゅ》たちの歌舞伎が、人々の関心を集めるようになりました。「若衆歌舞伎」には軽業や狂言の様式が色濃く見られ、《業平躍《なりひらおどり》十六番》などの資料に残された詞章からも狂言との繋がりが指摘されています。絵画資料には、歌を担っていると思われる者のほか、笛、小鼓、大鼓、太鼓の四拍子を演奏している者も多く見られます。若衆が箏を弾いている資料も残されています。これらのことから、若衆歌舞伎も音楽的に豊かなものだったと考えられるでしょう。三味線は役者である若衆によって演奏され、プロの三味線奏者は見られないことなど、遊女歌舞伎との共通点も指摘されています。

演奏のプロが登場する「野郎歌舞伎」

さて、十七世紀半ばになると若衆歌舞伎も風紀を乱すという理由で禁止となり、若衆のシンボルだった前髪を剃り落とした野郎頭《やろうあたま》の男たちによる「野郎歌舞伎」の時代が始まります。野郎歌舞伎の時代、歌舞伎はそれまでよりもストーリーを重視するようになり、立役《たちやく》・女形《おんながた》・道外《どうけ》（道化）方《かた》といった役柄も分化しました。音楽の充実も見られ、歌は踊りだけでなく、芝居における出端《では》（登場に伴い歩く様式を舞踊化した演出）や怨霊事《おんりょうごと》（女性の死霊生霊が現われて恨みを述べる演出）などにも用いられるようになりました。歌と三味線のプロが現れたのも、この頃だろうと推定されています。

江戸時代を通じてほぼ毎年十一月に劇場ごとに発行された「顔見世番付《かおみせばんづけ》」には、向こう一年間の契約をした役者や狂言作者、その他スタッフの名前が掲げられますが、延宝《えんぽう》三（一六七五）年の顔見世番付には、役者と並んで、「小うた」「しやみせん」「はやし」など数名の演奏者の名前が記載されています。ほかの資料からも、この時代には小歌（小編歌謡。当時の表記は小うた、小哥などさまざまだが、引用の場合を除いて小歌で統一する）・三味線・鳴物を中心に構成される十数名の囃子方が、各劇場に専属として抱えられていたことがわかります。

もうひとつ、重要な楽器として付け加えておきたいのが大太鼓《おおだいこ》です。口絵3ページは一六一五年ごろの京都を描いたとされる『洛中洛外図屏風《らくちゅうらくがいずびょうぶ》（舟木本《ふなきぼん》）』の一部ですが、上部の芝居小屋には、木戸（入口）の上に鶴の柄の幕をかけた櫓《やぐら》が描かれています。櫓の上には三種の武器とともに大太鼓（櫓太鼓）が据えられています。下方に描かれている能の小屋にも櫓があり武器と大太鼓が見えます。この屏風には、他の芝居小屋や人形浄瑠璃の小屋も描かれますが、いずれも櫓の上には大太鼓が据えられています（他の図屏風にも同様の例がある）。今日の相撲がそうであるように、この頃から興行には大太鼓が欠かせない存在でした。現在の歌舞伎でも、大太鼓を含む鳴物によっていくつかの儀礼的な囃子（35ページ参照）が演奏されますが、この櫓太鼓が源流とされている囃子

【図24】　菱川師宣（伝）『中村座之図（吉原・中村座之図の右隻）』（部分）
ボストン美術館蔵　Gift of Oliver W. Peabody 79.468 Photograph © 2022 Museum of Fine Arts, Boston. All rights reserved. c/o DNPartcom

も伝承しています。大太鼓は早い段階から芝居において重要な位置を占めていたのです。

元禄期〜小歌と浄瑠璃の時代

歌舞伎隆盛の時代

元禄《げんろく》期（一六八八〜一七〇四）をはさむ貞享《じょうきょう》・元禄・宝永《ほうえい》期（一六八四〜一七一一）の歌舞伎は「元禄歌舞伎」と呼ばれています。この時代は、江戸の市川團十郎《いちかわだんじゅうろう》（初代・一六六〇〜一七〇四）による荒事《あらごと》や上方《かみがた》の坂田藤《さかたとう》十郎《じゅうろう》（初代・一六四七〜一七〇九）によるやつし事（和事《わごと》）が知られるように、歌舞伎はひとつの隆盛を迎えました。江戸では中村座に続いて、市村座、森田座、山村座（正徳四〔一七一四〕年廃絶）が開場し、江戸三座の基盤を築きました。しかし、当時の音楽演出については、多くのことが分かっているとは言えません。

【図24】の菱川師宣（?〜一六九四）の手によるとされる『中村座之図《なかむらざのず》（吉原・中村座之図の右隻）』は、江戸中村座で《四季大おどり》を演じている様子を描いていますが、舞台正面後方に小鼓や太鼓と並んで三味線を奏でる男性が見られます。このころになると、鼓や太鼓などの鳴物と同様に、三味線もプロの演奏者が担当していたことはすでに述べたとおりです。

小歌と浄瑠璃

具体的なジャンルとしては、小歌と浄瑠璃《じょうるり》が使われていたと考えられています。元禄期の小歌や浄瑠璃の詞章は『松《まつ》の葉集《はしゅう》』（元禄十六〔一七〇三〕年刊）、『落葉集《おちばしゅう》』（元禄十七〔一七〇四〕年刊）などの詞章集に収められ、当時の歌舞伎音楽の趣をしのぶことができます。わずかながら、現行の長唄に伝承されている曲もあります。

一方、元禄以前から江戸では人形浄瑠璃が隆盛しており、野郎歌舞伎では囃子方が浄瑠璃を兼業で語っていたと考えられています。それが元禄期になると、江戸では薩摩外記《さつまげき》（?〜一六七二）が語る**外記節《げきぶし》**が勇壮な語り口で初代團十郎の歌舞伎を支える、上方では都一中《みやこいっちゅう》（一六五〇〜一七二四）が語る柔らかな**一中節《いっちゅうぶし》**が歌舞伎に花を添えるというように、専門の浄瑠璃語りが出演するようになりました。なお、こうした小歌や浄瑠璃が、三味線だけでなく鳴物を伴っていただろうことは、諸々の資料から窺われます。

加えて、小歌や浄瑠璃を役者自身が歌ったり、三味線を弾いたりして見せることもしばしばだったといいます。【図24】の『中村座之図』でも、前方に床几に腰掛けた役者らしき人物が三味線を弾く様子を見ることができます。

元禄期の歌舞伎音楽については、断片的にしか知ることができませんが、小歌や浄瑠璃のほか、能・狂言から「小謡《こうたい》」も取り入れ、中世に起こった語り物である「説経《せっきょう》」や「祭文《さいもん》」なども加えて、ヴァラエティー豊かな音楽が歌舞伎を彩っていたと考えられています。

享保期〜長唄の成立と歌舞伎浄瑠璃の開花

長唄成立の経緯とは

元禄時代に続く正徳《しょうとく》、享保《きょうほう》から寛延《かんえん》までの四十年間(一七一一〜一七五一)を、ここでは便宜的に享保期としてまとめることとします。この時代には、江戸で長唄(＝江戸長唄。当時の表記は長うた、長哥などさまざまだが、引用の場合を除いて長唄で統一する)が歌舞伎音楽として定着し、さまざまな浄瑠璃が歌舞伎音楽として開花しました。

長唄は享保期より少し前に登場し、歌舞伎音楽の中心的存在となって現在に至るわけですが、その成立の経緯について詳しいことは分かっていません。ここでは、資料上の例をふたつ挙げたいと思います。ひとつは顔見世番付、もうひとつは長唄正本(詞章を記した本)です。顔見世番付に長唄(長うた、長哥)の記載が登場するのは、宝永期(一七〇四〜一七一一)のことといわれます(上方では宝暦〔一七五一〜一七六四〕初期)。毎年十一月に出される顔見世番付に一年間の契約を結んだ役者やスタッフの名前が記されることは先にも述べたとおりですが、名前の上に「肩書」が記されます(【図25】参照)。

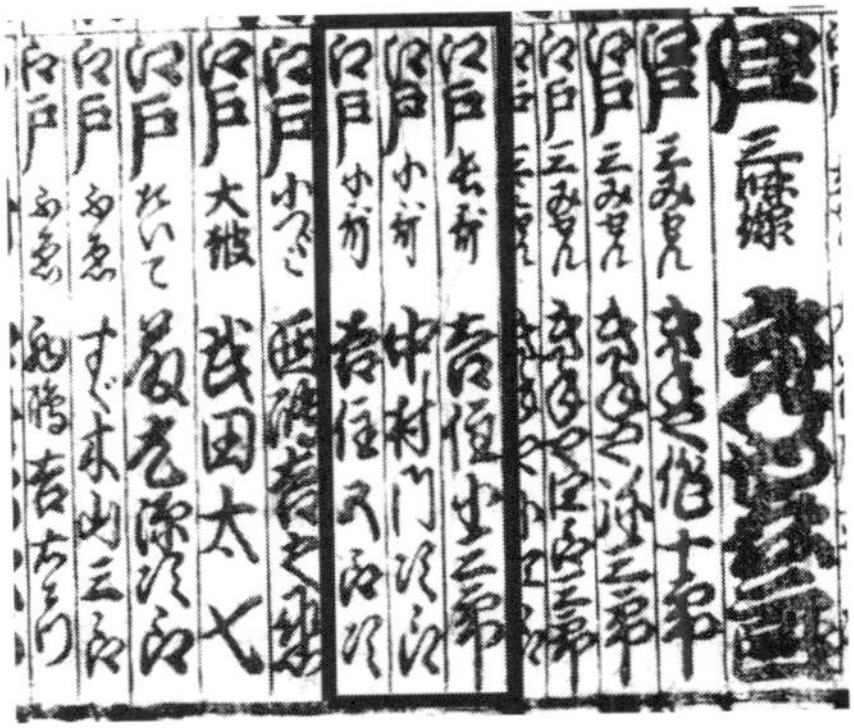

【図25】『中村座顔見世番付（寛延二年）』（部分）（早稲田大学演劇博物館蔵〔ロ22-00001-003〕）

「肩書」は役者の場合には若女形《わかおんながた》、立役《たちやく》、敵役《かたきやく》などの役柄、囃子方の場合には小歌、浄瑠璃、三味線、小鼓など歌や楽器の担当が記されます。享保期の少し前から、その肩書に長唄（長うた、長哥）の表記が現われるようになり、しばらくは、顔見世番付の唄方の肩書に、小歌と長唄が共存します。【図25】は寛延二（一七四九）年の中村座の顔見世番付の演奏者連名を一部拡大したものですが、三味線方に続いて、「江戸長哥」として吉住小三郎、「江戸小哥」として中村門次郎、吉住五郎次の名前が記されています。江戸では、宝暦《ほうれき》期（一七五一〜一七六四）になると長唄が定着するようですが、上方ではより遅くまで、顔見世番付に小歌の記載が残存し、長唄という呼称だけが使われるようになるのは文化文政《ぶんかぶんせい》期（一八〇四〜一八三〇）だといわれます。

また、享保十六（一七三一）年二月には、正本（詞章本）に初めて長唄（長うた、長歌）の表記が見られます。江戸中村座の『傾城福引名古屋《けいせいふくびきなごや》』で坂田兵四郎《さかたひょうしろう》（京から江戸へ下った唄方）が歌った『けいせいむけんのかね 歌の出は』（傾城無間の鐘 歌の出端）と、『むけんの鐘新だうせうし』（無間の鐘 新道成寺）です。『無間の鐘　新道成寺』の正本は、別板（別の板元）からも出ていて、そちらは坂田兵四郎の肩書を「小うた」としていることから、この頃には小歌と長唄の概念が定着していなかった様子が窺えます（音楽の実態としてそれらがどのようにどれくらい違っていたのか、あるいは違いがなかったのかは、時期によっても異なると考えられるが、現段階でははっきりしたことは言えない）。

さまざまな浄瑠璃

一方、浄瑠璃も盛んでした。市川團十郎家の『助六』では、二代目團十郎（一六八八～一七五八）が初演した『式例和曽我《しきれいやわらぎそが》』（一七一六）以降、一七一〇年代には江戸半太夫《えどはんだゆう》（?～一七四三）が**半太夫節《はんだゆうぶし》**を語っていました。一七三〇年代になると、半太夫の弟子、江戸太夫河東《えどたゆうかとう》（初代十寸見河東《ますみかとう》。一六八四～一七二五）の河東節《かとうぶし》を使うようになり、市川家の『助六』は現在でも河東節を使った演目として残っています。半太夫節もこの時点で途絶えたわけではなく、江戸後期まで歌舞伎の番付に現れます。また、享保年間に大薩摩主膳太夫《おおざつましゅぜんたゆう》（一六九五～一七五九）が歌舞伎専属となり、二代目と四代目の團十郎の舞台で大薩摩節《おおざつまぶし》を語りました。薩摩外記《さつまげき》の流れを汲む大薩摩節は、浄瑠璃に分類されるものですが、当初から三味線を長唄の三味線方が勤めるなど、常に長唄と近い関係を保ったまま展開しました。

上方で人気を呼んでいた都一中（一中節）も享保年間に江戸へ下り、その弟子が都路国太夫《みやこじくにたゆう》（?～一七四〇）と名乗って、享保五（一七二〇）年、江戸市村座に出演しました。国太夫はその後も二十年あまりにわたり、宮古路国太夫《みやこじくにたゆう》、宮古路豊後《ぶんご》と名前を変えながら（のちに受領《ずりょう》して豊後掾《ぶんごのじょう》）、京都、江戸、名古屋の各座に出演し、国太夫節《くにたゆうぶし》、宮古路節《みやこじぶし》、豊後節《ぶんごぶし》などと呼ばれて人気を博します。しかし、その絶大な人気ゆえか、あるいは浄瑠璃の内容や語り口が色っぽいものだったためか、幕府からたびたびの禁令に見舞われました。結局、宮古路豊後掾は京都へ帰ってその地で没するのですが、江戸に残った彼の弟子たちが後の歌舞伎に大きな影響を及ぼすこととなります。その筆頭が、延享《えんきょう》四（一七四七）年、江戸で産声をあげた常磐津節《ときわずぶし》です。これについては後ほど述べることにします。

人形浄瑠璃の歌舞伎化と義太夫節

ここで、義太夫節《ぎだゆうぶし》について触れておきたいと思います。義太夫節は、貞享《じょうきょう》元（一六八四）年、竹本義太夫《たけもとぎだゆう》（一六五一～一七一四）により、大坂で人形浄瑠璃のための音楽として創始されました。義太夫は他の浄瑠璃や他ジャンルの音楽を取り入れることで、それまでの浄瑠璃と一線を画した新しい浄瑠璃を語りました。さらに近松門左衛門《ちかまつもんざえもん》（一六五三～一七二四）から作品提供を得たこともあり、他を圧倒する人気を得、歌舞伎にも多大な影響を及ぼしました。宝永・正徳（一七〇四～一七一六）のころから、人形浄瑠璃の作品を歌舞伎に移して上演するようになり、舞踊の伴奏としても義太夫節が使われるようになったといわれます。

延享から寛延《かんえん》（一七四四～一七五一）にかけては、人形浄瑠璃が黄金時代の頂点を迎え、歌舞伎を凌駕する人気を集めました。三大名作と言われる『菅原伝授手習鑑《すがわらでんじゅてならいかがみ》』（延享三〔一七四六〕年）、『義《よし》経千本桜《つねせんぼんざくら》』（延享四〔一七四七〕年）、『仮名手本忠臣蔵《かなでほんちゅうしんぐら》』（寛延元〔一七四八〕年）が作られたのもこの時代です。人形浄瑠璃に観客を奪われがちだった歌舞伎の劇場は、競って人形浄瑠璃を歌舞伎化して上演し、義太夫節やそれに伴う演技術も取り入れるようになりました。例えば義太夫節に合わせて役者が身振りでみせる技法は、江戸では享保期（一七一六〜一七三六）から見られたといいます。このように、人形浄瑠璃を原作とし、義太夫節を用いて歌舞伎化された作品群は「義太夫《ぎだゆう》狂言《きょうげん》」と呼ばれ、歌舞伎の重要なレパートリーとなりました。「義太夫狂言」は、この頃から近代までの長い時間をかけ、再演を繰り返す中で作品ごとにさまざまな工夫が加えられて現在に至っています。

宝暦期〜長唄と浄瑠璃の隆盛

豊後系浄瑠璃の展開

宝暦期《ほうれきき》（一七五一〜一七六四）から明和《めいわ》（一七六四〜一七七二）・安永《あんえい》（一七七二〜一七八一）頃までの三十年間は「宝暦歌舞伎」と区分されます。この時代は、長唄、浄瑠璃ともに隆盛期を迎え、歌舞伎音楽にとってひとつの転換期として位置づけられています。

人形浄瑠璃は依然として大きな影響を歌舞伎に及ぼしていました。しかし宝暦期に入ると、歌舞伎は人形浄瑠璃の良いところを吸収しながらも、歌舞伎の独自性を獲得していきます。狂言作者の並木正三（一七三〇〜一七七三）が工夫したと言われる大型のセリや奈落（舞台や花道の地下の空間）で操作する大掛かりな廻り舞台など、舞台機構の発達が見られたこともあり、人形浄瑠璃にはない迫力のあるスペクタクル性を生み出しました。また、作品中に舞踊（所作事）の場面を入れて華やかさを増すことが慣例となりました。

歌舞伎作品の一場面として置かれた舞踊で活躍したのは、宮古路豊後掾の弟子たちによる浄瑠璃（豊後系浄瑠璃）でした。当時上方では薗八節《そのはちぶし》（宮薗節《みやぞのぶし》）が道行《みちゆき》物の音楽として人気を呼びましたが、その後の歌舞伎に大きな影響を及ぼしたのは、延享四（一七四七）年、江戸で常磐津文字太夫《ときわずもじたゆう》（一七〇九～一七八一）が起こした常磐津節です。常磐津節は舞踊に適した曲調でストーリー性のある舞踊曲を語り、天明《てんめい》期（一七八一～一七八九）にはいっそう重要な位置を占めるようになりました。また、常磐津節が成立した翌年には、一派が分かれて富本節《とみもとぶし》となり、常磐津節と同様に舞踊音楽として活躍します。富本節は、一時期は常磐津節をもしのぐ勢いだったと言われますが、幕末ごろに衰退し、現在は歌舞伎への出演は見られません。

長唄の洗練と多様化

他方、長唄の舞踊もひとつの頂点を迎えていました。宝暦三（一七五三）年には、江戸中村座で長唄舞踊《京鹿子娘道成寺《きょうがのこむすめどうじょうじ》》が上演されます。上方から下った中村富十郎によるこの舞踊は、今日なお、女形舞踊の最高峰と言われる名曲です。さらにこの時期には、役者から転向した富士田吉治（吉次）（一七一四～一七九一）が、《隈取安宅松《くまどりあたかのまつ》》など浄瑠璃を取り入れた長唄を語り、一時代を築きました。役者時代から浄瑠璃を語って評判をとっていた富士田吉治は、長唄にも自身が得意とした浄瑠璃を取り入れて、それまでの旋律重視の長唄にストーリー性をもたらして新しい風を吹き込みました。この浄瑠璃風の長唄は唄浄瑠璃《うたじょうるり》と呼ばれ、それまでは女形が主な担い手だった舞踊の分野に、立役の活躍をもたらしました。

天明・寛政期〜歌舞伎の繁栄と黒御簾音楽

純歌舞伎作品を生み出す作者たち

続く天明《てんめい》（一七八一〜一七八九）・寛政《かんせい》（一七八九〜一八〇一）は、歌舞伎がいっそうの充実を迎えた黄金期として捉えられています。『金門五三桐《きんもんごさんのきり》』、『五大力恋緘《ごだいりきこいのふうじめ》』などを書いた並木五瓶《なみきごへい》（一七四七〜一八〇八）、同時代および後世の作者に大きな影響を与え、《助六由縁江戸桜《すけろくゆかりのえどざくら》》の詞章を書いた金井三笑《かないさんしょう》（一七三一〜一七九七）、『御摂勧進帳《ごひいきかんじんちょう》』、《戻駕色相肩《もどりかごいろにあいかた》》などを残した初代桜田治助《さくらだじすけ》（一七三四〜一八〇六）ら、優れた作者が活躍し、人形浄瑠璃に依存しない歌舞伎独自の劇作が隆盛を迎えました。その中で、浄瑠璃舞踊の名作も次々と生まれ、常磐津や富本の太夫の人気も高まりました。踊る役者の後ろに浄瑠璃の演奏者を描いた浮世絵（「出語り図」と総称される）は、演奏者の人気を今に伝えてくれます。

歌舞伎にまつわる出版物

宝暦期(一七五一〜一七六四)からは、浮世絵以外にも、セリフや音曲の詞章を記した「正本《しょうほん》」や、現在では「劇書《げきしょ》」と総称されるような歌舞伎観客向けの書物が次々と出版されるようになります(詳しくは述べないが、歌舞伎はその初期から出版文化と強い結びつきを持って発展した)。劇書は、歌舞伎全般に関する概説書、役者名鑑など役者に関するもの、年代記の類などさまざまな書物の総称(狭義の劇書)で、幕内の伝書(一般に売り出されたものではなく、作者などの間で伝えられた覚書など)まで広く含める場合もあります(広義の劇書)。

劇書の中には古今の著名な演奏者に関する記述など、音楽に関する情報も見られるのですが、中でもこの時期の充実が窺われるのが、芝居において役者の演技や道具の転換に合わせて演奏される黒御簾音楽です。役者の登退場や劇中の所作には古くから音楽が使われていたようで、早くは宝永期(一七〇四〜一七一一)の出版物にも、今日の黒御簾音楽と共通する曲名が記されています。そういう意味では黒御簾音楽の歴史は古いわけですが、囃子方の覚書などから享保期(一七一六〜一七三六)頃から工夫が重ねられていた様子が窺われ、さらに寛政期になると黒御簾音楽について記す劇書の数も、そこに記された曲数も格段に増えてくるのです。黒御簾音楽が充実してきたことを表しているといえるでしょう。

黒御簾音楽の変遷

【図26】歌川豊国『寛政期河原崎座内部図　御曳花愛敬曾我』（国立劇場蔵）

【図27】上図の囲み部分拡大

また、寛政期には黒御簾音楽が舞台上手で演奏されていることが絵画資料から確認できます。【図26】【図27】は、寛政六（一七九四）年一月の河原崎座で上演された『御曳花愛敬曾我《ごひいきのはなあいきょうそが》』の舞台を描いたものですが、舞台上手に大太鼓や三味線、鼓の奏者を見ることができます。享保末期から宝暦期ごろからの舞台機構の発達に伴い、それまで主に使われていた舞台正面が手狭になって、次第に陰で演奏されるようになったものと考えられています。さらに時代が下

【図28】一陽斎歌川豊国『中村座内外の図』森屋治兵衛、文化十四年 国立国会図書館デジタルコレクション https://dl.ndl.go.jp/pid/1307611

【図29】上図の囲み部分拡大

ると、黒御簾は上手から現在の下手へ移るのですが、その時期については江戸では文化年間（一八〇四～一八一八）とも文政年間（一八一八～一八三〇）とも言われ、定着するのは明治時代になってからです（上方ではさらに時代が下る）。文化十四（一八一七）年の『中村座内外の図』【図28】【図29】では下手の黒御簾に大太鼓や三味線を確認できます。演奏場所の移動は、スペクタクル性が高まった演出の影響とも言われ、演出の充実とともに音楽も充実したことは想像に難くありません。

しかし、こうした華々しい発展の一方で、歌舞伎は興行にかかる費用の高騰や劇場の焼失と再建など、常に経営の困難にさらされていました。この時期、役者の出演料や衣裳などの諸費用はますます高騰し、劇場経営は困難な状況に置かれました。しかし、劇場が抱える問題は解決されぬまま、時代は文化文政期へと入っていきます。

文化文政期・幕末期～清元節の成立と変化舞踊の隆盛

文化文政期（一八〇四～一八三〇）は、江戸時代の中で最も爛熟《らんじゅく》したとされる化政文化が開花した時代です。歌舞伎も例外ではなく、いっそう豪華さを増しました。その一方でこの時代は、『東海道四谷怪談《とうかいどうよつやかいだん》』など、江戸の最下層の庶民を描いて現実を見つめた四世鶴屋南北《つるやなんぼく》（一七五五～一八二九）の作品がもてはやされ、写実への追求が強まった時代でもありました。

清元節の人気

文化十一（一八一四）年には、富本節から分派した清海太夫《きよみだゆう》が清元延寿太夫《きよもとえんじゅだゆう》（一七七七～一八二五）を名乗って清元節《きよもとぶし》を創始します。先に述べた常磐津節、富本節と、この清元節の三つはいずれも豊後節にその源流があることから、豊後系浄瑠璃と呼ばれます。躍動的な常磐津節に比べて、清元節は流麗でやわらかく、高音域の装飾的な語りが特徴です。新鮮味のあった清元節の人気は高く、また初代がその絶頂期に暗殺（犯人不明）されたこともあり、二代目の延寿太夫にも人気が集まりました。清元節は舞踊曲はもちろん、芝居の中で他所事浄瑠璃（95ページ参照）としても使われるようになり、歌舞伎に不可欠な音楽として現在に至っています。

大薩摩の長唄への吸収

また、享保年間に歌舞伎専属となった大薩摩節にも変化がありました。文政九（一八二六）年には、大薩摩の家元権が長唄三味線の四世杵屋三郎助（のちの十世六左衛門。一八〇〇〜一八五八）へと預けられます。明治元年には三世杵屋勘五郎（前名、十一世杵屋六左衛門。一八一五〜一八七七）に家元権が譲渡されて、名実ともに大薩摩は長唄に吸収されることになりました。大薩摩節は荒事と結びついていたことからも分かるように、勇壮、豪快な人物や場面の描写を得意とする浄瑠璃でした。長唄は、この浄瑠璃の語り口や旋律型（メロディーパターン）を取り入れることによって、また新たな世界を広げていきます。幕末から明治にかけて作曲された長唄には、大薩摩の旋律型がたくさん使われ、勇壮、豪壮な人物像やいかめしい雰囲気、やや改まった雰囲気などを描写するのに一役買っています。

変化舞踊と掛合

化政期（一八〇四〜一八三〇）から天保《てんぽう》期（一八三〇〜一八四四）にかけては、一人の役者が何役もの小品舞踊を踊り分け、全曲をあわせて一曲とする「変化舞踊《へんげぶよう》」が大流行しました。変化舞踊自体は古くからあったもので、その隆盛も天明期頃（一七八一〜一七八九）から見られたのですが、化政期から天保期にかけてはそれまでにないほどに流行し、舞踊もますます多様化しました。老若男女、神仏、動物などさまざまな役を踊り分け、より変化を見せることに眼目が置かれましたが、それは音楽においても同じでした。長唄、竹本（義太夫節）、常磐津、富本、清元、大薩摩、あるいはこの内の二種を合奏する「掛合《かけあい》」によって、音楽的にも変化をつけました。例えば天保二（一八三一）年に上演された《六歌仙容彩《ろっかせんすがたのいろどり》》では、六歌仙（和歌の名人とされた六人の歌人）のうち、小野小町を除く五人の男性を一人の役者が踊るものとして、次のように構成されました。

①僧正遍照《そうじょうへんじょう》：竹本（義太夫節）、②文屋康秀《ふんやのやすひで》：清元節、③在原業平《ありわらのなりひら》：長唄、④喜撰法師《きせんほうし》：長唄・清元掛合、⑤大伴黒主《おおとものくろぬし》：大薩摩節（長唄）。

さまざまな音楽ジャンルを駆使した小品舞踊をあわせて一曲とする変化舞踊は、それまでの歌舞伎音楽の妙を結集させたような存在でした。

歌舞伎の取り締まりと端唄

天保末年には天保の改革が推進され、財政の建て直しが図られました。贅沢華美の限りを尽くしていた歌舞伎は、天保十二（一八四一）年の火事をきっかけとして、江戸三座に浅草への移転を命じられます。七代目市川團十郎（当時は五代目海老蔵）が江戸払いになったことなどもあり、音楽関係者にも危機感があったようです。過去を振り返り、伝統を重んじる動きも見られるようになりました。

一方で新たな風も吹きました。江戸後期には端唄《はうた》の隆盛が見られ、それが歌舞伎音楽にも盛んに取り入れられました。端唄の歴史を紐解くと、天明三(一七八三)年から大坂では端唄の曲集が出版されるようになり、文政五(一八二二)年出版の『浮れ草《うかれぐさ》』には現在の端唄と共通する詞章が含まれています。端唄はこの頃から明治初年にかけて東西を問わず流行しました。端唄の発生から遅れること数十年、幕末になって、端唄と同種の歌をゆっくりと上品に仕上げたうた沢《ざわ》が起こりました。さらにやや遅れて、テンポの早いすっきりとした江戸風の小唄《こうた》(江戸初期の小歌とは別)が現れます。うた沢や小唄も、端唄と同様に歌舞伎音楽に取り入られて活躍しました。とくに端唄は幕末から明治にかけて君臨した歌舞伎作者、河竹黙阿弥《かわたけもくあみ》(一八一六〜一八九三)が好んで黒御簾音楽に用いたので、幕末から黒御簾音楽のレパートリーが爆発的に増えました。

近代・現代〜歌舞伎音楽の多様化

演劇改良運動と活歴
明治維新を迎えて社会のシステムが大きく変わる中、歌舞伎もその波に翻弄され、さまざまな変革を余儀なくされます。明治政府による通達により歌舞伎が身上としてきた虚構の世界は否定され、劇場に関わる何度かの法整備により、東京には江戸三座(と宮芝居)に代わって大小さまざまの劇場が林立する時代がやってきました。また、政治家や知識人を中心に歌舞伎の改革を訴えた演劇改良運動は、明治十九（一八八六）年に演劇改良会の発足を以てひとつの結実を示し、翌明治二十（一八八七）年には天覧歌舞伎（天皇による歌舞伎観劇）を実現させます。改良運動の急進派には、女形や花道の廃止などと並んで、竹本（義太夫節）の廃止を唱える人もいましたが、それらが実現を見ることはありませんでした。演劇改良運動は天覧歌舞伎以外に功績らしい功績はないとの評価もありますが、茶屋制度（劇場に付属した茶屋が席の手配や酒食を取り仕切る制度）や桝席《ますせき》といった慣習を変化させ、後で述べるように演出にも影響を与えたという点で、今日の私たちが見ている歌舞伎も「改良」された歌舞伎だといえるでしょう。

さて、改良運動の高まりと相まって、九代目市川團十郎（一八三八〜一九〇三）は時代考証に基づくリアルな歴史劇を好んで演じ、「**活歴**《かつれき》」と呼ばれました。團十郎は、音楽を使わずに役者のセリフだけを聞かせる工夫、肚芸《はらげい》と呼ばれる静的な心理表現など、演技面でも写実を追求しました。こうした演技術は、その後の新歌舞伎のみならず、現在の義太夫狂言にも大きな影響を与えています。しかし、活歴における音楽に頼らない演技も、作品の一部の見せ場に限定したものであり、他の場面では竹本（義太夫節）や黒御簾音楽を使っていることから、活歴によって歌舞伎音楽の変質が起こったとまでは言えないように思われます。

河竹黙阿弥の活躍

一方、團十郎のライバルと目されていた五代目尾上菊五郎（一八四四〜一九〇三）は、開化期の世相を再現した「散切物《ざんぎりもの》」をたくさん手掛けました。散切頭の人物、駅や列車、警察署などが登場する歌舞伎は、新時代を象徴する存在ではありますが、歌舞伎が常に新しいものを吸収し、時代の好みに反応してきたことを思えば、江戸時代から変わらぬ姿勢と見ることができるでしょう。ただ、音楽演出には時代の反映として明治期の俗曲が使われ、場面の設定に伴って汽車の発車を知らせるベルの音や汽笛、軍隊ラッパなども黒御簾音楽に加わるようになりました。場合によってはピアノやバイオリンまで使われることもあり（西洋楽器の使用は定着せず）、歌舞伎の音の世界は広がりました。

こうした散切物の多くを提供したのは、幕末から活躍する河竹黙阿弥でした。彼は活歴も散切物も、旧来の世話物も、舞踊曲も、あらゆる歌舞伎を手掛けました。世話物や散切物では端唄や小唄、うた沢を好んで使用し、他所事浄瑠璃も多用しました。また舞踊曲では、歌舞伎の高尚化に伴い、能や狂言を模倣した松羽目物《まつばめもの》（松羽目舞踊）の上演が盛んでした。すでに述べてきたように能楽囃子との結びつきは初期歌舞伎から見られますし、天保期（一八三〇〜一八四四）には《勧進帳》の上演もあったのですが、近代以降の松羽目物には詞章や囃子の点で能への規範意識が強く見られます（能楽囃子への規範意識は、戦後もなお強まる傾向が見てとれるという）。このように明治以降には新しい特徴がいくつか見られるものの、芝居には黒御簾音楽と竹本（義太夫節）、他所事浄瑠璃を用い、舞踊曲には長唄、常磐津節、清元節、竹本（義太夫節）を使うという基本は変わらず続きました（他所事浄瑠璃［あるいはそれに準ずる使い方］としては、清元以外にも、富本、新内、うた沢などの多様性が見られる)。

新歌舞伎、新作歌舞伎の時代へ

日本の近代化も熟し、また新時代を牽引した九代目團十郎と五代目菊五郎が明治三十六(一九〇三)年に相次いで亡くなったこともあり、明治後期にはそれまでの歌舞伎を「守るべき伝統」として認識する意識が高まりました。これにより歌舞伎の古典芸能化、音楽演出の定型化が進んでいく一方で、明治後期から昭和にかけては新しいタイプの「新歌舞伎」が上演されます。新歌舞伎とは、歌舞伎専業の作者(狂言作者)以外の文学者や劇作家による作品、特に明治三十年代から昭和前期(戦前期)までの作品に使われる用語です。明治後期からは坪内逍遥《つぼうちしょうよう》(一八五九～一九三五)、岡本綺堂《おかもときどう》(一八七二～一九三九)、真山青果《まやませいか》(一八七八～一九四八)をはじめとする数多くの劇作家が歌舞伎を手掛けました。それぞれ作風は異なりますが、真山青果の『元禄忠臣蔵』では、黒御簾音楽は効果音にとどめられ、音楽に頼らずに大量に紡ぎ出されるセリフの応酬が印象的です。

戦後の作品は、昭和のものから現代のものまでひっくるめて新作歌舞伎の呼称が用いられます。『江戸の夕映《ゆうばえ》』、『たぬき』など菊五郎劇団に多くの戯曲を提供した大佛次郎《おさらぎじろう》(一八九七～一九七三)、九代目市川海老蔵(後の十一代目團十郎)の主演で一世を風靡した『源氏物語』の脚色で知られる舟橋聖一《ふなはしせいいち》(一九〇四～一九七六)、『曽根崎心中』の脚色や『盲目物語』『吹雪峠《ふぶきとうげ》』を遺した宇野信夫《うののぶお》(一九〇四～一九九一)らによって新作が次々と生みだされ、歌舞伎は伝統芸能であると同時に新たな挑戦に貪欲な演劇であり続けました（『盲目物語』は戦後の作品ですが、新歌舞伎の系譜に属するものとして説明されることもある）。新作歌舞伎の音楽演出は、新歌舞伎と同じようにあまり音楽を使わないものもあれば、三島由紀夫の『鰯売恋曳網《いわしうりこいのひきあみ》』のように意図的に旧来の歌舞伎音楽を多用したものもあるなど、さまざまです。昭和末期から平成にかけては、三代目市川猿之助（のちの二代目市川猿翁。一九三九〜二〇二三）のスーパー歌舞伎で現代作曲家の長沢勝俊（一九二三〜二〇〇八）やフォークミュージシャンの加藤和彦（一九四七〜二〇〇九）が音楽を手掛け、その人気を支えました。十一代目市川海老蔵（現・市川團十郎）の『壽三升景清《ことほいでみますかげきよ》』（二〇一四年一月初演。新作歌舞伎ではなく古典の再構成作品）で津軽三味線が使われたように、もともとは歌舞伎には用いられない邦楽器を使うものや、『スーパー歌舞伎Ⅱワンピース』（二〇一五年十月初演）のゆずによる主題歌のようにJポップを用いるもの、「超歌舞伎」（二〇一六年四月初演。中村獅童・初音ミク）のようなボカロ曲（ボーカロイドによる曲）と邦楽器のコラボレーションなど、歌舞伎音楽はさらなる多様化を見せています。五代目中村勘九郎（のちの十八代目中村勘三郎。一九五五〜二〇一二）が中心となってスタートしたコクーン歌舞伎は、石野卓球や椎名林檎に楽曲を依頼した『三人吉三《さんにんきちさ》』（それぞれ二〇〇一年六月、二〇〇七年六月）、平田直樹のトランペットが響いた『天日坊《てんにちぼう》』（二〇一二年六月初演）など、意欲的な音楽演出が印象的です。歌舞伎音楽がどんな展開を見せていくのか、今後も注目されます。

第二部

歌舞伎音楽を聴く

第一章　音楽に特に注目したい七演目

一、勧進帳《かんじんちょう》

源義経、弁慶、富樫——三人の立場のぶつかり合いを描く長唄の名曲

登場人物（登場順）……富樫左衛門《とがしさえもん》、番卒（二人）、太刀持、源義経《みなもとのよしつね》、四天王（亀井六郎《かめいろくろう》、駿河次郎《するがじろう》、片岡八郎《かたおかはちろう》、常陸坊海尊《ひたちぼうかいそん》）、武蔵坊弁慶《むさしぼうべんけい》

音楽（楽器）…………長唄（唄・三味線）、鳴物（能管・小鼓・大鼓）、黒御簾音楽（鳴物）

作品について

成り立ち

《勧進帳》（口絵1ページ参照）は、歌舞伎十八番《かぶきじゅうはちばん》のひとつに数えられ、現在でも頻繁に上演される名作です。安宅《あたか》の関で武蔵坊弁慶が偽の勧進帳を読んで難を逃れたというエピソードは、義経主従の逃避行における一幕として古くから親しまれ、数々の歌舞伎作品に仕立てられてきました。《勧進帳》はその集大成と言ってもいいかもしれません。

《勧進帳》は、天保十一（一八四〇）年三月、江戸の河原崎座にて初演されました。作詞は三世並《なみ》

木五瓶《きごへい》、作曲は四世杵屋六三郎《きねやろくさぶろう》、初演の配役は五代目市川海老蔵（七代目團十郎。一七九一～一八五九）の武蔵坊弁慶、八代目市川團十郎（一八二三～一八五四）の源義経、二代目市川九蔵（のちの六代目團蔵。一八〇〇～一八七二）の富樫左衛門という顔ぶれです。この作品の初演が、初めて「歌舞伎十八番」と銘打って上演された記念碑的な作品となりました。また、能の《安宅《あたか》》を下敷きにして作られており、能になぞらえた舞台や衣裳を用いる「松羽目物《まつばめもの》」の嚆矢《こうし》ともされています。《勧進帳》の舞台正面には大きな松が描かれていますが、これは能舞台の鏡板《かがみいた》を真似《まね》たものです。正面の松の絵だけでなく、下手にある五色の揚幕《あげまく》や上手の臆病口《おくびょうぐち》（小さな出入り口）もすべて能を模しているのです。この「能を模した」というところに、この作品の大きな特徴があると言えるでしょう。

物語は能の《安宅》と同じく、義経一行が安宅の関を越える際の、関守との緊迫した攻防を描きます。しかし、歌舞伎の《勧進帳》では、関守の富樫左衛門が義経を本人だと気づきながら、弁慶の忠義への情を見せて通す、というところに、能《安宅》との大きな違いがあります。他にも、山伏問答《やまぶしもんどう》など歌舞伎ならではの見せ場が挿入されています。

一方、この作品が「歌舞伎十八番」に数えられる所以《ゆえん》としては「勧進帳」を読み上げる場面がポイントとなります。義経主従が奥州《おうしゅう》に落ち延びる途中、安宅の関で、弁慶が持っていないはずの勧進帳を読む場面というのは、能の《安宅》以外にも江戸時代以前からさまざまな芸能で演じられてきました。歌舞伎でも、この「勧進帳」のシーンが幾たびも脚色され、その際に弁慶を「荒事」で勤める伝統がありました。荒事の弁慶の系譜は、元禄十五（一七〇三）年の《星合十二段《ほしあいじゅうにだん》》（初代團十郎）に始まり、十一演目を数えると言われます。そのひとつの頂点として天保十一年の《勧進帳》があると考えるとわかりやすいでしょう。能の様式を模した《勧進帳》は、先に述べたように天保十一年が初演ですが、勧進帳を読み上げる弁慶は歌舞伎にはおなじみのキャラクターだったのです。

《勧進帳》は、天保十一年の初演時には今よりももう少し荒事味が強かったと考えられています。現在のような能趣味の強い演出は、九代目市川團十郎（一八三八〜一九〇三）の工夫によるところが大きいとされます。初演で弁慶を演じた七代目團十郎の五男にあたる九代目團十郎は、生涯で十九回も弁慶を演じ、演出に工夫を重ねました。明治二十（一八八七）年、初の天覧歌舞伎では七演目が上演されましたが、《勧進帳》の上演に関しては政府側から希望があったとも言われます。九代目團十郎による《勧進帳》の弁慶は、そのころすでに歌舞伎を代表する存在になっていたのでしょう。その九代目の弁慶像は、後世の弁慶役者たちに受け継がれて現在に至っています。

音楽のポイント

《勧進帳》で用いられる音楽は長唄。歌舞伎だけではなく、長唄の曲としても人気の高い曲で、演奏会などでも頻繁に演奏されます。三世並木五瓶による詞章は、能の詞章を要所々々に使いながら、歌舞伎独自の詞章も駆使して、義経一行が関所を越えるまでの緊迫したドラマをダイナミックに描き出し、かつ、富樫が義経一行に見せる情や、義経と弁慶との主従の情を繊細に表現します。四世杵屋六三郎による作曲も大変に優れたもので、能を下敷きにした荘重な作風の中に、いかにも長唄らしい明るさが散りばめられた、聴き応えのある一曲となっています。演奏会などで演奏する場合には、セリフ部分を省略することが本来であるため（近年は「問答入り」としてセリフを入れて演奏することも少なくない）、ストーリーとしては繋がらない形となってしまうのですが、それでも高い人気を誇るのは、作詞や作曲の素晴らしさが際立っているためでしょう。

「勧進帳」を題材とした楽曲は、これ以前にも数々存在します。徳川の世も安定した一七〇〇年代前期には、土佐節《とさぶし》や半太夫節《はんだゆうぶし》といった浄瑠璃が江戸で流行し、「安宅」や「勧進帳」と冠した浄瑠璃がいくつも作られました。現在でも伝承されている曲としては、文化年間（一八〇四～一八一八）に作曲されたと伝えられる一中節《いっちゅうぶし》の《安宅道行》と《安宅勧進帳》があります。ジャンルとしての一中節の成立は古く一七〇〇年以前に遡りますが、一七〇〇年代後半以降に歌舞伎からは離れ、座敷浄瑠璃として洗練されていきました。その座敷浄瑠璃として生まれたのが、この《安宅道行》と《安宅勧進帳》なのですが、これらの楽曲が長唄《勧進帳》の作曲にも影響を与えたとも言われます。《勧進帳》には一中節を取り入れた「一中ガカリ」、半太夫節を取り入れた「半太夫ガカリ」など、浄瑠璃の影響が見られ、聴きどころとされています。

順を追って見てみましょう

幕明〜義経、弁慶主従の登場まで

さて、ここから具体的に見ていきましょう。《勧進帳》では、幕が開く前から演奏される**〈片《かた》シャギリ〉**を味わいたいものです。〈片シャギリ〉は松羽目物や口上《こうじょう》などで幕明に使われる太鼓と笛（能管）による囃子で、格調高く、場を清める意味合いがあります。今日、《勧進帳》の上演には定式幕ではなく緞帳《どんちょう》が使われることが多いですが、幕が上がる前から演奏が始まり、**打ち上げる**と幕が上がります。いかにも松羽目物の幕明にふさわしい荘重な雰囲気があります。

幕が開くと笛（能管）が鳴って富樫が登場します。この能管の旋律を〈名乗り笛〉といいます。能ではワキ（主役であるシテの相手役）の登場と名乗りによって物語が始まることが多く、そこに使われる能楽囃子が〈名乗り笛〉です。《勧進帳》の富樫の登場に使われる〈名乗り笛〉は、この同名の能楽囃子に由来します。

富樫が源義経主従を捕らえよとの源頼朝からの命令により関守を務めている旨を述べると、〈次《し》第《だい》〉の囃子となります。能ではシテの登場に使われる謡や囃子を〈次第〉と言い、ここではそれを模しています。〈次第〉の囃子は能管と大鼓、小鼓で演奏するもので、「ヒー」という能管の高い音（ヒシギ）で始まる鳴物が印象的です。その後、いよいよ唄が始まります。唄い出しはワキ唄の独吟で、〽旅の衣は篠懸《すずかけ》の、旅の衣は篠懸の、露けき袖やしおるらん」。能の《安宅》に借りた詞章で、

「謡《うたい》ガカリ」と言われる能の謡を模した唄い方で唄うのが今の決まりです。「謡ガカリ」は三味線を入れずに、能の謡のように唄を聞かせる技法です。このように、《勧進帳》のはじまりは、能の様式に倣い、とても荘重な雰囲気で始まるのです。

　三味線が入って、〽時しも頃は如月《きさらぎ》の、如月の十日の夜」の部分は、やはり能から借りた詞章ですが、旋律は外記《げき》ガカリと言われる箇所です。外記節《げきぶし》は、十七世紀の終わりに江戸で流行った**古浄瑠璃**の一派で、荒事に使われて人気を博しましたが、外記節から派生した大薩摩節に取って代わられました。大薩摩と似て、勇壮な曲節が特徴です（そのため、この箇所は「大薩摩ガカリ」と説明されることもある）。ここは立《たて》唄が独吟、立三味線が独弾で、スケールの大きな演奏を聴かせるのが原則となっています。

　連吟（ツレ）となる〽月の都を立ち出《い》でて」からは雰囲気が変わって、歌舞伎らしくなります。それに続く華やかな〈寄せの合方〉は、本来は人物の登場に演奏されるもの。ただ、《勧進帳》の場合、ここでは義経主従は登場せず、次の唄まで待たなければなりません。そのためもあってか、〈寄せの合方〉はこれから義経主従が登場するぞというワクワク感に満ちています。

　〽これやこの、行くも帰るも別れては、知るも知らぬも逢坂《おうさか》の～」と再び唄が始まると、強力《ごうりき》（修験者、山伏などに従って荷物を背負う下男）に扮した義経が、山伏姿の弁慶と四天王を伴って登場します。〽これやこの」の詞章は、百人一首にもある蟬丸の有名な和歌を、つづく〽山隠す霞ぞ春は」の部分も古今和歌集所収の和歌を引いています。三味線は引き続き華やかな旋律を奏で、

〽これやこの」の唄も、高い音程で謳い上げるような旋律が実に心地よいものです。花道七三《しちさん》までできた義経が振り返って見上げる型を見せますが、ここの長唄の詞章が〽山隠す霞ぞ春はゆかしける」となっており、逃亡の旅の内にも春の景色を望む義経の雅が感じられるところです。全員がそろって前を向くところで、〽海津《かいづ》の浦に着きにけり」となって、この一行がいる場所が琵琶湖の北岸、海津であることが示されます。

能を模した手法で格調高く始まる幕明から富樫の出、そして華やかな義経主従の出まで、変化に富む旋律は《勧進帳》の最初の聴きどころです。

富樫と弁慶の対決

義経主従が本舞台にかかると、富樫と弁慶のセリフのやりとりがあり、弁慶は東大寺再建の勧進（寄付を募る）のために諸国をまわっていると説明しますが、山伏はこの関を通ることができない旨を富樫から告げられます。花道の義経主従のセリフの間も、本舞台での富樫と弁慶のやりとりの間も、大鼓や小鼓が鳴っています。〈ツヅケ〉や〈三ツ地〉といった能楽系の囃子を演奏しているのですが、よく聴いていると、この囃子が適度なリズムと緊張感を生み出していることがわかります。耳を傾けてみると面白いでしょう。通行を断られた弁慶たちは、「最期の勤め」として「ノット」をみせます。「ノット」とは「祝詞」と書き、能の《安宅》にもある場面で、弁慶を中心に四天王がそれを囲むように陣取り、祝詞をあげて祈るものです。「プ、ポ、プ、ポ」という小鼓の手と、「テンテンツンツン」という三味線が特徴的な〈ノットガカリ〉の旋律にのって、〽それ山伏といっぱ～」と唄が始まります。詞章の意味としては、山伏の謂《いわ》れを引きつつ、〽即神即仏《そくしんそくぶつ》の本体を、ここにて打ちとめ給《たま》わんこと～中略～熊野《ゆや》権現の御罰《ごばつ》あたらん」と、ここで自分たちを斬ると神仏の呪いがかかるであろうと、富樫たちに脅しをかけているのです。

　簡単に山伏たちを斬れなくなった富樫は、勧進帳を読むように指示し、〽もとより勧進帳のあらばこそ」と、弁慶はありもしない勧進帳を読んで聞かせることになります。〽もとより勧進帳のあらばこそ」から、〽高らかにこそ読み上げけれ」の部分も、立唄の独吟、立三味線の独弾で演奏する箇所で、大薩摩調になる部分です。先述したように、この勧進帳を読む場面こそが、市川家代々の名場面なのであり、本作が「歌舞伎十八番」に数えられる所以でもあります。なお、勧進帳の読み上げに続く「山伏問答」は能の《安宅》にはなく、初演当時人気があった講談ネタを取り入れたものとも言われます。この勧進帳の読み上げから弁慶と富樫の鬼気迫る山伏問答までが、前半の最大のクライマックス。この間、長唄は少し鳴りを潜めるので、役者のセリフの妙をたっぷりとご堪能いただきたいものです。

　その後、通行を許された義経主従が通り過ぎようとするところで、義経が呼び止められます。義経であることを悟られまいと、主である義経を金剛杖《こんごうづえ》で打擲《ちょうちゃく》する弁慶ですが、四天王は刀を抜き放とうと気負いたち、富樫側と一触即発の詰め合いとなります。見た目も非常に派手なところですが、〽方々《かたがた》は何故《なにゆえ》に」以下の長唄と、力強い三味線の旋律が剛の者どうしの対立を表しています。華やかな囃子にも注目してみてください。

必死に主君を守ろうとする弁慶の姿勢にほだされた富樫は通行を許します。ここで富樫の情を見せるところが、能にはない歌舞伎独自の演出であり、富樫の見せ場にもなっています。弁慶の忠義心に心打たれた富樫の情は、引込み直前の涙を呑むしぐさに集約されます。

義経と弁慶の絆

義経主従は関所を離れて、人目につかない山中に休息します。ここで聞こえてくるのは〈谺《こだま》の合方〉。「ツ、ツ、ツン」という三味線の静かな旋律とこだまを表す小鼓の音により、深山幽谷《しんざんゆうこく》を表しています。小鼓に注目してみると、二挺の鼓で「ポ、ポン」「ポ、ポン」と返答しあうように打っていることが分かります。三味線の合方は、セリフの間も演奏され、主従の静かなひとときを演出しています。

義経の弁慶を称える言葉に、弁慶が勿体《もったい》ないとひれ伏すところは、長唄が〽ついに泣かぬ弁慶も」、〽判官御手《ほうがんおんて》を取り給い」と独吟で唄う、唄の聞かせどころ。ここは「一中ガカリ」と呼ばれる旋律型で、一中節の旋律を取り入れているところです。一中節のしっとりとした悲しげな旋律を聴いてみましょう。〽鎧《よろい》にそいし」からは、平家追討で味わった苦労と栄光を語り、今の不幸を嘆く、弁慶の述懐となります。舞踊的な所作を見せるため、曲調もそれに合わせた拍節的なものになっています。

延年の舞～幕切

一行が立ちかかると、富樫に呼び止められ、酒宴となります。三味線の調子も二上りになって、少し明るくなり、〽実《げ》に〳〵これも心得たり」、〽あら恥ずかしの我が心」、〽人目の関のやるせなや」と、唄方が順に独吟をしっとりと聴かせる旋律が美しく響きます。この部分は、前半が説《せっ》教節《きょうぶし》を取り入れた旋律（説教ガカリ）、〽人目の関のやるせなや」の部分は半太夫節を取り入れた旋律（半太夫ガカリ）と言われ、先の一中ガカリに続く唄の聴かせどころです。ピンチを切り抜けた安堵感と酒に酔う心地よさとで、観客にとってもほっとする幸せな時が流れる場面。唄にじっくり耳を傾けてみましょう。

杯を受けた弁慶が、〽面白や山水《やまみず》に」と振り事（舞踊）を見せ（ここから再び本調子）、酔った様子を見せて、富樫に促される形で「延年《えんねん》の舞」となります。「延年」とは、中世寺院で行われた僧侶による芸能。ただ、ここは実際の「延年」のような振りを見せるのではなく、能の「男舞《おとこまい》」の様式を借りています。能の舞は通常三段（三部構成）から成りますが、歌舞伎の《勧進帳》は少し構成が異なります。弁慶の「万歳ましませ〳〵、　巌の上、亀は住むなり、ありうどんどう」のセリフから、初めは能管・小鼓・大鼓による囃子に乗せた舞となります。ここは能の舞のカカリ（導入部分）の手を演奏しています。続いて、「ツン、ツン」という低い音から始まる重々しい雰囲気の三味線に乗せて、ゆっくりと格調高く舞い始めます。ここは「達杯頭《たっぱいがしら》の舞」と呼ばれる部分。すると一気にテンポが速くなり、「チチチン　チチチン」と高い音域の三味線の合の手の演奏へと移ります。長唄はつづいて、〽もとより弁慶は三塔《さんとう》の遊僧《ゆうそう》」と、弁慶は若い頃に比叡山延暦寺の遊僧（芸能に秀でた僧）であったと歌います。「これなる山水の落ちて巌《いわお》に響くこそ」の部分は、一度目は弁慶のセリフで、二度目は長唄で聴かせて、〽鳴るは滝の水、鳴るは滝の水」から、再び先ほどのテンポの速い合の手を繰り返します。さらに速度が増し、三味線と囃子が軽快なリズムを刻む舞の後半は、本作品中最も華やかなところと言えるでしょう。二度目の合の手が済むと、〽鳴るは滝の水」から次の部分へと移るのですが、高麗屋《こうらいや》（松本幸四郎家）が弁慶を演じる時には、最後の〽鳴るは滝の水」のあとに〈滝流し〉という華やかな三味線の旋律を入れることがあります。

〽日は照るとも」と舞い続けるかのように見せて、〽とく〳〵立てや」と義経と四天王を先に帰すと、〽笈《おい》をおっ取り肩にうち掛け」と弁慶も笈を背負います。そして、富樫に一礼をすると、〽虎の尾を踏み、毒蛇《どくじゃ》の口を逃れたる心地して」と、関所を離れて花道へと向かうのです。〽陸《む》奥《つ》の国へぞ下りける」で、弁慶は花道へ、富樫と番卒たちは本舞台にて弁慶を見送る形で見得。長唄の一曲としては、ここで終わりとなります。

しかし歌舞伎の場合、この後に最後の見せ場、弁慶が花道の引込みで見せる「飛《と》び六方《ろっぽう》」が加わります。六方で演奏されるのは、〈飛去《とびさ》り〉という太鼓と笛による囃子。その名のとおり、飛ぶように激しく、速く去っていくさまを表します。

《勧進帳》はまさに見どころ、聴きどころにあふれた一曲ですので、上演ごとに注目するところを選んで見てみるのもいいかもしれません。また、素の長唄としての演奏も、歌舞伎とはまた違った醍醐味があります。素の演奏の場合、セリフ部分を抜いて演奏すること、音程を高く調弦した三味線による「上調子《うわぢょうし》」を入れて演奏すること、「滝流し」が入ることが通常です。歌舞伎とはまた違った華やさがありますので、比べてみるのも面白いでしょう。

〔参考映像〕平成十（一九九八）年二月歌舞伎座公演　弁慶＝十二代目市川團十郎、富樫＝五代目中村富十郎、義経七代目尾上菊五郎ほか（DVD『歌舞伎名作撰 勧進帳』松竹株式会社／NHKソフトウェア、二〇〇四年）

詞章　長唄《勧進帳》

〈名乗り笛〉

〈次第〉〔謡ガカリ〕〽旅の衣は篠懸《すずかけ》の、旅の衣は篠懸の、露けき袖やしおるらん

本調子〔大薩摩・独吟・独弾〕〽時しも頃は如月《きさらぎ》の、如月の十日の夜

〽月の都を立ち出でて〈寄せの合方〉

〈義経主従登場〉〽これやこの、行くも帰るも別れては、知るも知らぬも逢坂の山隠す霞ぞ春はゆかしける。浪路はるかに行く船の、海津《かいづ》の浦に着きにけり

〽いざ通らんと旅衣、関のこなたに立ちかかる

〈ノット〉〽それ山伏といっぱ、役《えん》の優婆塞《うばそく》の行儀《ぎょうぎ》を受け、即心即仏《そくしんそくぶつ》の本体を、ここにて打ちとめ給

わんこと、明王《みょうおう》の照覧《しょうらん》はかり難《がと》う、熊野《ゆや》権現の御罰《ごばつ》あたらん事、立ちどころにおいて疑いあるべからず、唵阿毘羅吽欠《おんあびらうんけん》と、数珠さら〳〵と押し揉《おも》んだり
〔独吟・独弾〕〽もとより勧進帳のあらばこそ、笈《おい》の内より往来の巻物一巻《いちかん》取り出《い》だし、勧進帳と名付けつつ、高らかにこそ読み上げけれ（勧進帳読み上げ）
〽天も響けと読み上げたり
（山伏問答）
〽感心してぞ見えにける
〽士卒《しそつ》が運ぶ広台《ひろだい》に、白綾袴一《しらあやばかまひと》重ね　加賀絹《かがぎぬ》あまた取り揃え、御前《ごぜん》へこそは直しけれ
〔独吟・独弾〕〽こは嬉しやと山伏も
〽しず〳〵立って歩まれけり
〽すわや我が君怪《あや》しむるは、一期《いちご》の浮沈《ふちん》ここなりと、各々あとへ立ち帰る
〽金剛杖をおっ取つて、さん〴〵に打擲《ちょうちゃく》す
〔独吟・独弾〕〽通れとこそは罵りぬ
〽方々《かたがた》は何故《なにゆえ》に、かほど賤《いや》しき強力に、太刀かたなを抜き給うは、目だれ顔の振舞、臆病の至りかと、皆山伏は打刀《うちかたな》抜きかけて、勇みかかれる有様は、いかなる天魔鬼神も、恐れつびょうぞ見えにける
〔富樫引っ込み〕〽士卒を引き連れ関守は、門の内へぞ入りにける
〈谺の合方〉〔一中ガカリ・独吟〕〽ついに泣かぬ弁慶も、一期の涙ぞ殊勝なる

〔独吟〕〽判官御手《ほうがんおんて》を取り給い
〽鎧《よろい》にそいし袖枕、かたしく暇も波の上、ある時は船にうかび、風波に身を任せ、またある時は山《さん》脊《せき》の、馬蹄《ばてい》も見えぬ雪の中に、海少しあり夕浪の、立ちくる音や須磨明石、とかく三年《みとせ》の程もなく〳〵いたわしやと、しおれかかりし鬼薊《おにあざみ》、霜に露置くばかりなり（弁慶所作）
〔独吟〕〽互いに袖をひきつれて、いざさせ給えの折柄に
二上り　〔説教ガカリ〕〽実《げ》に〳〵これも心得たり。人の情《なさけ》の盃を、受けて心をとどむとかや
〽今は昔の語り草、あら恥ずかしの我が心、一度まみえし女さえ、迷いの道の関越えて、いま又ここに越えかぬる
〔半太夫ガカリ〕〽人目の関のやるせなや、ア、悟られぬこそ浮世なれ
〽面白や山水《やまみず》に〳〵、盃を浮かべては、流《みず》にひかるる曲水の、手まずさえぎる袖ふれて、いざや舞を舞おうよ
〈延年の舞〉〽もとより弁慶は、三塔《さんとう》の遊僧《ゆうそう》、舞延年《まいえんねん》の時のわか
〽これなる山水の、落ちて巌《いわお》に響くこそ。鳴るは滝の水、鳴るは滝の水〈滝流し〉
〽鳴るは滝の水
〔義経主従入り〕〽日は照るとも、絶えずとうたり、とく〳〵立てや手束弓《たつかゆみ》の、心許すな関守の人々。いとま申してさらばよとて、笈をおっ取り肩にうち掛け
〔弁慶花道へ〕〽虎《とら》の尾を踏み、毒蛇《どくじゃ》の口を逃れたる心地して、陸奥《むつ》の国へぞ下りける

二、寺子屋《てらこや》

重厚なドラマを支える竹本の技を味わう

主な登場人物（登場順）……涎《よだれ》くり、菅秀才《かんしゅうさい》、武部源蔵《たけべげんぞう》、源蔵女房戸浪《となみ》、小太郎《こたろう》、春藤玄蕃《しゅんどうげんば》、松王丸《まつおうまる》、松王女房千代《ちよ》、園生《そのう》の前
＊源蔵戻りからの上演時

音楽（楽器）……………義太夫節（竹本）（浄瑠璃・三味線）、黒御簾音楽（唄・三味線・鳴物）

本項の執筆にあたり、竹本葵太夫師に多くをご教示いただきました。ここに厚く御礼申し上げます。

作品について

成り立ち

『寺子屋』は『菅原伝授手習鑑《すがわらでんじゅてならいかがみ》』の一場面です。通し狂言の一部として上演されることも、『寺子屋』のみ独立して上演されることもあります。いずれにしても、よく上演される人気演目です。

『菅原伝授手習鑑』は、延享三（一七四六）年八月、大坂竹本座で人形浄瑠璃として初演されました。竹田出雲《いずも》・並木千柳《せんりゅう》・三好松洛《しょうらく》・竹田小出雲による合作《がっさく》で、『義経千本桜《よしつねせんぼんざくら》』、『仮名手本忠臣蔵《かなでほんちゅうしんぐら》』と並んで人形浄瑠璃の三大名作と言われます。興行は初演から大成功。八ヶ月のロングランになったと記録されています。すぐに歌舞伎にも移され、京都では翌月九月に、江戸でも翌年の五月には歌舞伎化されて上演されました。人形浄瑠璃の作品を取り入れて歌舞伎化した作品群を

『菅原伝授手習鑑』「寺子屋の場」松王丸＝十七代目中村勘三郎　武部源蔵＝十七代目市村羽左衛門　昭和 56（1981）年 12 月・国立劇場（国立劇場蔵）

「義太夫狂言」と呼びますが、本作品は義太夫狂言の中でも有数の名作です。そして、その中でも一番よく上演される場面が『寺子屋』なのです。

物語の概要

物語は、平安時代の貴族、菅原道真《みちざね》（菅《かん》丞相《しょうじょう》）と藤原時平《しへい》との政争を軸に、別々の主君に仕える三つ子の兄弟（松王丸・梅王丸・桜丸）ら、菅丞相を取り巻く人々の生きざまを描くものです。全体は五つの段で構成され、全段で三組の親子の別れを描きます。二段目の『道明寺《どうみょうじ》』では太宰府に流罪となる菅丞相とその養女苅屋姫《かりやひめ》の生き別れを、三段目の『賀の祝』では切腹して死んでいく桜丸と父白太夫《しらたゆう》との永遠の別れを、四段目の『寺子屋』では松王丸が首となった我が子小太郎と対面するという別れを描きます。

この中で、『寺子屋』は四段目の切《きり》という重要な場面に位置します。ドラマを動かすのは、二組の夫婦。息子を身代わりに差し出す松王丸夫婦と、主君のためとはいえ他人の子を殺す源蔵夫婦です。対峙する立場の二組の夫婦、それぞれの葛藤と悲しみがドラマを生みます。

音楽のポイント

『寺子屋』のような義太夫狂言では、竹本（義太夫節）が音楽演出の芯となり、役者とともにドラマを作り上げます。『寺子屋』には、義太夫狂言の醍醐味を感じられるシーンがいくつもあります。例えば、首実検の場面、松王丸の二度目の出（登場）、千代の「クドキ」などです。とりわけこうしたシーンでは、竹本と役者の共同作業によって場面を盛り上げ、場面の状況や人物の感情を観客にダイレクトに伝えていることが感じられるでしょう。

また『寺子屋』の幕切では、菅秀才の身代わりとなって死んだ小太郎の野辺送りの場面で演奏される「いろは送り」が大きな聴きどころになっています。竹本（義太夫節）の美しい旋律が、『寺子屋』の悲劇的な結末をよりいっそう引き立たせ、一種のカタルシスを生むのです。

順を追って見てみましょう

幕明〜源蔵戻り

幕明は黒御簾の〈倭仮名文《やまとかなぶみ》〉または〈隣り柿の木〉の唄で始まります。〈倭仮名文〉は、長唄《手習子《てならいこ》》の一節、〽恋の仮名文」の部分の歌詞を変えたもので、最近はこちらを使うほうが多いようです。〈隣り柿の木〉は〈在郷唄《ざいごうた》〉と呼ばれる田舎の情景を表す黒御簾音楽のひとつで、『仮名手本忠臣蔵』の「六段目」の二人侍《ににんざむらい》の出などにも使われています。どちらも鄙《ひな》びた場面を形容する、のほほんとした雰囲気の曲で、後に起こる悲劇は想像できないような幕明です。

幕が開くと、竹本の語り出し。〽一字千金《いちじせんきん》二千金《にせんきん》、三千世界《さんぜんせかい》の宝ぞと、教える人に習う子の中に交わる菅秀才。武部源蔵夫婦の者、世話をかくとぞ見えにける」と、浄瑠璃の詞章を取り入れています。松王丸の女房千代が小太郎を連れてやってくる「寺入り」をカットして、「源蔵戻り」から上演する場合も、この冒頭の詞章は語ることになっています。「一字千金」とは『呂氏春秋《りょししゅんじゅう》』に基づく中国の故事で、筆跡や学問が非常に優れていることの例え。ここに学問の神と崇められ、『菅原伝授手習鑑』の初段で弟子の武部源蔵に筆法を伝授する菅原道真を詠み込んでいます。道真の一子菅秀才は、この寺子屋で武部源蔵とその妻戸浪に大事に匿《かくま》われています。

場面は、菅秀才、涎くりほか寺子たちが手習いをしているところ。年かさの涎くりが悪さを働いています。「寺入り」から見せる場合にはここへ、千代が一子小太郎と下男の三助を伴ってやってきます。千代が戸浪に小太郎を預けて帰っていく、つまり菅秀才の身代わりを置いていくという、重要な場面なのですが、カットされることの多い場面です。「寺入り」を省く場合、涎くりが悪さを働いて菅秀才に注意されているところへ源蔵が帰ってくることになります。「源蔵戻り」と呼ばれるこの場面は、次のような竹本で源蔵の出から始まります。

〽立ち帰る主《あるじ》の源蔵、常に変わりて色青ざめ

歌舞伎でも人形浄瑠璃でも、義太夫節の演奏において、人物の登場シーンはとても大切にされているところです。〽立ち帰る主の源蔵」という言葉には、単に「源蔵が帰ってきました」という情景の描写だけでなく、そのときの源蔵が抱えているすべての状況や感情がこめられていなくてはなりません。すなわち、命に代えても守らなければならない菅秀才を匿っていること、そのことを敵方に知られてしまい、寺子の誰かを菅秀才の身代わりに殺さなくてはならないだろうという暗い決意、その恐ろしい決意へと源蔵を突き動かす菅丞相への師恩。そうしたものすべてが、この〽立ち帰る主の源蔵」という一言にこめられているのです。観客の私たちも大切に聴きたい言葉です。源蔵の花道の歩みには、「カラ二《に》」（92ページ参照）という重々しい三味線の音が響いて、源蔵の重い足取りと重い胸の内を表現します。

身代わりにする子が思い当たらず、帰宅当初は機嫌が悪かった源蔵は、小太郎の顔を見るなり

機嫌が直ります。それを不審がって尋ねる戸浪に、小太郎を身代わりにする決意を話して聞かせます。ここは、黒御簾の囃子も竹本の語りも最小限にとどめて緊張感を出すところ。そして源蔵が子の母もろとも亡きものにする計画を打ち明けてからは、浄瑠璃の名文が際立ちます。セリフと竹本の語りとが一体となって緊迫感を盛り上げる手法を味わいましょう。セリフの細部や竹本との割り振りは上演によって多少の違いがありますが、次のような形が多いようです。

源蔵　「若君には代えられぬわえ」
　　　〽と言うに、胸据《むねす》え
戸浪　「そうでござんす。気弱《きよ》おうては仕損《しそん》ぜん。鬼になって」
　　　〽互いに顔を見合わせて
源蔵　「弟子子《でしこ》と言えば我が子も同然」
戸浪　「今日に限って寺入りした、あの子が業《ごう》か、母御《ははご》の因果か」
源蔵　「報いはこちが火の車」
戸浪　「おっつけ回って来ましょうわいな」
　　　〽妻が嘆けば夫も目をすり、せまじきものは宮仕えと、共に涙にくれいたる

「せまじきものは宮仕え」は有名な一言で、源蔵が「せまじきものは宮仕えじゃなあ」とセリフで

言うこともあります。

寺子改め〜首実検

この後、花道から春藤玄蕃、松王丸の乗った駕籠《かご》、寺子の親たちが登場します。ここも人物の登場シーン。玄蕃は藤原時平の威勢を借りて弱い者に威張り散らす人間ですが、身分は高く、松王丸の上司に当たる人物です。そのため、ここの〽かかるところへ春藤玄蕃」という語りは、あまり薄っぺらくなってはならないと、竹本葵太夫師は語ります。太夫の声に注目してみましょう。竹本が、〽首見る役は松王丸。病苦を助くる駕籠乗り物」と語るように、松王丸は駕籠に乗ってやってきます。そして、寺子屋の子どもたちの顔を確認しようと、駕籠から出て姿を現します。〽駕籠より出《い》づるも刀を杖」という詞章は、ゆっくりと重厚に語られ、松王丸の人物像や彼の置かれた状況を表しているように感じられます。

このあと、「寺子改め」と言われる、松王丸と玄蕃が寺子の顔を一人一人チェックする場面となります。リズミカルな竹本に乗せて、寺子の親たちが子どもを呼ぶ微笑ましい場面です。

竹本　〽アッと答えて出てくるは、わんぱく顔に墨べったり。似ても似つかぬ雪と墨、これではないと許しやる。
〽爺《じ》さんなんじゃとはしごくで、出てくる子どもの頑是《がんぜ》なき。顔は丸顔木《き》みしり茄子《なすび》。詮議に及ばぬ、連れ失《う》しょうと、にらみつけられ、オヽ怖や。

このような七五調のリズミカルな語りを中心に構成される「寺子改め」は、演奏者にとっても唯一ホッとするワンシーンであるとのこと。涎くりと父親の滑稽なやりとりも見られますので、ここはしばしリラックスして、語りと三味線のリズムを充分に感じてみましょう。

「寺子改め」が終わると、いよいよ「首実検」。松王丸と玄蕃が家の内へ入り、源蔵は松王丸に催促される形で首を打つために奥へ入ります。松王丸は、戸浪に机の数を問うなどして、我が子小太郎が寺入りしているか（計画どおり身代わりになれるか）を確認する周到さを見せますが、さすがに我が子の首が打たれる瞬間は動揺を隠せません。その状況を描写するのは竹本の役割です。

竹本　〽玄蕃もろとも突っ立ちあがる。こなたは手詰め命の瀬戸際。奥にはばったり首打つ音。
はっと女房胸を抱き、踏ん込む足も消し飛《と》む内《うち》。

「〽玄蕃もろとも～」と、松王丸と玄蕃が立ち上がって奥へ入ろうとすると、奥でバッタリと首を打つ音がします（ツケがバタッと打たれます）。松王丸は足から崩れるようによろめき、「〽はっと女房胸を抱き」と戸浪もうろたえて奥へと立ち上がります。「〽踏ん込む足も」で、戸浪が松王丸とぶつかってしまい、松王丸が「無礼者め！」と叱りつける見得となります（この演出は文楽にはない、歌舞伎の入れ事）。〽消し飛む内」の「消し飛む」とは「けつまづく」の意味です。このように詞章の内容は舞台の状況を描写するものなのですが、そこに松王丸と戸浪の心情を詠み込み、役者と息を合わせて緊迫した状況を作り出すのが、竹本の役割と言えます。

〽武部源蔵、一間《ひとま》より、首桶《くびおけ》携えしずしず出《い》で」と、源蔵が首桶を抱えて戻ってくると、「実検せよ」の源蔵の言葉を合図に首実検となります。

竹本　〽という一言も命がけ。後は捕手《とりて》、向こうは曲者《くせもの》。玄蕃は始終まなこを配り、ここぞ絶体絶命と思う内、早《は》や首桶引き寄せ、蓋《ふた》引き明けた首は小太郎。偽《にせ》というたら一討《ひとう》ちと、早や抜きかける戸浪は祈願。天道《てんとう》さま仏神《ぶつじん》さま、憐れみ給えと女の念力。眼力《がんりき》光らす松王が、ためつすがめつ窺い見て。

首実検の様子はこのように語られますが、ここの詞章の内容が役者の動きと必ずしも合致していないのが歌舞伎の竹本の不思議なところです。「蓋引き明けた」という詞章がありますが、実際に松王丸が首桶の蓋を開けるのは、終盤の〽眼力光らす」よりも後。ここの竹本は、松王丸、源蔵、玄蕃、戸浪、四人それぞれの思惑を浮かび上がらせ、そこに生まれる緊迫感を高めるのに一役買っていると言えるでしょう。松王丸は小太郎の首を菅秀才と認めると、暇《いとま》を乞うて去り、玄蕃は首桶を持って花道を入ります。玄蕃の入りには黒御簾の大太鼓による〈時《とき》の太鼓〉。

松王二度目の出～野辺送り

菅秀才の命を守り抜いた源蔵夫婦がほっとする間もなく、千代が小太郎を迎えにやってきます。源蔵が千代に斬りつけ、続いて松王丸が出て（二度目の出）、源蔵が松王丸にも斬りつけるところまで、竹本が状況を語ります。特に、松王丸が源蔵を制するところは、竹本が大いに活躍します。

竹本　〽夢か現《うつつ》か夫婦かと、あきれて言葉もなかりしが

〽あきれて」で松王丸が刀で源蔵を遮りながら通り、刀を置いて敵意のないところを見せ、〽言葉も」で刀を指さして源蔵と顔を見合わせ、〽なかりしが」で、座った松王と、抜き身を構えた源蔵が向き合います（役者による違いあり）。この一連の動きは、「オロシ」と呼ばれる勇壮な旋律を奏でる竹本に乗せて二人の気持ちがぶつかり合う、義太夫狂言らしい迫力のあるところです。

源蔵夫婦に、松王丸が小太郎を身代わりにと差し向けたいきさつを語り、千代も寺入りの時を思い出して嘆きます。竹本の〽言うに女房なお咳《せ》き上げ」から、千代の「クドキ」となります。

千代　「（草葉の陰で小太郎が、聞いて嬉しゅう思いましょう。）持つべきものは子なりとはあの子が為には良い手向《たむ》け。思えば最前《さいぜん》別れたとき、いつにない後追《あとお》うたを叱った時のその悲しさ。冥途《めいど》の

旅へ寺入りと、はや虫が知らせたか。隣村《となりむら》へ行くというて、道までいんでみたれども、子を殺させにおこしておいて、どうまあ内へいなるるものぞいなあ。死顔《しにがお》なりとも今《ま》一度見たさに、モシ（コレ）

〽未練と笑うて下さんすな。包みし祝儀はあの子の香典。四十九日の蒸し物まで、持って寺入りさすという、悲しいことが世にあろうか。

千代「生まれも育ちも卑しくば、殺す心もあるまいに」

〽死ぬる子はみめよしと、美しゅう生まれたが、かわいやその身の不幸せ

千代「なんの因果で疱瘡《ほうそう》まで」

〽しもうたことじゃと咳き上げて、かっぱと伏して泣きければ。

このように、竹本が語る部分も内容的には千代のセリフになっていて、千代は太夫と一緒に泣き、袱紗《ふくさ》を噛みしめて涙をこらえ、または経帷子《きょうかたびら》を息子のように抱きしめて、悲しみを表します。また、千代がセリフで言う部分にも三味線が入って、音楽的に感情の高まりを演出しています。例えば、「その悲しさ」、「どうまあ内へいなるるものぞ」など、千代が泣くところでは三味線が「泣きの手」を演奏します。「クドキ」は、義太夫狂言において竹本が最も活躍する場面のひとつ。千代を演じる役者にとって最大の見せ場にもなりますので、じっくりと味わいたい場面です。

松王丸は源蔵夫妻の前で嘆く千代をたしなめますが、息子を失った悲しみは千代と変わりませ

ん。菅秀才の身代わりとして斬られる小太郎がにっこりと笑ったと、源蔵から聞いた松王丸は、小太郎を褒めては泣き、そして笑います。さらには、子どものおかげで自分は菅丞相に恩を返せたが、恩を返せずに先立った兄弟の桜丸を思い、「倅《せがれ》のことを思うにつけ、桜丸が不憫《ふびん》でござる」と号泣するのです。ここは我が子を身代わりに殺させる、という究極の決断をした松王丸が、堪えきれずに本心をさらけ出す場面です。なお、「源蔵殿、ごめん下され」という大泣きは、歌舞伎が独自に挿入した入れ事のセリフです。

続いて菅秀才が出て小太郎の死を嘆き、松王丸が匿っていた園生の前との母子の対面を果たすと、小太郎の野辺送りをすることとなります。

〽アイと返事のその内に、戸浪が心得抱いてくる死骸《しがい》を網代《あじろ》の乗り物へ、乗せて夫婦が上着をとれば、哀れや内より覚悟の用意。下に白無垢《しろむく》、麻裃《あさかみしも》。心を察して源蔵夫婦。

源蔵「野辺の送りに親の身で子を送る法はなし。われわれ夫婦が代わり申さん」

〽と立ち寄れば松王丸

松王丸「ああイヤ、これは我が子にあらず。菅秀才の御亡骸《おんなきがら》を御供《おんとも》申す。いずれもには門火門火《かどび》」

〽と門火を頼み、頼まるる。

松王夫婦は下に着ていた白装束姿となり、かねての覚悟をみせます。源蔵夫婦が、子供を先立たせた松王夫婦を思いやりますが、松王はあくまで菅秀才として弔うのだと答えるのでした。

竹本　〽御台《みだい》若君もろともに、しゃくりあげたる御涙《おんなみだ》。
〽冥途の旅へ寺入りの、師匠は弥陀仏《みだぶつ》、釈迦牟尼仏《しゃかむにぶつ》。
〽六道能化《ろくどうのうけ》の弟子になり、賽《さい》の河原で砂手本《すなでほん》。

三味線が哀愁漂う旋律を奏でると、菅丞相の御台所《みだいどころ》、園生の前と若君菅秀才も小太郎の死を惜しんで涙します。六道能化とは衆生《しゅじょう》（生けるもの）を救い導く地蔵菩薩のこと。「冥途へ旅立つことになった小太郎にとって、師匠は阿弥陀様やお釈迦様である。地蔵菩薩に導かれて、三途の川の河原で砂の上に文字を書いて手習いをするのだ」という意味になりましょうか。

「いろは送り」

そして、このあと、この詞章を受けて、「いろはにほへと　ちりぬるを」の「いろは歌」を詠みこんだ「いろは送り」となります。竹本が、いろは歌と仏教的な詞章とが散りばめられた詞章を語って、小太郎の魂をなぐさめるところです。この「いろは送り」は、かつては登場人物がひとりずつ順繰りにセリフで言っていました（『熊谷陣屋』の幕切などのように）。「いろは送り」を原作どおりに竹本に語らせる演出を工夫したのは十一代目片岡仁左衛門《かたおかにざえもん》と伝えられます。戦後に原作を尊重する風潮が高まったこともあり、現在ではその演出が定着しています。

竹本　〽いろは書く子をあえなくも、散りぬる命、是非もなや。（合）
〽明日の夜誰《よたれ》か、添え乳《ち》せん。らむ憂《う》ゐ目みる親心。
〽剣《つるぎ》と死出の山け越え。あさきゆめみし心地して、跡は門火にゑひもせず。
〽京は故郷と立ち別れ、鳥辺野《とりべの》さして連れ帰る。

名文とされる美しい詞章と旋律ですが、内容は悲しくつらいものです。「いろは書く子」とはすなわち小太郎であり、幼い命を散らしたことを惜しみます。そして「明日は誰が添い寝をするのか」と案じ、「浅い夢を見ているような心地がする」と残された者の悲しみを描くのです。最後の「鳥辺野」とは京都近郊の葬送地があった場所。松王丸夫妻はこれから小太郎の亡骸を鳥辺野へ運ぶ、というやりきれない状況が語られ、『寺子屋』のドラマは幕を閉じます。この間、登場人物たちは順番に焼香をし、劇場内にも香の香りが立ち込めます。観客である私たちも自然と小太郎の死を悼む気持ちになるのには、この「いろは送り」が一役買っているのではないでしょうか。

〔参考〕平成十四（二〇〇二）年二月歌舞伎座公演　松王丸＝二代目中村吉右衛門、千代＝五代目坂東玉三郎、源蔵＝五代目中村富十郎、戸浪＝五代目中村松江（現・二代目魁春）ほか

三、十六夜清心《いざよいせいしん》（花街模様薊色縫《さともようあざみのいろぬい》）

男女の逢瀬を演出する清元の情感を聴く

登場人物（登場順）……十六夜《いざよい》、清心《せいしん》、恋塚求女《こいづかもとめ》、俳諧師白蓮《はくれん》実は盗賊大寺正兵衛《おおでらしょうべえ》、船頭三次《さんじ》
音楽（楽器）……清元節（浄瑠璃・三味線）、黒御簾音楽（唄・三味線・鳴物）

作品について

成り立ち

河竹黙阿弥《かわたけもくあみ》（当時、二世河竹新七《しんしち》）の手による『十六夜清心』は『小袖曽我薊色縫《こそでそがあざみのいろぬい》』の題名で、安政六（一八五九）年二月、江戸市村座で初演されました。清心を四代目市川小團次《いちかわこだんじ》、十六夜を三代目岩井粂三郎《いわいくめさぶろう》（のちの八代目半四郎《はんしろう》）が演じました。黙阿弥が得意とし、四代目小團次と組んで多くの名作を生んだ、幕末の**白浪物《しらなみもの》**（盗賊や悪党を主人公とした世話物）のひとつです。明治時代になって五代目尾上菊五郎が清心を受け継ぎ、それ以来、清心は美しい二枚目の僧として演じられるようになっています。

初演はお家騒動が絡む全六幕の複雑なストーリーで、八重垣紋三《やえがきもんぞう》という人物も主なキャラクターとして登場するものでしたが、のちに清心と十六夜に関わる部分のみを『花街模様薊色縫《さともようあざみのいろぬい》』

『小袖曽我薊色縫』　清心＝五代目坂東八十助（のちの十代目三津五郎）十六夜＝七代目中村芝雀（現・五代目雀右衛門）　平成11（1999）年4月・国立劇場（国立劇場蔵）

と題して上演するようになりました。ちなみに、初演に「曽我」とあるのは、初春《はつはる》（正月）狂言には「曽我の対面」の一幕を設ける慣わしに従《なら》って、本作にも対面のシーンがあったことに由来します。現在は『花街模様』を使うことが専らですが、平成十一（一九九九）年四月に国立劇場で、普段上演されない場面も含めて四幕八場で通し上演した際には『小袖曽我薊色縫』の題名を使っています。ともあれ、全幕通しで上演されたのは初演のみで、後世ではもっぱら清心と十六夜の物語として知られています。とりわけ、ここで取り上げる「稲瀬川百本杭《いなせがわひゃっぽんぐい》の場」・「川中白《かわなかしら》魚船《うおぶね》の場」・「百本杭川下《ひゃっぽんぐいかわしも》の場」の三場面を独立させて上演することが多く、通称『十六夜清心』として人気狂言のひとつとなっています。

物語の概要

第一場「稲瀬川百本杭の場」は、僧侶でありながら遊女の十六夜と馴染《なじ》んだ罪で寺を追放になった清心と、清心の子を身ごもって廓《くるわ》へ帰ることのできない十六夜が、二人で入水することを選ぶシーンです。この場面は、清元節を用いて二人の恋模様が切なく美しく描かれます。しかし、清心は第三場「百本杭川下の場」で心変わりをし、悪の道へと踏み出していくのです。善人であった清心が一瞬にして悪へと転落する様《さま》をスリリングに浮かび上がらせる黙阿弥の手腕は圧巻です。

なお、ここでは取り上げませんが、その後のストーリー、すなわち、清心が鬼薊《おにあざみ》清吉、十六夜がおさよと名乗って悪事に身を滅ぼしていく二幕目以下は、上演機会は少ないものの、序幕との対比が面白く、通し狂言としての魅力も備えています。

音楽のポイント

音楽から見た本作の眼目は、第一場「稲瀬川百本杭の場」で用いられる清元節《梅柳中宵月《うめやなぎなかもよいづき》》と、第三場「百本杭川下の場」で**ト書き浄瑠璃**として使われる竹本（義太夫節）です。

第一場の清元節《梅柳中宵月》は、十六夜が駆け出してくるところから二人が水に飛び込む（浅葱幕が落とされる）ところまで、この場面全体を彩ります。とりわけ、〽今更言うも愚痴ながら」から〽恨み嘆くぞ誠なる」は、十六夜を連れて上方へは行けないと言う清心をなじる十六夜のクドキとして有名なところです。また、後半の〽ほんに思へば十六夜は」も、二度目のクドキとも言われる名文であり、全体としてとても聴きどころの多い一曲となっています。その清元の名曲に乗せて、十六夜と清心のすれ違う心と、心中という悲しい決断によって二人の気持ちが一つとなっていく経緯を描いていくのです。

第三場「百本杭川下の場」では、黒御簾音楽と竹本（義太夫節）が活躍します。もちろん第一場、第二場でも黒御簾音楽は使われているのですが、第三場のような黒御簾音楽と竹本の組み合わせは、清元の使用と並んで黙阿弥が得意としたところですので、ご注目いただきたいものです。

順を追って見てみましょう

第一場「稲瀬川百本杭の場」

この場は、〈夕べ夢見た〉の唄に〈まごさ〉（篠笛《しのぶえ》、太鼓、桶胴《おけどう》、当《あた》り鉦《がね》による町家を表す賑やかな鳴物）の鳴物と川の音を表す〈水音〉をかぶせた黒御簾音楽で幕が開きます。多くの場合、最初に町人や中間《ちゅうげん》（武士などに仕え雑務に従事する者）が三人ほど出て、清元の演奏者と配役を紹介する「浄瑠璃触れ」が入ります。「浄瑠璃触れ《じょうるりぶれ》」とは、端役《はやく》の役者たちが出て、借金の証文のやりとりなどから、浄瑠璃の触書《ふれがき》を読むくだりとなるもので、「東西東西《とざいとうざい》」の掛け声をはさみながら、浄瑠璃の連名（演奏者）と役人替名《やくにんかえな》（配役）を読む、独特のスタイルです。浄瑠璃触れの役者たちが幕明と同じ鳴物で引込むと、〈水音〉を「ドンドン」と強く打ち止め（打上げ）、「チョンチョン」と柝《き》を入れます（「柝」については106ページ参照）。すると、上手の浪幕が開き、清元連中が並ぶ山台が現れる、という流れです。

清元の語り出しは、〽朧夜《おぼろよ》に星の影さえ二つ三《み》つ、四《よ》つか五つか鐘の音《ね》も……」と星の数と鐘の数をかけた詞章から始まります。この語り出しの部分は、全員で（ツレで）語ります。続けて〽廓を抜けし十六夜が」と、清元の合方に乗って十六夜が花道を駆け出してきます。花道で転ぶと、〈本釣鐘《ほんつりがね》〉。再び〈水音〉も聞こえます。十六夜は、清元の語りに乗せて花道での所作を見せた後、〽風に追われて来《きた》りける」で本舞台へとやってきます。花道の間の清元は、廓を抜けてきた十六夜が追っ手の来るのを恐れている様子を語っており、十六夜の「嬉しや今の人声は追っ手ではなかったそうな」というセリフにつながります。清元は、情景とともに十六夜の心情も語るのです。また、セリフの間は清元の三味線が合方を聴かせます。セリフと合わせて耳を澄ませてみたいところです。十六夜が歩き始めるとすぐに草履《ぞうり》の鼻緒が切れてしまいますが、ここで〈浪音《なみおと》〉が入り、〽梅見帰りの船の唄」と清元が独吟になります。続いて、鼻緒を直すところで聞こえてくるのが、その船の**騒ぎ唄**です。騒ぎ唄とは、遊里や酒の席で唄われる唄一般を指すものです。賑やかな囃子が入ることが多いですが、ここは清元なのでもう少ししっとりとした味わいを聴かせます。〽

忍ぶなら〱〔合〕闇の夜《よ》は置かしゃんせ〔合〕月に雲の障《さわ》りなく〔合〕辛気待宵《しんきまつよい》十六夜の〔合〕うちの首尾はエ、よいとの〱」。清元の独吟で歌われるこの騒ぎ唄は、聴かせどころのひとつとなっています。鼻緒をすげ替える十六夜も聞こえているようなしぐさを見せます。私たちも清元の美声をじっくりと聴いてみたいものです。

十六夜が再び鼻緒の切れた草履を持て余しているところへ、清心が現れます。背景に月が出て、〽見かわす月の顔と顔」でお互いに気がつきます。そして十六夜が清心を引き留めるところ、〽すがる袂《たもと》もほころびて……」では、十六夜の清心を想う一途で健気な気持ちがあふれ出ます。清心は十六夜と別れて上方へ行って修行をやり直そうとしますが、十六夜は一緒に連れて行ってくれと縋《すが》り付くのです。

〽ただ何事もこれまでは……」と、十六夜に廓へ帰って親孝行しろと諭《さと》す清心に、「そりゃ情けない、清心様」という十六夜のセリフからクドキとなります。クドキは、清心に対する十六夜の切なる恋心を語ったもの。〽今更言うも愚痴ながら、悟《さと》る御身《おんみ》に迷いしは〔合〕蓮《はす》の浮気や一寸《ちょっと》惚《ぼ》れ〔合〕浮いた心じゃござんせぬ」と、清元が十六夜の気持ちを語り、十六夜はそれを所作で表現します。小道具としての手拭《てぬぐ》いにも注目してみたいところです。〽かけて嬉しき袈裟衣《けさごろも》」では、手拭いを清心の肩にかけて袈裟に見立て、〽結びし縁《えん》の数珠の緒を」では、十六夜が手拭いを数珠に見立てて持ちます。〽たま〱逢うに切れよとは、仏姿《ほとけすがた》にありながら」のところでは、清心が手拭いを羂索《けんじゃく》（密教で衆生《しゅじょう》救済の象徴とされる、縄状のもの）のように持って仏像をかたどり、それを十六夜が下から見上げるような形。〽お前は鬼か、清心様」では手拭いで清心を打つようなしぐさを見せます。清心が僧侶であるところから、仏教になじみの深い詞章が並べられており、それでいて十六夜のひたむきな恋心が伝わる、黙阿弥らしい優れた作詞です。清元の詞章とリンクする役者の所作に注目して鑑賞したいところです。

十六夜は、切々と想いを伝えますが、清心が聞き入れないので、一人で入水しようとします。ここでも〈水音〉が不気味に響きます。川はいつもそこにあり、本当ならば水の音はずっと聞こえているはずですが、観客に「川」を意識してほしいときにのみ〈水音〉を使います。黒御簾音楽の巧みなところです。抱きとめる清心に十六夜は懐妊を告げ、ついに清心も心中を決意します。〽ほんに思えば十六夜は」から二度目のクドキと言われるところ。〽名よりも年は三つ増し」で十六夜は清心の指を折って自分の年を数え、〽我が身も同じ廿五《にじゅうご》の」で清心も自らの年を思い、〽花を見捨てて帰る雁《かり》」で二人が空を行く雁を見やる形で極まります。若くしてこの世を去ろうとする二人の哀れが描かれる場面です。〽頼むは弥陀《みだ》の御誓《おんちか》い」のところで〈一《ひと》つ鉦《がね》〉が「カンカンカン…」と鳴って、二人の心中を暗示します。〽なんまいだ〳〵」と、この世に別れを告げる身支度をする二人。この間、二人はずっと川を意識しているので〈水音〉が入っています。〽西へ向いて合す手も〔合〕凍る寒さの川淀《かわよど》へ、ざんぶと入るや水鳥の、浮名をあとに残しける」で、二人が互いの手を合わせて川を見込んだところで浅葱幕が落とされます。浅葱幕が落ちた後、〈ドン〉と大きく大太鼓が鳴って、二人が飛び込んだことを表します。

第二場 「川中白魚船の場」

舞台が廻ると、川を表す〈佃《つくだ》〉の合方が静かに聞こえ、舞台は俳諧師白蓮（実は盗賊、大寺正兵衛）が白魚《しらうお》釣りをする舟の場面になります。そこで十六夜が魚の網にひっかかり、白蓮と船頭の三次に助けられるのです。近年の上演では、なぜ身を投げたか、その理由を十六夜は語らず、適当にごまかす短いセリフに〈花の曇《くも》り〉という端唄《はうた》の合方が使われます。もともとは、苦界《くがい》（廓）が嫌になったから身を投げたのだと、十六夜が嘘《うそ》をつくセリフがあり、そのときは〈嘘と誠《まこと》〉という別の端唄の合方が使われていたといいます。今では嘘をつくセリフがカットされるので、〈花の曇り〉が使われるようになったというわけです。セリフの内容の変化によっても、使われる曲が変わることがあるのです。十六夜が、死んだはずの清心を思って川を覗くところで〈浪音〉。十六夜は清心に気後れしつつも、そのまま白蓮の世話になることになり、再び〈佃〉と大太鼓の〈浪音〉で舞台が回ります。

第三場「百本杭川下の場」

舞台は再び百本杭の場面。先に清心と十六夜が水に飛び込んだところよりも、少し下流のようです。〈浪音〉と竹本（義太夫節）の浄瑠璃で清心が水から上がってきます。下総《しもうさ》で生まれ育った清心は水に慣れ、自然と身体が浮いて死ぬことができないのです。この場の竹本は「ト書き浄瑠璃」

です。台本のいわゆるト書きにあたる部分を竹本が語るので、このように呼ばれます。清心が川から上がって水練に長《た》けているため死ねないというセリフを言うと、続けて竹本が〽恨めしそうに川の面、清心つくづく打ち眺め」と語る、といった具合です。清心は再び川に飛び込もうとしますが、船遊びの三味線の音が耳に入って死ぬことができません。ここでは上手から〈お互いに〉の端唄を独吟で聞かせます（黒御簾音楽の独吟については78ページ参照）。〽お互いに知れぬが花よ、世間の人に、知れりゃ互いの身のつまり、〽あくまでお前に情立てて、惚れたが無理かえ、しょんがいな、迷うたが無理かえ」という浮かれた歌詞が、このときの清心の境遇との好対照をなします。

清心が途方にくれるところへ、花道から若衆姿の求女がやってきます。十六夜の弟なのですが、清心は知る由もありません。求女の出は、竹本が〽春雨も身に降りかかる憂きことも、つゆ白張《しらは》りに散る滴《しずく》」と語るところに、釣鐘の音〈ゴン〉と〈雨音〉をかぶせます。〈雨音〉は他の自然現象と同じように大太鼓で演奏しますが、長撥《ながばち》でバラバラと雨の音を表現し、そのあとトントン……と雨が軒先から滴《した》り落ちる音をつけるのが特徴です。〈雨音〉は求女が傘を差しているのとリンクしています。花道で立ち止まった求女と本舞台にいる清心とが、**割り台詞**という方法でセリフを言います。「割り台詞」とは、二人の登場人物が別々の思いを交互に述べながら、最後には双方が共通の言葉を同時に言って締めくくるものです。よく似た名称に「**渡り台詞**」がありますが、渡り台詞は一連のセリフを二人以上の登場人物が順繰りに受け渡しながら言う手法を指します。

ここの「割り台詞」では、清心は死のうと思っているのに死ねない、求女は急いでいるのに思わぬ癪《しゃく》の痛みで遅れてしまった、というそれぞれに困っている状況を交互に独白し、最後は清心が「こりゃ、どうしたら」と言い、二人で「よかろうなぁ」と結びます。竹本の合方に乗せた七五調の割り台詞は、セリフを音楽的に聞かせる黙阿弥の真骨頂です。

本舞台へ来て、痛みに倒れこんだ求女を介抱する清心は、この若者が大金を持っていることに気づきますが、親切に介抱してやり、一度は別れます。しかし、十六夜が死んだと思っている清心は、十六夜の回向《えこう》のために金を借りようと思い直して、求女を再び連れ戻すのです。この間、清心の気持ちの揺らぎを竹本の浄瑠璃と〈水音〉が描写します。財布を巡って二人が立廻りになると、黒御簾では〈船は出て行く〉の唄入りを〈浪音〉も交えて賑やかに演奏します。〈船は出て行く〉は騒ぎ唄ですが、立廻りに使うことも珍しくはありません。ここでは、船遊びを楽しむ人がいる傍らで、一人の少年が命を絶たれようとしている悲劇を表しているようにも感じられます。

清心は殺すつもりではなかった求女を誤って殺してしまいます。清心が死んだ求女に詫びつつ、求女の小刀で腹を切ろうと覚悟を決めるあたりから〈梅が主《ぬし》なら〉の合方〈梅主合方《うめぬし》〉を使います。『三人吉三《さんにんきちさ》』のお嬢吉三の「月も朧に白魚の」のセリフにも使う合方です。なかなか死ねない清心が、覚悟を決めて足を踏み出し、刀を脇腹に構えたところへ、〈本釣鐘〉。いつの間にか雨が上がって月が出ています。清心はたちまちに心変わりして、「しかし待てよ」のセリフとなります。ここでは〈梅が主なら〉の合方をもう一度付き直して弾き出し、清心の心変わりを強調します。

竹本は、〽たちまち変わる清心が、これぞ悪事の鬼薊《おにあざみ》、話草《はなしぐさ》とぞ、〽なりにける」。悪へと転落した清心は求女の死骸を川へ突き落とし（ここで〈水音〉〈ドン〉）、その場を立ち去ろうとします。

そこへ再び雨が降ってきて〈雨音〉。月が出たり、雨が降ったり、目まぐるしく変化する天気が、この男の運命を定めているかのようです。求女の傘を持って去ろうとする清心の前に、船頭の三次と白蓮に伴われた十六夜が通りかかります。清心が三次の提灯《ちょうちん》を叩き落として真っ暗になるので、十六夜と清心はお互いに気づかず、世話だんまりとなります。ここでも〈ゴン〉を聞かせてから、〈君は春咲く〉の合方（〈淡島《あわしま》合方〉とも呼ぶ）に、〈狸囃子《たぬきばやし》〉と〈水音〉をかぶせます。互いに探り合う四人の動きを、「だんまり」として音楽が様式的に演出します。「だんまり」とは、暗闇の中で登場人物たちが互いに探り合う場面が様式化したものです。派手な扮装で独立した一幕としても上演される「時代だんまり」と、物語の一場面として演じられる「世話だんまり」があります。だんまりでは、暗闇の中で探り合いながら宝物などを取り合ったり、主な人物が落とし物をしてそれが後に証拠の品となったりすることが多い、というのも特徴です。ただ、『十六夜清心』の「世話だんまり」は、特に宝物や証拠の品などをやりとりするものではありません。暗闇で探り合ううちに清心一人が花道七三へ逃げ、礫を三次に投げつけるところで柝が入って、清心はそのまま花道を入っていきます。七代目尾上菊五郎はここにだんまりと同じ〈君は春咲く〉の合方を用います。同じ合方で引込むので、悪事に手を染めた清心の心情がそのまま引っぱられ、世話物らしい演出となります。十五代目片岡仁左衛門は〈船は出て行く〉を賑やかに入れ、華やかに引込む演出です。

この作品では、一時間半ほどの一幕三場の間に、黒御簾音楽、清元、竹本の三種類の音楽が活躍します。河竹黙阿弥の世話物に使われる清元としては、『天衣紛上野初花《くもにまごううえののはつはな》』の三千歳《みちとせ》と直侍《なおざむらい》の逢瀬を演出する「大口寮の場」などの「他所事《よそごと》浄瑠璃」がよく知られます（95ページ参照）。他所事浄瑠璃は、隣家で浄瑠璃の稽古やお浚《さら》い会をやっているなどの設定で演奏されるものですので、『十六夜清心』の《梅柳中宵月》はそれにあたりません。《梅柳中宵月》は、位置づけとしては道行浄瑠璃に分類されるものです。道行浄瑠璃は登場人物の移動の様を浄瑠璃舞踊にしたものの総称で、たとえば相愛の男女が死出の旅路へ向かう心中場などもそのひとつです。この『十六夜清心』は普通は結末として描かれる心中場を序幕へ持ってきて、そこで死ねなかった二人の物語が展開していくところに独自性があります。

第三場では、竹本のト書き浄瑠璃を使って清心が悪の道に手を染める様を描写します。ト書き浄瑠璃もまた、黙阿弥が得意とした音楽演出です。義太夫節の特色を活かして愁嘆場で使われることも多いですが、この作品では清心の気持ちの変化を竹本がリアルに伝えます。黒御簾音楽はこうした個性のあふれる浄瑠璃たちと自然にマッチして、作品の情感を作り出します。多彩な音楽にも着目して鑑賞してみましょう。

〔参考〕昭和五十一（一九七六）年六月新橋演舞場公演　清心＝七代目尾上菊五郎、十六夜＝六代目坂東玉三郎、俳諧師白蓮（実は盗賊大寺正兵衛）＝片岡孝夫（現・十五代目仁左衛門）、恋塚求女＝五代目中村勘九郎（のちの十八代目勘三郎）ほか

詞章《梅柳中宵月》

〽朧夜《おぼろよ》に星の影さえ二つ三《み》つ、四《よ》つか〔合〕五つか鐘の音《ね》も〔合〕もしや我身の追っ手かと、胸に時《とき》うつ思いにて、

〽廓を抜けし十六夜が、落ちて行方《ゆくえ》も白魚《しらうお》の、船の篝《かがり》に網よりも、人目厭《いと》うてあと先に、心置く霜《しも》川端《かわばた》を、風に追われて来《き》りける。（セリフ）

〽暫し佇《たたず》む上手《うわて》より〔合〕梅見帰りの船の唄〔合〕〽忍ぶなら〳〵〔合〕闇の夜は置かしゃんせ〔合〕月に雲の障《さわ》りなく〔合〕辛気待宵《しんきまつよい》十六夜の〔合〕うちの首尾《しゅび》はエ、よいとの〳〵〔合〕

〽聞く辻占《つじうら》にいそ〳〵と、雲脚《くもあし》早き雨空も、思いがけなく吹き晴れて、見かわす月の顔と顔。（セリフ）

〽すがる袂《たもと》もほころびて、色香《いろか》こぼるる梅の花、流石《さすが》こなたも憎からで（セリフ）

〽ただ何事もこれまでは、夢と思うて清心は、今本心に立ち返り（セリフ）

〔クドキ〕〽今更言うも愚痴ながら、悟《さと》る御身《おんみ》に迷いしは〔合〕蓮《はす》の浮気や一寸惚《ちょっとぼ》れ〔合〕浮いた心じゃござんせぬ。弥陀《みだ》を誓いに冥府《あのよ》まで、かけて嬉しき袈裟衣《けさごろも》〔合〕結びし縁《えん》の数珠の緒《お》を〔合〕たま〳〵

逢うに切れよとは、仏姿《ほとけすがた》にありながら、お前は鬼か、清心様、聞こえぬわいのと取り縋《すが》り、恨み嘆くぞ誠なる。（セリフ）

〽岸より覗く青柳《あおやぎ》の、枝も枝垂《しだ》れて川の面《おも》、水に入《い》りなん風情なり。（セリフ）

〽既にこうよと見えければ、清心慌て抱《いだ》きとめ、（セリフ）

〽廓を抜けしそなたゆえ、捕らえられなばかどわかし（セリフ）

〽ほんに思えば十六夜は〔合〕名よりも年は三つ増し、丁度《ちょうど》十九の厄年に、我が身も同じ廿五《にじゅうご》の、この暁《あかつき》が別れとは、花を見捨てて帰る雁《かり》。それは常世《とこよ》の北の国、これは浄土の西の国、頼むは弥陀の御誓い。

〽なむまいだ〳〵　南無阿弥陀《なむあみだ》

〽これが此世の別れかと、互いに抱き月影も、またもや曇る雨もよい（セリフ）

〽西へ向いて合す手も〔合〕凍る寒さの川淀《かわよど》へ、ざんぶと入るや水鳥の、浮名をあとに残しける

四、関《せき》の扉《と》（積恋雪関扉《つもるこいゆきのせきのと》）

さまざまな表情を見せる常磐津節の大曲が描く、古風で幻想的な舞踊劇

登場人物（登場順）……関守関兵衛実は大伴黒主《おおとものくろぬし》、良峯少将宗貞《よしみねしょうしょうむねさだ》、小野小町姫《おののこまちひめ》、傾城墨染《けいせいすみぞめ》実は小町桜《こまちざくら》の精

音楽（楽器）…………常磐津節（浄瑠璃・三味線）、黒御簾音楽（唄・三味線・鳴物）

作品について

成り立ち

《積恋雪関扉》（通称《関の扉》）は、天明四（一七八四）年十一月、江戸の桐座《きりざ》で初演されました。初演の時には、顔見世《かおみせ》狂言『重重人重小町桜《じゅうにひとえこまちざくら》』の大切《おおぎり》浄瑠璃として上演されています。江戸時代、各座（劇場）は毎年十一月に、向こう一年間の契約を結んだ新しい座組（役者・各種スタッフ）を披露する顔見世興行《かおみせこうぎょう》を行っていました。「顔見世狂言」とは、この興行で上演された作品のことです。顔見世興行が行われる十一月は、歌舞伎にとって正月と並ぶ大切な月でありました。今でも十一月の公演を「顔見世」と呼んで豪華な座組で行うのは、この江戸時代の慣習の名残です。

江戸時代、顔見世狂言は華やかで壮大な作品が多く、中でもひときわ豪華だったのが大切《おおぎり》浄瑠璃でした。大切浄瑠璃とは、一日の長い物語の最後を飾る、浄瑠璃を使った舞踊劇のことです。

『積恋雪関扉』　関守関兵衛実は大伴黒主＝二代目中村吉右衛門　傾城墨染実は小町桜の精＝九代目中村福助　平成16（2004）年11月・歌舞伎座　©松竹㈱

江戸時代には、顔見世狂言の主人公は天下を狙う謀反人《むほんにん》であること、大切浄瑠璃には樹木や鳥獣の精霊《せいれい》が登場することなどが、約束事でした。《関の扉》は、顔見世狂言における大切浄瑠璃の約束事を存分に活かして作られていると言えるでしょう。

物語の概要

『重重人重小町桜』は、大伴黒主らが企てる謀反が、良峯宗貞・安貞《やすさだ》兄弟や小野篁《おののたかむら》の尽力や犠牲により見破られるという主筋に、宗貞と小町姫、安貞と墨染の恋物語を絡ませた平安王朝物です。しかし、初演の時から《関の扉》以外の部分は評判が悪く、この大切浄瑠璃が人気を支えたと伝えられます。その後も大切の《関の扉》のみ、上演が繰り返されています。

《関の扉》は、関守関兵衛実は大伴黒主が企てようとしている謀反を、良峯宗貞と恋人の小町姫、そして傾城墨染実は小町桜の精が暴露する場面を描いた舞踊劇です。初演時には、初代中村仲蔵が関守関兵衛実は大伴黒主を、二代目市川門之助が良峯宗貞を、三代目瀬川菊之丞が小町姫と傾城墨染実は小町桜の精の二役を演じました。関兵衛（黒主）の振り付けには初代仲蔵の振りが残されていると言われます。スケールが大きく古風なこの舞踊曲は、天明の歌舞伎を伝える貴重な作品なのです。

音楽のポイント

『重重人重小町桜』は初代瀬川如皐《じょこう》（小町と墨染を務めた瀬川菊之丞の兄）を立作者とする作品ですが、大切浄瑠璃《関の扉》の作詞は宝田寿来《じゅらい》（初代劇神仙《げきしんせん》）と知られています。作曲は初代鳥羽屋里長《とばやりちょう》とも二代目岸澤式佐《きしざわしきさ》とも、また二人の合作とも言われています。いずれも常磐津節に数々の名作を残す三味線方です。語りは、常磐津兼太夫《かねたゆう》（のちの二代目常磐津文字太夫《もじたゆう》）でした。この《関の扉》の成功には、三人の役者のみならず、作曲や演奏に関わった常磐津の人々の力が大きかったと言えるでしょう。

本作品は、登場人物の内の三人が六歌仙《ろっかせん》に数えられる人物、すなわち大伴黒主、良峯宗貞＝僧《そう》正遍照《じょうへんじょう》、小野小町であり、和歌を下敷きにしています。楽曲は上の巻と下の巻に分かれますが、特に上《じょう》の巻は、『古今和歌集』から多くのヒントを得、典雅で格調高い名曲と形容されます。また、小町桜の精墨染が登場する下《げ》の巻では、前半に洒落っ気に満ちた廓話があり、後半は幻想的で凄艶な世界が繰り広げられます。

順を追って見てみましょう

上の巻

能楽囃子の〈一声《いっせい》〉（能管）に大太鼓の〈雪音〉をかぶせて幕が開くと、舞台は浅葱幕がかかっていて、下手に常磐津連中《れんじゅう》。常磐津連中が座る山台には雪が描かれています。〈雪音〉を打ち上げると、浅葱幕のまま常磐津の「置《お》キ」となります。「置キ」とは、舞踊で登場人物が出てくる前に演奏を聴かせる部分。観客を舞踊の世界へといざないます。〽待ち得て今ぞ時に逢う　待ち得て今ぞ時に逢う　関路《せきじ》を指して急がん」の詞章は、能の《関寺小町《せきでらこまち》》〽待ち得て今ぞ秋に逢う　星の祭りに急がん」を使っていて、謡《うたい》の語り方を模した「謡ガカリ」で語られます。《関の扉》と《関寺小町》には物語のつながりはありませんが、「関」という共通のモチーフを借りたものでしょう。「待ち得て今ぞ時に逢う＝待っていた時が今こそ来た」という詞章は、黒主にとって謀反を起こす時が来たという意味でしょうか。あるいは宗貞や小町、墨染にとって、黒主の悪事を暴く時が来たという意味でしょうか。これから繰り広げられる物語に心が躍るところです。

格調高い「置キ」が済むと、**〈セリの合方〉**に再び〈雪音〉がかぶせられて、浅葱幕が振り落とされます。舞台は雪が降り積もる逢坂《おうさか》の関。雪景色の中、桜が花を咲かせています。かつては関兵衛が迫り上がってくる演出だったそうですが、現在では関兵衛は板付き（幕が開くと舞台に居ること）で切株に座ってうたたねをしています。〽昔々　昔話のその様《さま》に　しば〱似たる柴刈《しばかり》も」と、おとぎ話のようなのどかな歌詞になって、関兵衛が柴（薪）を束ね始めます。この部分、つまり黒主が墨染桜の下で切株に座ってうたたねをし、薪を束ねる冒頭は、『古今和歌集』「仮名序」で書かれた黒主についての形容、「そのさまいやし。いはば薪を負《お》へる山人《やまびと》の花の陰《かげ》にやすめるが如し」に拠るものです。以下、さまざまな和歌に因んだエピソードがちりばめられます。関兵衛が煙管《きせる》をもって見得を切るところは、〽五尺《ごしゃく》いよこの手拭　五尺手拭　中染めた　しょんがえ」という元禄期の流行唄《はやりうた》を使っています。元禄十七（一七〇四）年に出た『落葉集《らくようしゅう》』という歌謡集にも収められていますので、当時は流行ったものなのでしょう。

〽手慣れし琴を調べける」から落ち着いた曲調になりますが、上手の御簾内《みすうち》にいる宗貞が箏を奏しているという設定。〽恨めしや我が縁《えにし》」は、箏組歌《ことくみうた》《薄雪》の一節を使っています。三味線も箏を模したトレモロを奏で、小町姫が花道から登場するところでも箏らしい旋律を演奏しています。それを受けて、小町の「ハテしおらしい　調べの音色じゃなぁあ」のセリフとなるのです。鳴物は〈雪音〉と小鼓の〈谺《こだま》〉を使い、雪深い山の関所の風景を描写します。〽かゝる山路の関の扉に」から小町姫が花道での所作を見せ、〽関の扉近く歩み寄る」の〽歩み寄る」のあたりで、本舞台へと向かいます。宗貞と関兵衛が何気なく会話をしていますが、その間も〈雪音〉と小鼓の〈谺〉が聞こえています。

関所へやって来た小町姫は、関兵衛に関を通してくれるよう頼みます。〈谺〉はここでもセリフの間を縫って聞こえてきます。小町が手形を持っていないので一度は関兵衛に断られますが、宗貞の口添えで、「俺が尋ねることがあるが、それに一々答えてみるか」と問答となります。問答は、常磐津節になって〽一体そさまの風俗は」と関兵衛が美しい小町の一人旅を怪しむところから始まり、関兵衛が仏教の教えを問うのに小町が答えるやりとりに終わります。この問答は能の《卒塔婆《そとば》小町《こまち》》に拠るところがあるようです、関兵衛には面白い振りがついていて、「お公卿《くげ》さん方」で袖を使って公卿のように見せたり、「姥《うば》になるまで」でお婆さんが杖を突く様子を表したり。〽生野暮《きやぼ》薄鈍《うすどん》 情《じょう》なし苦《く》なしを見るようで」の箇所は、木(き)、矢(や)、棒(ぼ)、臼(うすを挽く)、鈍(戸をどんと叩く)、情(錠)といった具合に、音をジェスチャーで表現する当て振りが見られます。関兵衛の問いに小町が答えるところも、すべて常磐津が語って、役者は振りで見せます。リズミカルで親しみやすい旋律も聴いて楽しいところだと思います。

問答の末、小町が関所の内に招き入れられると、偶然にも恋人の宗貞と再会し、喜び合います。関兵衛の勧めで宗貞が恋の馴れ初めを語る〽その初恋は去年《こぞ》の秋〜」、続いて〽わたしもその時母上の」からは小町のクドキとなります。小町が宗貞への切ない想いを訴えるクドキは、小町の役者の見せどころであると同時に、常磐津の聴かせどころでもあります。

仲人役を買って出た関兵衛の懐から、勘合《かんごう》の印と割符《わりふ》が落ちます。《関の扉》では詳しくは語られませんが、これが関兵衛（黒主）の謀反の証拠となる品。関兵衛は慌てて勘合の印を宗貞から取り上げますが、割符は小町に取られてしまいます。関兵衛が「それ〳〵そっこでせい」とごまかすのを合図に、〽恋じゃあるものナ」から三人の手踊りとなります。とくに〽渡らばそうしてこうしてと」から〽ほんにえ」までは三人が同じ振りを見せる、総おどり。上の巻で一番華やかなところです。先のクドキが常磐津の太夫が独吟で順番に声を聴かせる箇所なのに対して、ここの手踊りは大部分が太夫全員で連れて語る華やかなところです。太夫がひとりずつゆったりと声を聴かせるクドキと、少しテンポが速くなってリズミカルに声を揃えて語る手踊りとの対照も楽しんでみましょう。

〽アアこれ〳〵　こりゃマァどうでござります　そのお嘆きを見まいため　今宵はつもる」は関兵衛のセリフですが、常磐津が「付台詞《つけぜりふ》」として語ります。「付台詞」は役者がセリフを言っている体で太夫がセリフ部分を語る手法。常磐津でよく使われる楽しい手法です。

関兵衛が引込むと、一羽の鷹が血文字の書かれた片袖を運んできて、宗貞と小町は宗貞の弟、安貞の死を知ります。さらに、血汐の片袖を庭石の上に落とすと、にわかに鶏の声が聞こえ（鶏笛〔38ページ参照〕）、宗貞が怪しんで石の下を探ると、鶏が描かれた「八声《やこえ》の鏡」が見つかります。八声の鏡は大伴家の鏡。また、先ほど関兵衛が落とした割符は、小町姫が都の小野篁から受け取った割符とぴったりと合います。二人は関兵衛が何かを企んでいるのではないかと怪しみ、小町はそれを伝えに都へ急ぎます。小町の引込み、〽片時《へんし》も早《はよ》うと宗貞の　詞《ことば》に任せ小町姫　恋しき人に別れても　また逢坂の山伝い　雪踏み分けて」は、上の巻を締めくくる部分。とりわけ〽雪踏み分けて」の部分は「三重《さんじゅう》」と言われる、浄瑠璃特有の締めくくりの旋律を奏でます。語りと三味線の旋律に注目してみましょう。

下の巻

〽今宵もすでに降りしきる」からが下の巻。弟の菩提を弔う宗貞が鷹の運んできた片袖を箏の下に隠すと、酒を飲んで上機嫌の関兵衛が再び現れます。〽ウ、い　世の中に酒ほどの楽しみはねえの～」からの関兵衛のセリフは「付台詞」が多用される楽しいところです。〽めでためでたの若松様よ」と、広く知られた祝儀唄《しゅうぎうた》の名調子も聴くことができます。

宗貞は御簾内に引込みますが、関兵衛は上機嫌に盃を重ねます。〽どれもう一杯　酒にうつろふ星の影」と盃を見ると、盃には星の影が映ります。舞台の上方から星の釣りものが下がり、大太鼓の〈ドロドロ〉が鳴り、〈楽《がく》〉（能管・太鼓×2）の入る〈星繰《ほしく》り楽《がく》の合方〉。雰囲気が突然おどろおどろしくなります。関兵衛のセリフとなって、今こそ大願成就《たいがんじょうじゅ》の成る時だと、呪詛《じゅそ》の護摩木《ごまぎ》として桜を斬ろうと斧を研ぎ始めます。しかし、試し斬りにと宗貞の箏を斬ると、先ほどの血文字の書かれた片袖が出て、関兵衛の懐中《かいちゅう》にある勘合の印が桜の梢《こずえ》に飛んでいってしまうのです。関兵衛は桜を斬りつけようとしますが、近づけず、気を失ってしまいます。

辺りが暗くなると、〽幻か　深雪《みゆき》につもる桜かげ」と妖しくも美しい旋律になります。桜の幹から傾城墨染 実は 小町桜の精が現れると、常磐津の妖艶な語りに大太鼓の〈薄《うす》ドロ〉と能管による〈寝鳥笛《ねとりぶえ》〉がただならぬ雰囲気をプラスします。〽仇《あだ》し仇なる名にこそ立つれ」から〽水に散りしく流れの身」までは、三味線の調子が「二上り」になって、艶っぽい雰囲気を助長します。

意識を取り戻した関兵衛と墨染のセリフのやりとりの後は再び「本調子」。墨染が「そんならここで話そかエ」と言うと、常磐津の三味線が賑やかに「すががき」を奏でます。「すががき」は廓を描写する三味線の二重奏による旋律で、長唄にも黒御簾音楽にも使われるもの。ここから〽去《い》のうやれ　我が故郷《ふるさと》へ帰ろやれ」まで、関兵衛と墨染が客と遊女に扮しての「廓話」が始まります。

始まりはテンポの速い（早間の）「すががき」で二人が花道へ。ここは関兵衛が笠をさしかけて、花魁道中の見立てです。花道の所作のところの、〽行くも返るも忍ぶの乱れ　限り知られぬ我が思い」は「投げ節」。投げ節は、江戸時代の流行唄の一種です。本舞台へ戻ってくると、客に扮した関兵衛と遊女の墨染の廓ごっこが本格的に始まります。店の前で客が〽行きつ戻りつ立ちつくす」ところ、迎え入れた遊女との盃事《さかずきごと》、〽引け四《よ》つ過ぎて」と二人で伏せるところ。常磐津が廓の実際を軽妙に語ります。役者の振りとともに楽しみたいところです。

二人が伏せると、関兵衛扮する客が布団に他の客の温もりが残っているのを理由に、墨染扮する遊女へ嫉妬をぶつけます。ここから関兵衛のセリフが「付台詞」。遊女と客の痴話げんかとなり、客の関兵衛が〽去のうやれ」と帰ろうとするのを墨染が引き止めるのですが、そのときに関兵衛が血文字の片袖を落とし、墨染がこれを拾います。
〽これ此《この》ように初めから」は、墨染のクドキです。賑やかな「廓話」や軽妙な「付台詞」とは、趣ががらっと変わり、太夫たちが順に独吟でしっとりと語ります。最初は、片袖を起請誓紙《きしょうせいし》（遊女と客との愛の誓いを記した文書）に見立てて、関兵衛扮する客の不実をなじる墨染でしたが、ついに安貞の形見の片袖を抱いて泣き崩れます。

　怪しむ関兵衛に、墨染は血文字の片袖と勘合の印を証拠に、正体を明かせと迫るのでした。関兵衛はついに「天下を望む大伴黒主」と本性を明かし（衣裳――ぶっかえり）、墨染もまた「小町桜の精魂《せいこん》なり」と名乗ります（衣裳――ぶっかえり）。関兵衛実は黒主の見顕《みあらわ》しは役者のセリフですが、傾城墨染実は小町桜の精の見顕し、〽のう去りし恨みのあればこそ～小町桜の精魂なり」は常磐津が「**鼓唄**《つづみうた》」で語ります。「鼓唄」とは、大鼓と小鼓を主な伴奏として太夫が語る部分を指します。「鼓唄」はタテが語るのが原則で、聞かせどころとなっています。〽のう去りし恨みの」の見顕しから、〽邪慳《じゃけん》の斧にかゝりしぞや」まで、〈ドロドロ〉を入れていますが、〽小町桜の精魂なり」のところは特に〈大ドロ〉にして、見顕しを演出します。このあたりも実に常磐津らしく、顔見世舞踊らしいところです。

　墨染は安貞を殺された恨みを黒主にぶつけ（墨染は人間の姿を借りて安貞と婚姻関係にあった）、〽邪慳《じゃけん》の斧にかゝりしぞや」で海老反《えびぞ》りを見せるところでは、再び〈大ドロ〉を入れて凄味を出し、そのまま二人の立廻りとなります。所作事《しょさごと》（舞踊）の中の立廻りを所作立《しょさだて》と言いますが、二人の立廻りは所作立でありながら、謀反人と樹木の精霊という非現実的なキャラクターのぶつかり合いが、独特の凄味を生み出します。立廻りではツケも大いに活躍しますので、併せてご注目ください。

一時間を優に超す大曲ですが、謡、流行唄、箏組歌、投げ節など他のジャンルからも貪欲に旋律を取り入れ、変化に富む曲調で飽きさせません。平安朝の和歌の世界のキャラクターを巻き込んで、雪と桜という幻想的な世界を舞台に繰り広げられる非現実的なストーリー。そこに常磐津という浄瑠璃がぴったりとマッチしていると言えるのではないでしょうか。

〔参考〕平成十六（二〇〇四）年十一月歌舞伎座公演　関守関兵衛実は大伴黒主＝二代目中村吉右衛門、良峯少将宗貞＝五代目中村富十郎、小野小町姫＝二代目中村魁春、傾城墨染実は小町桜の精＝九代目中村福助

詞章　上の巻

〔置キ〕〔謡ガカリ〕〽待ち得て今ぞ時に逢う〳〵　関路《せきじ》をさして急がん

〔本調子〕（関兵衛　所作）〽昔々　昔話のその様《さま》に　しば〳〵似たる柴刈《しばかり》も　関屋守《せきやも》る身の片手業《かたてわざ》　柴

をたばねてかいやり捨てて　五尺《ごしゃく》いよこの手拭　五尺手拭　中《なか》染めた　しょんがえ　〽手慣れし琴を調べける

〽恨めしや我が縁《えにし》　（小町　出）

（小町セリフ）「ハテしおらしい　調べの音色じゃなぁあ」

（小町　花道にて所作）〽かゝる山路の関の扉に　さしも妙なる爪音《つまおと》を　聴くにつけても身の上を　思ひ出《いだ》せば錦の帳《とばり》　玉の台《うてな》に人となり　翡翠《ひすい》の簪《かんざし》たをやかに　ある人は初花の　雨に綻《ほころ》ぶ化粧《けわい》とは　女子《おなご》をのぼす掛け詞　今はそれには引きかえて　草の衣や袖せばき　姿を隠す蓑笠《みのかさ》や　杖を力にたど〳〵と　関の扉近く歩み寄る

（宗貞・関兵衛・小町セリフ）　小町が案内を乞う

（問答　関兵衛）〽一体そさまの風俗は　花にもまさるなりかたち　桂の黛《まゆずみ》青うして　又とあるまいお姿を　お公卿《くげ》さん方お屋敷さん　多くの中で見初めたら　只は通さぬ筈なれど　そこをそのまゝ捨て置くは　〽生野暮薄鈍《きやぼうすどん》　情《じょう》なし苦無《くな》しを見るように　悪洒落《わるじゃれ》言うたり　大通仕打《だいつうしうち》もあるまいがどう云ふ理屈か気が知れぬ　気が知れぬ

（小町）〽いやとよ我れは恋衣《こいごろも》　はや脱ぎ捨てゝ烏羽玉《うばたま》の　墨の袂《たもと》もたらちねの　後《のち》の世願う菩提心《ぼだいしん》喝食《かっしき》の身にて候うぞや

（関兵衛）〽ほう　詞《ことば》は殊勝《しゅしょう》に聞ゆれど　菩提の道に入りながら　なぜ黒髪を剃らぬのじゃ

（小町）〽姿は世をも厭わばこそ　心で厭うているわいな

（関兵衛）〽して煩悩とは
（小町）〽菩提なり
（関兵衛）〽提婆《だいば》が悪も
（小町）〽観音の慈悲
（関兵衛）〽また槃特《はんどく》が愚痴も
（小町）〽文殊《もんじゅ》の知恵
（関兵衛）〽知恵も気量も取《とり》なりも　類いなき身を百歳《ももとせ》の　姥《うば》になるまで独り寝は　惜しい事ではな
いかいな
〽お目にかゝるも初深雪《はつみゆき》　凌ぐ木陰もいとしやと　関の扉《と》ぼそを押し開き〽こちへ〳〵と通しける
（小町・宗貞・関兵衛　セリフ）　小町と宗貞の再会
〽その初恋は去年《こぞ》の秋　大内山《おおうちやま》の月の宴《えん》　その折柄に垣間見て　思いに堪えかね一筆《ひとふで》と　書き初め
しより明暮《あけく》れの　文玉章《ふみたまずさ》の数々はなんと覚えがあろうがの
（小町クドキ）〽わたしもその時母上の　後の世祈る志《こころざし》　一夜《ひとよ》籠りに思わずも　お顔を見るよりぞっ
として身にこたえ　後生菩提《ごしょうぼだい》もどこへやら　捨てゝ二人が夜もすがら　憂きを語りて明かせしが
ア、　いやいやいや　立てし誓いは破られじと　ついそのまゝの憂き別れ　思えば果敢《はか》ない縁《えにし》ぞと
かこつ涙の流れては　関の清水《しみず》やまさるらん
（関兵衛・小町・宗貞　セリフ）　関兵衛割符と勘合の印を落とす

（三人手踊り）〽恋じゃあるものナ　渡らでおこか　渡らばそうしてこうしてと　目褄《めづま》隙間をなに白川の橋を渡ろか船にしょか　橋と船とは恋の仲立ち　ほんにえ
〽たまに逢《お》う瀬の七夕も　せめて一夜《ひとよ》はあるものを　一期《いちご》添われぬ憂き恋は　つれないこの身とばかりにて　流涕《りゅうてい》こがれ泣き給う
（関兵衛　付台詞）〽アアこれ〳〵　こりゃマァどうでござります　そのお嘆きを見まいため　今宵はつもる
〽露霜《つゆしも》に　色づく紅葉の橋渡し　所詮仲人《なこど》は宵の程　我らは奥で酒の燗　長居は恐れと走り行く
（関兵衛　入り）
（一羽の鷹、飛び来る）
（宗貞・小町セリフ）　安貞の死を知り、関兵衛にも疑いを持つ
〽片時《へんし》も早うと宗貞の　詞《ことば》に任せ小町姫　恋しき人に別れても　また逢坂の山伝い　雪踏み分けて
〔三重〕（急ぎ行く）

下の巻

〽今宵も既に降りしきる　雪の翅《つばな》の羽風《はかぜ》をも　音静かにや更けて行く　正に先帝御亡《おんな》き跡を　弔《と》い奉る後夜《ごや》の読経《どきょう》　猶も回向《えこう》を忘れもやらず　誦《じゅ》するも弟安貞と　心ばかりの手向《たむ》け草

（宗貞セリフ）
〽（如何はせんと四辺《あたり》を見廻し　オ、それよそれよと件《くだん》の片袖）　琴の下樋《したひ》へ押し隠す
〽その間に奥の一間《ひとま》より
〽一杯機嫌で関守は　銚子盃携えて　足もひょろひょろ歩み出で
（関兵衛　付台詞）〽ウ、い　世の中に酒ほどの楽しみはねえの　ヤアお前はまだ寝ねいか　イヤサ
なぜ寝なさらぬよ　してこの花嫁御《はなよめご》はどこへ行た　ハ、ア　彼奴《きゃつ》寝たのだな　それももっとも　コ、
コ、コレ　お前も行って寝なよ　寝ぬは
〽損だばさらんだ　あれはさのえい　これはさのえいやと恋の淵　もしもはまる気で四《よ》つ紅葉
（宗貞セリフ）　関兵衛の懐に手に入れて割符を探ろうとする
（関兵衛　付台詞）〽あゝこりゃ何をするえ　おれが懐へ手を入れて　ド、ド、どうするのだ
（宗貞セリフ）「サ、それは」
（関兵衛　付台詞）〽イヤサどうするのだよ　ハハア、聞《きこ》えた　この大雪に手がこゞえたという事かサ
その手に手を取って寿の　めでた〳〵の若松様よ　枝も栄えて葉も茂る　おめでたやサ　千代の子
おめでたやサ　千秋万歳万歳〳〵万々歳　ハ、、、、
〽いざさせ給えと押しやられ　始終を胸に宗貞は　心残して奥へ入《い》る（宗貞　入り）
〽あとは手酌の一人酒
（関兵衛　付台詞）〽ア、さぞ今頃は　ヤオイしげれ松山　ウイ　ア、いゝ気味だぞ　こりゃ命を掻き

むしるわえ
〽どれもう一杯　酒にうつろう星の影
（関兵衛セリフ）
〽かしこの石に斧の刃《は》を　押し当て〳〵磨ぎ立つる　音はそう〳〵どう〳〵と　闇を照らせる金色《かねいろ》
は　玉散るばかり物凄き
（関兵衛セリフ　桜を斬りつけるも気を失う）
〽幻か　深雪につもる桜かげ　実《げ》に朝《あした》には雲となり　夕べには又雨となる　巫山《ふざん》の昔　目のあたり
墨染が立ち姿
（二上り）〽仇し仇なる名にこそ立つれ　花の蕾《つぼみ》のいとけなき
〽禿《かむろ》立《だ》ちから廓の里へ　根ごして植えて春毎《ごと》に　盛りの色を山風が　来ては寝よとのかね言も
泊り定めぬ泡沫《うたかた》の　水に散りしく流れの身
（関兵衛・墨染セリフ）
（廓話）（関兵衛・墨染　花道へ）〔すががき〕〔投げ節〕〽行くも返るも忍ぶの乱れ　限り知られぬ我が思
い　月夜も闇もこの里へ　忍び頭巾《ずきん》で格子先《こうしさき》〔すががき〕（本舞台へ）
〽行きつ戻りつ立ちつくす　〽向うへ照らす提灯《ちょうちん》の　紋は菊蝶《きくちょう》ちょうどよい　首尾と思えど遣《や》り手
が見る目　〽待ったぞや　〽おゝ　よう来なんした　逢いたかったも目で知らせ　暖簾《のれん》くゞりて入
る跡を　〽残り多げに差し覗き

〔関兵衛　付台詞〕〽アアさて　待たせるぞ〳〵
〽と　独り呟く程もなく
〽籬《まがき》の内より小手招き　ふわりと着せる裲襠《うちかけ》の　裾に隠れて長廊下　毒蛇の口を遁がれし心地
ほっと一息つく鐘も　引け四《よ》つ過ぎて　ねやの中
〔関兵衛　付台詞〕〽ヤ　まだこの温まりの冷めぬのは　先刻《さっき》に帰った客でもよもやあるめいか　こりゃ外に出来たわえ　どこのどいつか知らねども　お年が若うて好え男で　伽羅《きゃら》もたんと御所持《ごしょじ》なされた色男様と　しっぽりとお契りなされたでござりましょうの　エエ腹の立つ
（墨染セリフ）
〔関兵衛　付台詞〕〽アイタ〳〵　エ、痛えわい　ア、こんな所に居ようより　帰りましょう〳〵
（墨染セリフ）
〽去《い》のうやれ　我が故郷《ふるさと》へ帰ろやれ
（関兵衛が片袖を落とし、墨染が拾う）（関兵衛・墨染　セリフ）
〔墨染クドキ〕〽これこのように初めから　起請誓紙《きしょうせいし》を取交《とりかわ》し　深いお方がありながら　隠して置いて又わしに　色で逢うとはようもよう　騙さんしたが　エ、、憎らしい　そうとも知らず慕い来て見れば果敢なや片袖の　血汐の文字は亡き跡の　形見と思えばいとゞ猶　これ懐かしい悲しいわいな　（と　詞に色は含めども　心の剣　穂に現れ　立ち寄る女を　〽はったと睨《ね》めつけ）
（関兵衛・墨染　セリフ　関兵衛実は大伴黒主　見顕《みあらわ》し）

〔鼓唄〕〽のう去りし恨みのあればこそ　そも人間の形《ぎょう》受けて　女子《おなご》とは見すれども　小町桜の精魂《せいこん》
なり（墨染 実は 小町桜の精　見顕し）

（墨染セリフ）

〽不慮の矢疵《やきず》に玉の緒も　絶ゆるばかりの折も折　御兄君《おんあにぎみ》の身に代り　敢えなくこの世を去り給う
夫《つま》の形見の片袖に　引かれ寄る身は陽炎姿《かげろうすがた》　〽我が本性の桜木を　邪慳《じゃけん》の斧にかゝりしぞや
（立廻り）〽報いの程を思い知れと　有り合《お》う桜を呵責《かしゃく》の苔《しもと》　はったと睨《にら》む有様を
〽やア小癪《こしゃく》なと無二無三《むにむさん》　斧取り直して打ちかくれど
〽凡人《ぼんにん》ならぬ精霊の業通《ごうつう》自在の身も軽く　ひらりひら〱　飛び交う姿は吹雪の桜　霞《かすみ》隠れや
朧夜の　水の月影手にも取られず
〽見えず見えずみ又現れて　今ぞ即ち人界《にんがい》の　輪廻《りんね》を離れ根に還る　しるしを見よと言う声ばかり
形は消えて桜木に　春もかくやと帰り花　雪を踏み分け踏みしだき　水に戻れば墨染の　小町桜と
世に広き　あまねく筆に（書き残す）

五、弁天小僧《べんてんこぞう》（青砥稿花紅彩画《あおとぞうしはなのにしきえ》）

華やかな黒御簾音楽に彩られた、粋な世話物

登場人物（登場順）……浜松屋番頭、浜松屋手代（四人）、狼の悪次郎、早瀬主水《はやせもんど》息女お浪《なみ》実は弁天小僧菊《べんてんこぞうきく》之助《のすけ》、若党四十八《よそはち》実は南郷力丸《なんごうりきまる》、浜松屋若旦那宗之助《そうのすけ》、鳶頭清次《とびがしらせいじ》、浜松屋主人幸兵衛、玉島逸當《たましまいっとう》実は日本駄右衛門《にっぽんだえもん》、忠信利平《ただのぶりへい》、赤星十三郎《あかぼしじゅうざぶろう》

音楽（楽器）……黒御簾音楽（唄・三味線・鳴物）

作品について

成り立ち

『青砥稿花紅彩画』（通称『弁天娘女男白浪《べんてんむすめめおのしらなみ》』、『白浪五人男《しらなみごにんおとこ》』、『弁天小僧』）は河竹黙阿弥《かわたけもくあみ》（当時、二代目河竹新七）が十三代目市村羽左衛門（のちの五代目尾上菊五郎。一八四四～一九〇三）にあてて書いた白浪物の代表作です。初演は文久二（一八六二）年三月江戸の市村座、主演の羽左衛門はわずか十九歳でした。同時代の浮世絵師、三代目歌川豊国《とよくに》による見立て絵（『豊国漫画図絵』シリーズの内）に、岩井粂三郎《くめさぶろう》（のちの八代目半四郎）演じる弁天小僧菊之介（版画に記された表記）が、振袖を着て島田髷《まげ》を結い、上半身をはだけて酒を飲んでいる様子を描いたものがあります【図30】。本作品はこの絵に想を得た羽左衛門が、黙阿弥に頼んで作らせた作品と伝えられてきました。この説には懐疑的

な研究者も多く、黙阿弥の構想のほうが先だったとも言われますが、いずれにせよ、歌舞伎文化と浮世絵文化に深い繫がりがあったことを物語るエピソードであることは間違いないでしょう。黙阿弥がタイトルに「彩画《にしきえ》」と冠したことにもそれが象徴的に表されています。

また、「青砥稿《あおとぞうし》」の「稿《ぞうし》」は、「草双紙《くさぞうし》」を暗示しているものと考えられます。「草双紙《くさぞうし》」とは、挿

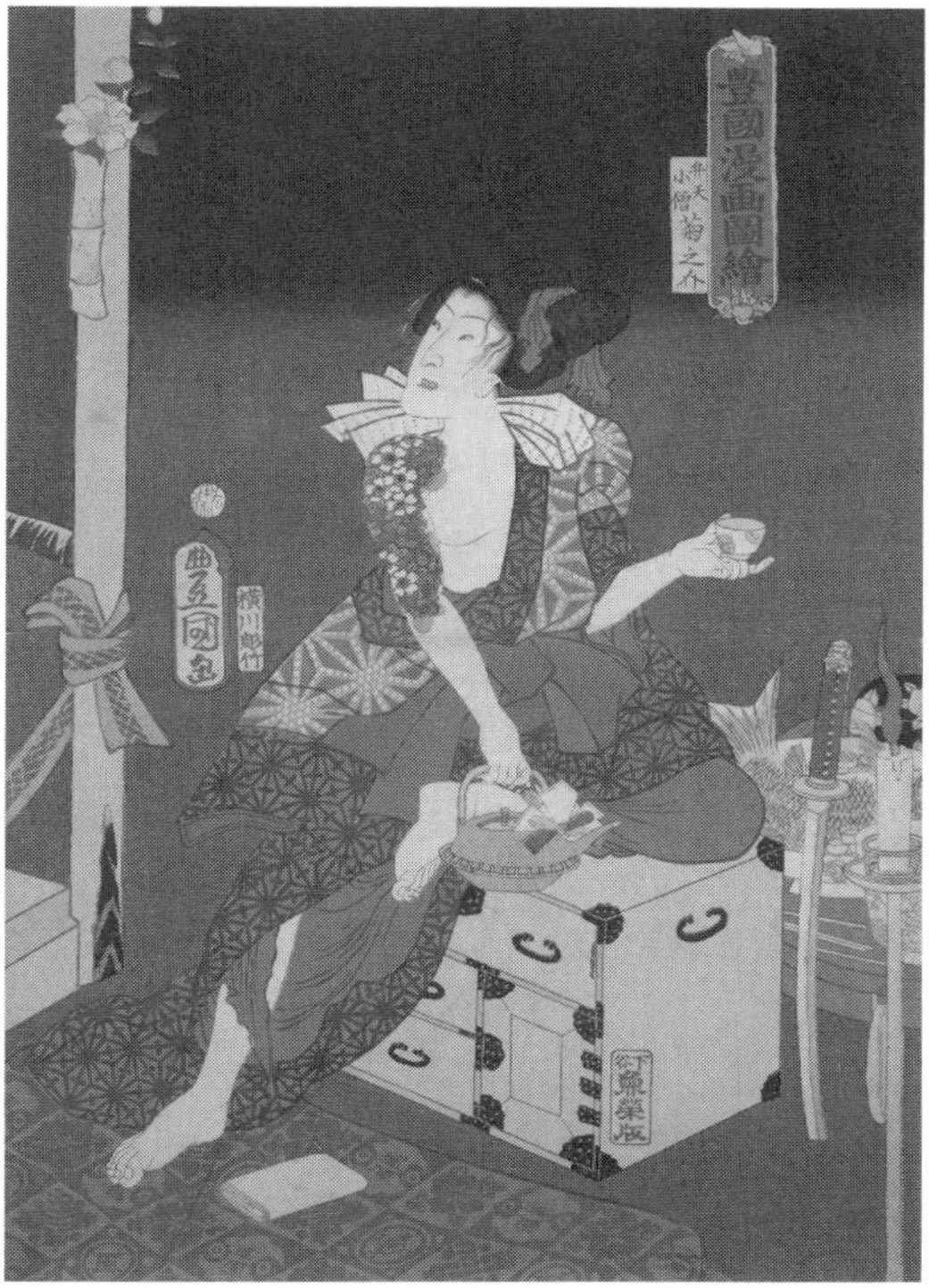

【図30】三代目歌川豊国『豊国漫画図絵』「弁天小僧菊之介」魚栄、万延元年、国立国会図書館デジタルコレクション https://dl.ndl.go.jp/pid/1306002

絵に重きを置いた通俗的な読み物の総称で、赤本、黒本、青本、黄表紙《きびょうし》、合巻《ごうかん》などと呼ばれて、江戸中期から末期まで人気を博しました。ここにもまた、歌舞伎が江戸の出版文化と深いつながりがあったことが感じられます。

物語の概要

さて、この作品のストーリーは、信田家《しだけ》と小山家という武家の世界を背景に、小山家の家宝である胡蝶《こちょう》の香合《こうごう》と五人の盗賊たちの暗躍とが絡み合いながら進行します。胡蝶の香合が巡り巡ることで主人公の弁天小僧を追い詰めていくという黙阿弥得意の因果話ではありますが、百両と刀が巡る因果を描く『三人吉三《さんにんきちさ》』に感じられるような陰惨さは、この作品には希薄です。むしろ、個性豊かな五人の盗賊たちの痛快な「活躍」が本作の眼目と言えるでしょう。

もともとは五幕八場に及ぶ長編ですが、とりわけて「浜松屋見世先《みせさき》の場」と「稲瀬川勢揃《いなせがわせいぞろい》の場」が人気を呼び、明治時代からこの二場を中心とする上演が繰り返されてきました。「浜松屋見世先」は、武家娘に化けた弁天小僧菊之助と若党に化けた南郷力丸が、浜松屋で一芝居打ち、百両を強請《ゆす》り取ろうとする場面です。弁天小僧が男と見破られて正体を顕し、「知らざあ言って聞かせやしょう」と自分の来歴を語る七五調のセリフは、歌舞伎界きっての名ゼリフとして知られます。武家娘に化けてやってきた盗賊がもとの盗賊の正体を顕す、舞台上で見せる女から男への変態の美は初演当時から観客を魅了してきました。

「浜松屋見世先」と並ぶ人気場面である「稲瀬川勢揃の場」は、日本駄右衛門以下、五名の盗賊たちが稲瀬川の土手に勢揃いをし、それぞれに名乗りを上げる場面です。五人の名乗りゼリフもまた、耳に心地よい七五調の名調子。揃いの着物を着て、同じ番傘を持った五人が並んだ様子は見た目にも爽やか。戦隊ヒーローの名乗りに影響を与えたとも言われます。なお、この二場面を繋ぐ場面として「浜松屋蔵前《くらまえ》の場」があります。「蔵前」を入れることで、弁天小僧と日本駄右衛門と浜松屋の主人父子の絡み合った血縁関係が明らかになります。かつては省略されることの多かった場面ですが、ストーリーが分かりやすくなるためか、少しずつ上演頻度が上がっているようです。

また今日では、序幕「初瀬寺《はせでら》花見の場」「神輿ヶ嶽《みこしがたけ》の場」「稲瀬川谷間《たにあい》の場」から、「浜松屋見世先の場」と「浜松屋蔵前の場」、「稲瀬川勢揃の場」を挟んで、大詰「極楽寺屋根立腹《ごくらくじやねたちはら》の場」「極楽寺山門の場」「滑川土橋《なめりがわどばし》の場」までの三幕九場を、通し上演という形で見せることも増えてきました。序幕第一場「初瀬寺花見の場」は『新薄雪物語』の「清水寺花見の場」の見立て（パロディー）になっており、豪華絢爛な花見の場です。この場の弁天小僧は信田小太郎《しだのこたろう》という若衆に化けて登場します。つづく「神輿ヶ嶽」で弁天小僧が駄右衛門の配下に加わると、五人男が初めて揃う「稲瀬川谷間」では「だんまり」がひとつの見せ場になっています（「だんまり」については174ページ参照）。先述したように、だんまりはその様式から「時代だんまり」と「世話だんまり」に分けられますが、「稲瀬川谷間」のだんまりは、ストーリーの展開と結びついた世話だんまりでありながら、日本駄右衛門役の座頭以下、五人の人気役者を見せる様式は時代だんまりをも想起させます。なお、件《くだん》の胡蝶の香合は、このだんまりの中で赤星十三郎の手に渡るのが本来なのですが、今は弁天小僧が持って花道を入ることが多くなっています（端唄《はうた》《お互いに》を使う）。

以上の序幕の三場面を見せることで、「浜松屋」に至るまでの日本駄右衛門、弁天小僧、南郷力丸の関係性が分かり、「浜松屋」には登場しない忠信利平と赤星十三郎の素性も明らかになります。それだけでなく、時代物さながらの「花見」や「だんまり」の中に五人男が登場することで、「時代物の世界を借りた世話物」というこの作品の特徴が浮かび上がることになるのです。

また、大詰の「極楽寺屋根立腹の場」での弁天小僧の立廻りはとても見応えがありますし、屋根が後ろに倒れる〝がんどう返し〟や大ゼリによる場面転換は壮観です。ここでは、「極楽寺山門の場」と「滑川土橋の場」が『楼門五三桐《さんもんごさんのきり》』（224ページ）の見立てとなっていて、日本一の盗賊と謳われる石川五右衛門になぞらえています。今日では、「浜松屋」と「勢揃」にこの大詰の三場面を付けた上演も見られます。

なお、序幕から上演する場合には『青砥稿花紅彩画』、「浜松屋の場」からの上演では『弁天娘女男白浪《べんてんむすめめおのしらなみ》』の題名で出すのが慣例となっています。

タイトルに「彩画《にしきえ》」を冠す本作品は、五人の盗賊が織り成す色鮮やかな錦絵のようです。他の歌舞伎作品の見立てがちりばめられた序幕や大詰の豪華さ、五人男の揃いの着物が映える「稲瀬川勢揃」の美しさ、そして弁天小僧の倒錯した性に浮かび上がる幕末の退廃美など、視覚的にも楽しめる作品になっています。

さて、ここからは本作品の聴覚的な楽しみに注目してみましょう。どの場面も聴きどころ満載なのですが、ここでは、二幕目「雪の下浜松屋の場」、三幕目「稲瀬川勢揃の場」の二場面を中心に取り上げることとします。

音楽のポイント

本作ではほぼすべての場面で、黒御簾音楽が活躍します。「浜松屋見世先の場」の黒御簾音楽は、「**稽古唄**《けいこうた》」や「端唄」、「新内節《しんないぶし》」といった江戸の庶民にとっては生活の中で耳に馴染んだ音楽を多用しています。「稽古唄」とは、既存の長唄の一節を使った黒御簾音楽の総称です。長唄は、江戸の庶民にとって最も親しまれた音楽ジャンルとして習い事としても普及し、江戸の街のあちこちで演奏が聞こえていたようです。そこで、黒御簾でも長唄の一節を演奏することで、近所で長唄のお稽古をしている様子を描写し、江戸の街の情景を表現しているのです。「浜松屋」で使われている稽古唄は、《越後獅子《えちごじし》》や《鷺娘《さぎむすめ》》など有名な長唄ばかりなので、昔の観客にとっては、よく知っているフレーズが舞台で使われている感覚だったでしょう（今でも長唄に触れている方にとってはそんな感覚だと思います）。また、幕末から流行した「端唄」は長唄よりも短く、さらに気軽に楽しめる音楽ジャンルでした。黙阿弥は端唄を好んで使いましたが、「浜松屋」では〈薩摩《さつま》さ〉

が効果的に使われます。一方、「新内」は、浄瑠璃の一派で遊里を中心に親しまれていたジャンルです。とくに演奏しながら江戸の街を歩いた「新内流し」の音は、何とも言えない情緒を生み出します（101ページ参照）。それがどのように使われているかご注目いただきたいところです。

「稲瀬川勢揃の場」は、五人男の出に一人一人に合わせた〈出唄《でうた》〉が使われる珍しい演出が見られます。出唄というのはあまり使われない言葉ではありますが、登場シーンの唄と捉えてよいでしょう。出唄の歌詞には五人それぞれの来歴が詠み込まれ、その人物の雰囲気に合わせて鳴物も使い分けられます。五人男のキャラクターの違いが音楽でも楽しめるようになっています。

順を追って見てみましょう

「雪の下浜松屋の場」

幕明は稽古唄〈向《むか》い小山〉（76ページ）。長唄《越後獅子》の一節、〽「向い小山」の部分の唄入りに〈角兵衛《かくべえ》〉の鳴物をかぶせます。賑やかな〈向い小山〉と〈角兵衛〉（篠笛・太鼓）の組み合わせは、浜松屋のような商家の場面の幕明にはおなじみの囃子で、江戸の町の雰囲気を観客に伝えてくれます。幕が開くと、同じ曲をそのまま合方にして弾き流し（＝唄を抜いて三味線だけになり）、狼の悪次郎（五人男の手下）が注文の染め物の仕上がりを催促するくだりがあり、続いて弁天小僧と南郷力丸の登場となります。

二人の出にはやはり稽古唄で、長唄《鷺娘》から取り入れた〈繻子《しゅす》の袴《はかま》〉唄入りに〈角兵衛〉を使います。〈向い小山〉よりしっとりとした曲調は、武家の娘になりすました弁天小僧の出にふさわしいものと言えるでしょう。番頭が「良いといちでも来りゃあよいがな」というのをきっかけに〽繻子の袴」と唄が入るので、花道に目を向けるのと一緒に、耳を傾けてみてください。二人が七三で止まってのセリフのあと、〽実に誠と」の部分から付き直す（＝演奏を一度止めて、再び同じ曲を演奏しなおす）のが現在の定型となっています。店に入って番頭とのやりとりや品物を選ぶくだりでは、これを合方にしてそのまま弾き流して使います。

南郷が「日暮れぬうちに参りましょう」と立ち上がると囃子がふっと途切れます。弁天小僧に万引きの疑いがかかり、鳶頭も出てきます。弁天が皆に叩かれるところで、再び《越後獅子》を使った稽古唄。ここでは、幕明とは違って〽己《おの》が姿《すがた》」の部分を使います。テンポの速い〈己が姿〉の唄入りと〈角兵衛〉の鳴物で揉め事を描写するのです。ここに浜松屋の若旦那宗之助が登場し、続く南郷の「待て待て、待て」のセリフで、囃子の演奏が止まります。演奏が止まることで、緊張感のある南郷のセリフを一層引き立たせています。

弁天小僧が盗んだと思われた小布が他の店の商品であったことが分かり、南郷の「よも万引きとは言われまい」のセリフできっぱりと極まると、〈只《ただ》の合方〉（76ページ参照）の演奏が始まって少し改まった雰囲気になります。宗之助が謝っても許されず、主人幸兵衛が出て丁重に詫びるものの、鳶頭の出した二十両に納得しません。鳶頭と南郷が一触即発になるところでは一度演奏を止

『青砥稿花紅彩画』「浜松屋見世先の場」　弁天小僧菊之助＝七代目尾上菊五郎　昭和59（1984）年3月・国立劇場（国立劇場蔵）

めて、早いテンポで〈只の合方〉を演奏し、緊張感を高めます。幸兵衛が話し始めると演奏も次第にゆっくりとなり、事態は収束に向かいます。最終的には幸兵衛が百両の大金を南郷に支払うところで演奏が止み、二人はようやく了見して帰ることになります。〈稽古唄〉にしても〈只の合方〉にしても、黒御簾音楽ではよく使われる常套的なレパートリーですが、演奏の止めや弾き出し、演奏の緩急によって巧みに場面を盛り上げていきます。

さて、帰ろうとする二人を、奥の間から出てきた玉島逸當という侍（実は日本駄右衛門）が引き止めます。駄右衛門に呼び止められて二人がしぶしぶ腰を下ろすと、再び〈只の合方〉。駄右衛門が「騙りめ、返事はどうじゃ」と問い詰めるところで演奏が止まり、弁天小僧の女から男への変貌に緊張感を添えます。弁天小僧が正体を白状して「どなたもまっぴら、ごめんねえ」というと、雰囲気がくだけて端唄の〈薩摩さ〉を合方で使います。〈薩摩さ〉は気風の良い江戸っ子や小気味よい小悪党の登場する場面でよく使われるもの。弁天小僧の有名な名乗りのセリフでは、その直前の番頭たちの「どこの馬の骨か知るものか」で一度演奏を止め、「知らざあ言って聞かせやしょう」と言ってから、煙管《きせる》をポンポンと打つのに合わせて演奏が入ります。「弁天小僧菊之助とは」あたりでもう一度演奏を止め、南郷の名乗りが始まると、弁天のときと同じ旋律を演奏し始めます。この部分はたいていは拍手で聞こえないのですが、実はこうした演奏の止めと弾き出しが、作品に絶妙なリズムを与えているのです。二人はさんざん悪態をついた挙句、二十両の膏薬代をもらって帰ることになります。弁天小僧が諦めて帰るところで〈薩摩さ〉は止み、弁天と南郷の引込みには〈新内流し〉を使います。江戸の夜の街を描写する〈新内流し〉は、照明を暗くしたりせずとも、音によって時間が経って夜になったことを表す巧みな手法です。花道での弁天と南郷の微笑ましいやりとりは、楽しい見どころのひとつですが、それを縁の下で支えているのが何気ない〈新内流し〉の音なのです。弁天小僧が口ずさむ〈新内〉の一節もお楽しみのひとつです。

二人が引込むと、囃子はすぐ〈只の合方〉に変わり、幸兵衛の誘いに応じて駄右衛門が奥へ入るところで〈只唄《ただうた》〉になります。〈只唄〉は人物の引込みに使われる唄で、高い音程から始まり、たった七音節の短い歌詞の最初の三音節を長く引き伸ばして歌うのが特徴です。最も一般的な歌詞に〽伊予《いよ》の湯桁《ゆげた》の」、〽心残して」などがありますが、ここでは〽清き流れに」の歌詞を使っています。そのあと番頭によるチャリ場（笑いをとる場面）がつくことが多く、上演による違いもありますが、〈十日戎《とおかえびす》合方〉や〈正札付《しょうふだつ》き合方〉などおかしみの合方が使われることが多いようです。

このあと「蔵前の場」では、蔵の前の座敷で浜松屋にもてなされる日本駄右衛門が本性を現し、蔵の金を全て奪おうと浜松屋の主人幸兵衛と若旦那宗之助に刀を突きつけます。しかし、日本駄右衛門と浜松屋の若旦那宗之助、浜松屋の主人幸兵衛と弁天小僧が、それぞれ親子であることが判明し、駄右衛門と弁天小僧、南郷力丸の三人は何も盗まずに、追っ手を逃れて去っていくことになります。この場のセリフには概ね〈替《かわっ》た合方〉（75ページ）が使われますが、駄右衛門が刀を突きつけるところは〈凄味《すごみ》合方〉で雰囲気を変えています。ご都合主義にあふれた一場ではありますが、この場があることで登場人物の関係性がはっきりしますし、注文を受けていた五人の揃いの着物を持たせて一味を逃がすセリフがあることで、「勢揃の場」にもつながっていきます。

「稲瀬川勢揃の場」

幕明は〈浪音〉（大太鼓）に〈迷子太鼓〉（太鼓・当《あた》り鉦《がね》）で捕手《とりて》が出て、迷子捜しの体で五人男の捜索を行っているというセリフのやりとりがあります。捕手が引っ込んで〈浪音〉を打ち上げると、浅葱幕を振り落として〈本釣鐘〉がコーンと鳴り、「出唄」の前弾となります。華やかな前弾の切れにもう一度〈本釣鐘〉を打ち込み、五人の出になります。「出唄」の歌詞は、以下のように、五人男の一人一人に合わせたものになっています。

弁天小僧　〽白浪や爰《ここ》に寄するや江ノ島の　弁財天という名さえ　青海原《あおうなばら》の舟唄や
忠信利平　〽初音と名さえ忠信が　龍《りゅう》に翼のねぐら鳥
赤星十三郎　〽一重《ひとえ》か八重《やえ》か夕霞《ゆうがすみ》　たそがれ近き赤星が
南郷力丸　〽世にも轟《とどろ》くこゆるぎの（雷《いかづち》の）その南郷の真砂路《まさごじ》や
日本駄右衛門　〽沖を越えたる親舟の　丁度揃うた春の手枕《たまくら》

この「出唄」は、初演の時にはもっと長いものだったのですが、何度かの変遷を経て、全体的に短くカットしたこの形が、現在の定型になっています。さらにこの「出唄」には、五人に別々の鳴物が使われます。弁天小僧には〈大拍子《だいびょうし》〉。同名の楽器が主奏となり、篠笛と大太鼓の加わる神楽囃子系の明るい囃子です。忠信利平の〈大小入り〉は、大鼓と小鼓を打ち合わせるものですが、『義経千本桜』の狐忠信（初音の鼓）を連想させる選曲に遊び心が感じられます。赤星に使われる〈まごさ〉は、桶胴・太鼓・当り鉦・篠笛を用いた祭囃子系の鳴物で、華やかながらやや鄙びた雰囲気をもっています。南郷には〈双盤《そうばん》〉（37ページ）。同名の楽器でガンドンガンドンと打つ賑やかで激しい印象の囃子です。かつて、赤星の〈まごさ〉と南郷の〈双盤〉を入れ替えて使われることがあったようですが、赤星には柔らかな雰囲気の〈まごさ〉、南郷には激しい〈双盤〉が適していることは明らかです。最後に登場する駄右衛門には、〈浪音〉と能管・太鼓・当り鉦による〈渡《わた》り拍子《びょうし》〉をゆったりと演奏します。この場面は、花道からの一人一人の登場にワクワクするところですが、囃子の演奏もじっくり耳を傾ける価値があります。

五人の花道での渡り台詞には、長唄《虚無僧《こむそう》》の「雁《かり》と燕《つばめ》の」の箇所を用いた〈かりつば合方〉に〈当り鉦〉をかぶせます。〈かりつば合方〉と〈当り鉦〉のリズムが五人男の七五調のセリフとよく合って、作品の音楽性をより強調する場面になっていると言えるでしょう。五人が舞台へ行くところで〈かりつば合方〉が唄入りとなり、〽雁と燕の」という唄にのせて五人が、今度は駄右衛門を先頭に舞台に並びます。〈浪の音〉で捕手が出ると、捕手に促される形で、日本駄右衛門の「問われて名乗るもおこがましいが……」に始まる**ツラネ**となりますが、ここも〈当り鉦〉入りの〈かりつば合方〉を使います。やはり七五調のツラネのセリフが活きるところです。最後の立廻りは〈早め合方〉と〈三ツ太鼓〉を使い、〈浪音〉を加えて幕切となります。

『青砥稿花紅彩画』は、全編をとおして黒御簾音楽が大活躍する作品です。しかし、ここで取り上げた二場を見てみると、使われている曲は案外にシンプルなもの。曲数もそれほど多くはありませんし、奇抜な選曲もなく、極めてオーソドックスな音楽演出なのです。それでも、巧みに役者の演技を支え、場を盛り上げているのは、そこに洗練された黒御簾音楽の技があるためでしょう。演奏の強弱、緩急、演奏を止めたり、また始めたりするタイミングなど、細かい技の使い分けは演奏者の手腕にかかっているのであり、歌舞伎を支える大切な技の一つなのです。

〔参考映像〕昭和六十一(一九八六)年十二月歌舞伎座公演 弁天小僧＝七代目尾上菊五郎、南郷力丸＝初代尾上辰之助、日本駄右衛門＝四代目市川左団次ほか(DVD『歌舞伎名作撰 白浪五人男』松竹株式会社／NHKソフトウェア、二〇〇四年)

詞章〔解説の中で言及した黒御簾曲〕

〈向い小山〉

〽向い小山の紫竹だけ　いたふし揃えて　きりを細かに十七が　室のこぐちに昼寝して　花の盛るを夢に見て候

〈繻子の袴〉

〽繻子の袴のひだとるよりも　主の心が取りにくい　さりとは　実に誠と思わんせ

〈己が姿〉

〽己が姿を花と見て　庭に咲いたり咲かせたり　そこのおけさに異なこと云われ　寝まり寝まらず
待ちあかす　ござれ話しましょうぞこん小松のかげで　松の葉のようにこん細やかに

〈只唄〉

〽清き流れに

〈雁と燕の〉

〽雁と燕の仲よいは　行くも帰るも別れては　花の盛を待ち兼ねて　月に指折る深い仲

六、助六（助六由縁江戸桜《すけろくゆかりのえどざくら》）

市川家のお家芸を彩る河東節の粋を体感する

主な登場人物（登場順）……口上《こうじょう》（市川家のときのみ）、並び傾城《けいせい》、揚巻《あげまき》、髭《ひげ》の意休《いきゅう》、白玉《しらたま》、花川戸助六《はなかわどのすけろく》実は曽我五郎、くわんぺら門兵衛《もんべえ》、福山のかつぎ、朝顔仙平《あさがおせんぺい》、白酒売《しろざけうり》実は曽我十郎、国侍、奴、通人《つうじん》、曽我満江《まんこう》　＊公演によって異動あり。

音楽（楽器）……河東節《かとうぶし》（唄・三味線）、黒御簾音楽（唄・三味線・鳴物・尺八）

作品について

成り立ち

『助六由縁江戸桜』は、市川團十郎家の家の芸、歌舞伎十八番のひとつに数えられる人気狂言です。市川家が演じるときのみ、この外題《げだい》（タイトル）で上演し、序盤から助六の登場（出端《では》）まで、河東節を使うしきたりがあります。市川家にとっては、特別な作品と言って良いでしょう。

作品成立の経緯は少し複雑です。「助六」という人物像は、二代目市川團十郎（一六八八〜一七五八）が江戸風の荒事と上方の**和事**《わごと》を折衷して作り上げたことが知られています。その二代目團十郎が初めて「助六」という人物を演じたのは、正徳三（一七一三）年、山村座における『花屋形愛護《はなやかたあいごの》桜《さくら》』でした（外題には『花館愛護若《はなやかたあいごのわか》』『太平愛護若《たいへいあいごのわか》』『花屋形太平愛子《はなやかたたいへいあいご》』など諸説あり）。次に二代目團十郎が「助六」を演じた享保元(一七一六)年中村座の『式例和曽我《しきれいやわらぎそが》』で、「助六」は「実は曽我五郎」という設定を与えられ、このとき助六の登場に半太夫節《はんだゆうぶし》を使っています。半太夫節は、現在市川家の助六に使われている河東節の前身となる浄瑠璃です。河東節が初めて使われたのは、享保十八(一七三三)年の『栄分身曽我《はなぶさぶんしんそが》』(『英分身曽我』)。主演は、四代目市村竹之丞《たけのじょう》(のちの八代目羽左衛門)でした。その後、「助六」は三代目と四代目の團十郎にも受け継がれますが、一方で初代尾上菊五郎、二代目中村七三郎《しちさぶろう》、初代市村亀蔵《かめぞう》(のちの九代目羽左衛門)、初代市川八百蔵《やおぞう》など、さまざまな役者が手掛ける役となりました。登場に使われる音曲も半太夫節、河東節のほか、長唄、宮古路《みやこじ》節《ぶし》、富本節《とみもとぶし》などさまざまでした。三代目團十郎が長唄を使っている例も見られます。

初めて《助六所縁《すけろくゆかりの》江戸桜《えどざくら》》(所縁《ゆかり》の表記は現在の由縁《ゆかり》と異なる)というタイトルが見られるのが、宝暦十一年(一七六一)三月、江戸市村座で上演された『江戸紫根元曽我《えどむらさきこんげんそが》』においてです。《助六所縁江戸桜》は、初代市村亀蔵が演じる「助六」の登場に使われる河東節のタイトル(浄瑠璃名題《じょうるりなだい》といいます)でした。市村亀蔵にとっては二度目の「助六」。しかしこのときの「所縁《ゆかり》」には、二代目團十郎から伝授された、という意味合いが込められていたと言います。この上演をもって、「助六」を主人公とする作品に、「市川家の芸」、河東節という浄瑠璃、そして《助六所縁江戸桜》というタイトル、という三つのアイテムが初めて結びついたことになります。

その後も、「助六」は実にさまざまな役者によって、さまざまなタイトル(作品の外題も浄瑠璃名題も)で上演が重ねられていきます。一七〇〇年代末頃には、團十郎よりも、三代目市川八百蔵や二代目市川門之助《もんのすけ》が助六を当たり芸にしていた様子も見受けられます。

しかし時を経て、文化八（一八一一）年、七代目團十郎が市村座で助六を演じた時、代々の團十郎の追善として演じ、浄瑠璃に河東節を使いました。浄瑠璃名題は《助六所縁江戸桜》です。その後、七代目は生涯で七度にわたって助六を演じ、江戸での上演の折には常に河東節を使いました。こうして、助六と市川家、河東節、《助六所縁江戸桜》というタイトルは、結びつきを強めていきました。そんな中、天保三（一八三二）年には、七代目の長男が八代目團十郎を襲名します。八代目の襲名に際しては、代々の團十郎が演じてきた役どころを「家の芸」として記した「歌舞妓狂言組十八番」の摺物《すりもの》（印刷物）を配布し、そこに《助六》が記されました。この摺物がのちに「歌舞伎十八番」に繋がり、《助六》もそのひとつとして《勧進帳》に次ぐ上演回数を数える人気演目となっています。

こうして、《助六》は市川家にとって特別な演目として位置づけられていきました。しかしその一方で、《助六》は今でもさまざまな役者によって、タイトルや使う音曲を変えて演じられ続けています（一覧参照）。現在では、《助六由縁江戸桜》は市川家が演じる際の外題となり、河東節も市川家だけが使う浄瑠璃として定着しています。ここでは、市川家の《助六由縁江戸桜》を例として、音楽演出を見てみたいと思います。

《助六》外題・使用音曲一覧

成田屋（市川團十郎家）《助六由縁江戸桜《すけろくゆかりのえどざくら》》河東節
音羽屋（尾上菊五郎家）《助六曲輪菊《すけろくくるわのももよぐさ》》清元節
松嶋屋（片岡仁左衛門家）《助六曲輪初花桜《すけろくくるわのはつざくら》》長唄
高麗屋（松本幸四郎家）《助六曲輪江戸桜《すけろくくるわのえどざくら》》長唄
大和屋（坂東三津五郎家）《助六桜《すけろくさくら》の二重帯《ふたえおび》》常磐津節
澤瀉屋（市川猿之助家）《助六曲輪澤瀉桜《すけろくくるわのいえざくら》》長唄

音楽のポイント

《助六由縁江戸桜》において、音楽演出の花形は序盤から助六の出端《では》までの間に使われる河東節です。出端とは、重要人物の登場シーンを見せ場としたものを指し、多くの場合、音曲を使って所作を伴います。かつて歌舞伎では出端が重要な見せ場でしたが、現在ではその性格が薄れる中、助六は古来の出端を残している貴重な作品と言えます。助六の花道での所作はもちろんですが、作品の始まりから助六が本舞台へやってくるまでを華やかに彩る河東節にはぜひ注目したいものです。河東節は、明るく軽快な音色が特徴の浄瑠璃です。三味線の華やかな合方も聴きどころで、左手によるリンリンというハジキの音や「ハォー」という派手な掛け声が印象的です。

河東節のほかには、黒御簾音楽が音楽演出の中心を担います。中でも、作品全体を引っ張るのが、廓の情景を表す〈すがかき〉という曲です。〈すがかき〉は、「本手《ほんで》」と「替手《かえで》」と呼ばれる二パートの三味線による二重奏で、吉原の賑やかさを描写する曲です。実際に遊女が店先で演奏していたとも伝えられます。この〈すがかき〉を中心に、それぞれの登場人物には人物像に合わせた曲を使う、というのが助六の黒御簾音楽のコンセプトと言えるでしょう。

順を追って見てみましょう

吉原の光景

幕明は、黒御簾で〈土手の提灯《ちょうちん》〉の唄に〈通り神楽〉（大太鼓・篠笛）の鳴物をかぶせて囃します。〈土手の提灯〉はテンポが速いので聞き取りにくいですが、〽土手の提灯　吉原ばかりが月夜かな　書いたかしくの釣針か　釣られ来る、くる、くる、廓の五丁町《ごちょうまち》　サァー」と、吉原の情景を賑やかに描写する唄です。よく使われる曲で〈土手提《どてちょう》〉と略して呼ばれたりもします。〈通り神楽〉も吉原の情景には欠かせない鳴物です。

続いて、市川家の『助六由縁江戸桜』では、幕が開くと口上役の役者が出て作品の謂《いわ》れなどを説明するのが慣例となっています。口上の始まりには、舞台袖から「東西《とざい》、東西《とうーざい》」の声がかかります。口上の内容は、観客への挨拶と作品の説明といった簡単なものです。説明を終えた口上が、後方の御簾内に向かって「河東節（十寸見《ますみ》会）ご連中様、どうぞ、お始めくださりましょう」というと、「ハォー」の掛け声を合図に、河東節の華やかな前弾《まえびき》が始まり、軽快な三味線の音が響きます。この前弾には河東節の特徴の一つである、左手のハジキがたくさん入るので耳を澄ませてみましょう。〽春霞《はるがすみ》立てるや何処《いずこ》み吉野の」の歌詞と同時に、吉原を見回る茶屋廻り（金棒引《かなぼうひ》き）が登場。河東節の演奏に、茶屋廻りが持つ金棒の音が華やかさを添えます（口絵4ページ参照）。〽鐘は上野か浅草に」の歌詞に合わせて、〈本釣鐘〉が聞こえる細部にも注目してみましょう。〽その名を伝う花川戸《はなかわど》」で茶屋廻りが花道に引込むと、河東節は一度休止となります。

揚巻と意休のやりとり

黒御簾から〈すががき〉の三味線と〈通り神楽〉が聞こえて、舞台正面から並び傾城が登場。花道から大勢を引き連れての揚巻の登場には、黒御簾音楽の〈闇の夜《よ》〉に〈渡り拍子〉（能管・太鼓・当り鉦）と〈通り神楽〉（太鼓）をかぶせたものを使います。〈闇の夜〉は、〽闇の夜に吉原ばかり月夜かな 月じゃ月じゃ」というゆったりとした唄です。「吉原ばかり月夜かな」という歌詞は、先の〈土手の提灯〉と酷似しますが、浮かれた調子の〈土手の提灯〉とは違って、こちらは傾城の華やかさ、煌びやかさ、そして哀しさまでも込めたような曲です。傾城の出にはなくてはならない唄で、たとえば『籠釣瓶花街酔醒《かごつるべさとのえいざめ》』の八ツ橋の出にも使われます。鳴物の組み合わせも大変豪華なもので、鳴物方の「ヨーイ」「ヨォー」などの掛け声とともに、〈闇の夜〉に華を添えます。曲いっぱいで、揚巻の道中は花道で足を止めてセリフとなります。セリフを終えて本舞台へ来るときも同じ曲を使いますが、歌詞は〽春霞立てるや何処み吉野の　花じゃ花じゃ」となります。「春霞立てるや何処み吉野の」は河東節の出だしと同じ歌詞ですが、これも吉原を描写する常套句《じょうとうく》のひとつでしょう。

揚巻ほか皆々が座に着くと〈すがかき〉となって、助六からの文が届きます〈本釣鐘〉が入ると、ふたたび河東節で〽遠近人《おちこちびと》の呼子鳥《よぶこどり》」となり、〽よしや交わせし来《こ》し方《かた》を」までのところで、白玉と髭の意休が登場します。花道でセリフがあり、舞台に意休、揚巻、白玉と並ぶと、次の見せ場は揚巻のツラネです。このツラネにも途中まで〈すがかき〉がゆっくりとしたテンポで入っていますが、途中からは囃子は鳴りを潜め、揚巻のセリフをたっぷりと味わう形になっています。揚巻と白玉が店の奥へと入るところは、ふたたび〈闇の夜〉に先ほどと同じ豪華な鳴物を合わせます。〈闇の夜〉はここでは揚巻のテーマソングとなっているのです。

助六の登場

揚巻と白玉が奥へ入ると、〈尺八〉が聞こえます。助六が吹いている体ですが、実際は鳥屋《とや》（花道に通じる小部屋）で尺八の演奏家が吹いています（70ページ「代行演奏」参照）。ここでは助六が吹いている体ですが、この作品の後半に例があるように、尺八は黒御簾の曲の一部として活躍することも少なくありません。

さて、再度〽思い出見世《でみせ》やすがきの」と河東節の演奏となり、〽間夫《まぶ》の名取《なとり》の草の花」まで歌うと、〈本釣鐘〉が打ち込まれて河東の三味線の合方となります。そこに傘をすぼめた助六が花道の揚幕から登場。〽思い染めたる五所《いつところ》」で助六が傘を開いて顔を見せ、そのまま花道での所作となります。助六の出端、河東節をじっくり味わっていただきたい見せ場です。〽富士と筑波を」のところで傘を持って山のような形に極まったり、〽浮世はナ車」で傘を車に見立てて回したり、〽廻《めぐ》る日並《ひな》みの約束に」と指を折って数えたりと、歌詞に合わせた所作を見つけるのも楽しいでしょう。〽これ助六が前渡《まえわた》り」で本舞台へ来て、〽風情《ふぜい》なりける次第《しだい》なり」で傘をさして極まります。見得には太鼓による〈段切《だんぎれ》〉が打ち込まれ、ツケの音が入ることで、助六のカッコ良さが一層引き立ちます。視覚美を際立たせる音の効果に注目したいところです。河東節の演奏はこの助六の出端を語ったところで終わりになり、舞台正面の御簾内も暗くなります。

助六が煙管《きせる》を受け取るところから、再び〈すががき〉と〈通り神楽〉（篠笛・大太鼓）となります。このあと、この〈すががき〉がテンポを変えながら、テーマミュージックのように作品を彩ります。くわんぺら門兵衛の登場、福山のかつぎの登退場、セリフのやり取り、朝顔仙平の登場、小競り合いなど、すべて〈すががき〉と〈通り神楽〉です。速く弾いたり、ゆったりと弾いたり、きっぱり弾いたり、柔らかく弾いたり、演奏に変化を付けることで、驚くほど曲の表情が変わるので耳を傾けてみましょう。助六が意休の頭に下駄を乗せるのに続き、助六が大勢の者を追い払うところは〈追廻《おいまわ》しの合方〉に〈通り神楽〉を使っています。この間に、意休とくわんぺら門兵衛、朝顔仙平は退場し、花道へ白酒売（実は曽我十郎）が出てきます。

友切丸の詮議

白酒売が助六の乱暴を諫《いさ》めるセリフには〈定《さだ》め合方〉。長唄《巽八景《たつみはっけい》》の〽定めかねたる 秋の空」という歌詞の部分を使うもので、人に意見をするセリフに使われる最もポピュラーな合方です。助六が刀の詮議のために喧嘩をしていることを説明すると、二人で通行人に股くぐりの喧嘩を吹っ掛けることにします。股くぐりをさせられる通行人としては、国侍《くにざむらい》と連れの奴《やっこ》、通人《つうじん》が現在の定番となっています。稀に若衆が出ることもあります。国侍と奴の出には、〈ふち廻し〉（大太鼓・当り鉦）入りの〈利久節《りきゅうぶし》〉、股くぐりは〈祇園囃子合方〉（能管・太鼓・当り鉦・三味線）です。利久節とは、琉球節の変化した名称で、〽琉球《りきゅう》へおじゃるなら草履《ぞうり》をはいておじゃれ」という歌詞の、のどかで滑稽味のある唄です。続く、通人は〈騒ぎ〉（太鼓）入りの〈夜桜〉の唄入りで登場します。〽夜桜や浮かれ烏がまいまいと、花の木陰に誰やらがいるわいな」といういかにも浮ついた歌詞のこの曲は、通人のキャラクターに合っていると言えるでしょう。田舎者の〈利休節〉と吉原で遊び慣れている通人の〈夜桜〉が対比されます。股くぐりは再び〈祇園囃子合方〉。ここでは股くぐりのテーマ曲として使われているのです。江戸の吉原で京都の祇園囃子が使われるのはおかしなことですが、この祭礼囃子のゆったりとしたテンポとそれでいて洗練された味わいを、吉原で繰り広げられているおかしみの一幕にあてたものでしょう。

母、満江の諫め

二人が通人を見送ると、揚巻が客(侍)に変装した曽我兄弟の母満江《まんこう》を伴って出てきます。ここで使われる、〽今宵ごんすとその噂」という歌詞の唄は、長唄《吉原雀《よしわらすずめ》》の一節です。満江は兄弟の行いを諫めますが、助六の真意を知り、助六実は曽我五郎に紙衣《かみこ》を与えて去って行きます。このセリフには〈只の合方〉(76ページ参照)。満江と白酒売(兄の曽我十郎)の退場には〈只唄〉が使われます。人物の引込み専用の短い唄で、歌詞は〽心残して」という短いものを引き延ばして歌います。高い音域から始まり、引込む動作の間のみ歌うのが特徴で、人物の退場を印象付ける一曲です。

意休との対決

そこへ、髭の意休がふたたび現れ、助六との対決のシーンとなります。意休の登場と揚巻とのセリフのやり取りは、テーマミュージックの〈すががき〉ですが、意休と助六のセリフになると、断続的に尺八入りの〈六段《ろくだん》合方〉が演奏されます。〈六段合方〉というのは、箏曲の《六段》という楽曲の旋律を取り入れて使っているものです。時代物のセリフに広く使われますが、黒御簾音楽として箏曲の一節が使われるときは、ある程度の格式の高さ、上品な雰囲気を出したい場合です。髭の意休はみんなに嫌われている悪役ですが、身分は高く、格の高い人物として描かれています。役者も助六と互角に渡り合える役者が勤めるのが本来とされます。そうした意味合いから、ここでは〈六段合方〉が選ばれたのでしょう。また、ここでは長いやりとりの間、〈六段合方〉の演奏が止まってはまた始まるというのを繰り返し、セリフに緊張感を与えます。意休の引込みは、満江にも使った〈只唄〉ですが、歌詞は変えて「〽仇《あだ》に散らすな」を使っています。助六が、探している刀を意休が持っていると確信し、待ち伏せをしに花道を引込むところで幕となりますが、幕切には〈曲撥《きょくばち》〉（太鼓・大太鼓・篠笛）という鳴物を使います。〈曲撥〉は太神楽系の賑やかな囃子で、幕切に用いられるものです。

《助六由縁江戸桜》の音楽の特徴は、何といっても市川家の助六にしか使われない河東節です。助六の「出端」を浄瑠璃が飾る古風な演出も、今では珍しい例です。助六の登場後は黒御簾音楽が大活躍します。テーマミュージックのように繰り返し使われ、表情をさまざまに変える〈すががき〉は全体に統一感も与えています。そして、揚巻の〈闇の夜〉、国侍と奴の〈利休節〉、通人の〈夜桜〉、客に変装した母親に〈吉原雀〉、そして意休には〈六段合方〉、というように、それぞれの人物に合わせた色とりどりの曲を用いて、人物像を浮かび上がらせます。人物ごとに別々の曲を用いる手法は、オペラなどで特定の人物や状況と結びついて繰り返し用いられる、ライトモティーフを思わせるようでもあります。《助六由縁江戸桜》は、河東節から黒御簾音楽まで、江戸らしい洗練された音楽演出が味わえる作品と言えるでしょう。

〔参考映像〕平成十五（二〇〇三）年一月歌舞伎座公演　助六実は曽我五郎＝十二代目市川團十郎、揚巻＝四代目中村雀右衛門、髭の意休＝四代目市川左團次、白酒売実は曽我十郎＝七代目尾上菊五郎ほか（DVD『歌舞伎名作撰　助六由縁江戸桜』松竹株式会社／NHKエンタープライズ、二〇〇六年）

詞章　河東節《助六由縁江戸桜》

〔前弾〕〽春霞《はるがすみ》立てるや何処《いずこ》み吉野の　山口三浦うらうらと　うら若草や初花に　根ごして植ゑし江戸桜　匂う夕べの風につれ　鐘は上野か浅草に　その名を伝う花川戸《はなかわど》（合）

〽遠近人《おちこちびと》の呼子鳥《よぶこどり》　否《いな》にはあらぬ逢瀬《おうせ》より　此処《ここ》を浮世の仲ノ町《なかのちょう》　よしや交わせし来し方を（ここで白玉・意休出）　思い出見世《でみせ》やすがきの　音締《ねじ》めの撥《ばち》に招かれて　それとは言わねど顔佳鳥《かおよどり》　間夫《まぶ》の名取《なとり》の草の花　（合）（この合方の末尾で助六が登場）

本調子　〽思い染めたる五所《いつどころ》　紋日《もんび》待つ日のよすがさえ　こどもが便り待合の　辻うら茶屋に濡れて寝《ぬ》る　雨の箕輪《みのわ》の冴え返る　（ここで助六と並び傾城のやりとり）

〽この鉢巻は過ぎし頃　由縁《ゆかり》の筋の紫も　君が許しの色見えて　移り変わらで常磐木《ときわぎ》の　松の刷毛《はけ》先隙《さきす》き額《びたい》　堤《つつみ》八町風誘う　目当ての柳　花の雪　傘に積もりし山間《やまあい》は　富士と筑波をかざし草　草に音せぬ塗鼻緒《ぬりばなお》　（合）一つ印籠《いんろう》　一つ前

三下り　〽急《せ》くな急きゃるな　さよえ　浮世はナ車　さよえ（合）

本調子　〽廻《めぐ》る日並《ひな》みの約束に　籬《まがき》へ立ちて訪れも　果ては口舌《くぜつ》かありふれた手管《てくだ》に落ちて睦言《むつごと》となりふり床《ゆか》し　君ゆかし　（助六セリフ「君なら、君なら」）

〽神《しん》ぞ命を揚巻《あげまき》の　これ助六が前渡り　風情なりける次第なり

七、楼門（『楼門五三桐』「南禅寺山門の場」）

大薩摩の演奏で幕を開ける、様式美あふれる一幕

登場人物（登場順）……石川五右衛門、久吉の臣右忠太《うちゅうた》、久吉の臣左忠太《さちゅうた》、真柴久吉《ましばひさよし》

音楽（楽器）…………大薩摩（唄・三味線）、竹本（浄瑠璃・三味線）、黒御簾音楽（三味線・鳴物）

作品について

成り立ち

初代並木五瓶《なみきごへい》の筆による『楼門五三桐《さんもんごさんのきり》』は、『金門五三桐《きんもん》』の名で安永七（一七七八）年四月、大坂角《かど》の芝居で初演されました。寛政十二（一八〇〇）年二月に江戸初演の際に『楼門五三桐』のタイトルが使われ、現在ではこちらが定着しています。本作は、稀代の大盗賊、石川五右衛門が実は明の宋蘇卿《そうそけい》（実在の貿易家だが、本作では日明両国を乗っ取ろうと謀る人物として登場する）の息子であるという、作者並木五瓶らしい大胆な発想による作品です。全体のストーリーは、宋蘇卿が真柴久吉（羽柴秀吉《はしばひでよし》）に追い詰められて自滅した後に、自分が宋蘇卿の息子であることを知った五右衛門が、父の敵《かたき》と久吉の命を狙うものの、果たせず捕らえられるという筋。現在独立して上演され

『金門五三桐』「南禅寺山門の場」　石川五右衛門＝三代目中村橋之助（現・中村芝翫）　真柴久吉＝三代目中村扇雀　平成22（2010）年3月・国立劇場（国立劇場蔵）

る「南禅寺山門の場」（略して『楼門《さんもん》』）はこの作品の二幕目返し（後半）にあたり、五右衛門と久吉の邂逅《かいこう》を描いています。

なお、歌舞伎で上演される石川五右衛門ものには他に『増補《ぞうほ》双級巴《ふたつどもえ》』がありますが、こちらは文久元（一八六一）年江戸守田座初演の作品で、人形浄瑠璃『釜淵《かまがふち》双級巴《ふたつどもえ》』（元文二（一七三七）年、大坂豊竹座初演）の改作です。もっとも、実態は『楼門五三桐』や『木下蔭《このしたかげ》狭間合戦《はざまがっせん》』（寛政元（一七八九）年、大坂大西芝居初演）などそれまでの五右衛門ものを繋ぎ合わせた作品となっており、この作品にも「南禅寺山門の場」が登場します。『増補双級巴』は、二代目実川延若《じつかわえんじゃく》が人気を博し、近年では二代目中村吉右衛門、十代目松本幸四郎らによって上演が重ねられています。

物語の概要

『楼門』のストーリーは、南禅寺山門の楼上で景色を楽しんでいた石川五右衛門が、白鷹が運んできた血書から自分が宋蘇卿の遺児であると知り、真柴久吉への復讐を誓う。すると、山門の下に巡礼姿の久吉が現れ、五右衛門は手裏剣を打つが、久吉に柄杓《ひしゃく》で受け止められる、という単純なものです。二十分程度の短い場面ですが、極彩色《ごくさいしき》の唐様山門《からようさんもん》、五右衛門の大百日《おおびゃくにち》の鬘《かつら》(大盗賊を表す)、褞袍《どてら》や煙管《きせる》の誇張した表現、そして久吉の登場時にせり上がる大ゼリなどの様式美がちりばめられています。音楽もまたその様式美を支える重要な役割を果たしています。

音楽のポイント

この『楼門』の音楽演出の見どころは、なんといっても、浅葱幕の前で演奏される足掛けの大《おお》薩摩《ざつま》(99ページ参照)です。浅葱幕が振り落とされてからは、黒御簾音楽のみで運ぶ演出(東京系)と、竹本と黒御簾音楽を使う演出(関西系)に分けられます。ここで例として取り上げる公演で五右衛門を演じた二代目中村吉右衛門は、東京の役者ですが、竹本を使う関西系の演出を用いています。

大薩摩は、先述のとおり、もともと大薩摩節という独立した浄瑠璃だったものが、長唄に吸収されたものです。明治元(一八六八)年に正式に家元権《いえもとけん》を譲渡された三味線方の三世杵屋勘五郎《かんごろう》は大薩摩に特徴的な旋律型(メロディーパターン)を「大薩摩四十八手《しじゅうはって》」として整理しましたが、この

『楼門』の「足掛けの大薩摩」にも「大薩摩四十八手」の旋律型が登場します。大薩摩の演奏によって、石川五右衛門の豪快なキャラクターや舞台上に出現する豪華絢爛な『楼門』の大道具がいっそう際立つことになります。また、「足掛けの大薩摩」では、〈カラクサ〉と呼ばれる、即興的に三味線の技巧を聴かせる演奏が必ず入ります。即興と言っても大体の定型はあるのですが、この部分は三味線方の腕の見せどころとなっています。

順を追って見てみましょう

幕明は**〈禅《ぜん》の勤《つとめ》合方〉**。同名の鳴物**〈禅の勤〉**（大太鼓・銅鑼《どら》）が入ります。幕が開くと黒御簾からは**〈山おろし〉**（大太鼓）が聞こえ、舞台には浅葱幕がかかっています。上手から若手の三味線方が出て、幕前に合引《あいびき》（三味線方が足を掛けて演奏するための台）を置いていくと、やはり上手から唄方と三味線方の演奏者が登場して大薩摩となります。足掛けの大薩摩の演奏は即興的なもので、演奏者や演奏機会により細部が異なりますが、大枠はだいたい決まっています。メロディーにもだいたいのパターンがあり、「大薩摩四十八手」にあるような旋律型（あるいはそれを少し変奏したもの）を要所々々に使うことで、大薩摩らしい重厚な雰囲気を演出するという点では共通しています。例えば、前弾《まえびき》（曲の冒頭部分）に用いられる〈三重返し《さんじゅうがえ》〉、〽それ緑林白浪《りょくりんはくろう》の」の部分によく演奏される「本手《ほんで》」「押重《おしじゅう》」（ここでは二つを続けて演奏するので「本手押重」となる）などは、「大薩摩四十八手」に記されている旋律型です。ちなみに、「緑林」も「白浪」も盗賊の異称で、五右衛門のことを語っているると考えてよいでしょう。

三味線方による即興的で技巧的な〈カラクサ〉は〽「しばし栄華の夢見草」の後に入ることが通常です。〈カラクサ〉は獅子物《ししもの》の舞踊などでも聴くことができますので、お馴染みの方も多いでしょう。なお、三味線方が〈カラクサ〉や前弾を演奏する間は、唄方は横(下手の方向)を向き、三味線方に主役を譲る形となります。大薩摩の末尾、〽「春の眺めやまさるらん」の部分にも〈本手押重〉が演奏されます。足掛けの大薩摩の演奏では、勇壮な語り口と技巧的な三味線を楽しみましょう。

大薩摩が終わり、若手の三味線方が合引を片付けると再び〈山おろし〉。合引が片付けられると、いよいよ浅葱幕が振り落とされます。竹本の〽「五右衛門、四方をうち眺め」から、有名な五右衛門の「絶景かな絶景かな」のセリフとなります。このセリフには、本作品専用で演奏される黒御簾の曲〈金門相方《きんもんあいかた》〉があります(上方系の曲なので「相方」の字を用いる。また、東京系の演出では、寺院の場面で使われる〈禅の勤合方〉を用いる)。

続いて、竹本〽「折しも雲間のかなたより白羽《しらは》の鷹」で〈トヒヨ〉(能管)と〈風音〉(大太鼓)が入り、白鷹が血書の片袖を運んできます。五右衛門は鷹の足から片袖をとって読み上げます。そして、そこに書かれた宋蘇卿の遺言から、五右衛門は自分の父親が明の宋蘇卿であることを知るのです。このセリフの間は竹本の三味線がメリヤスを演奏します。五右衛門が、父の敵である真柴久吉への仇討ちを誓い、〽「不敵なりける次第なり」の竹本で極まると、真柴久吉の手下が二人、襲い掛かります。二人の出には大太鼓の〈風音〉。竹本と〈風音〉にツケが入って立廻りになり、竹本〽目覚ましく」で極まると、柝《き》が入り、セリ上げとなります。セリは〈楼門《さんもん》セリ合方〉に派手な鳴物が入って、セリ上りそのものが見せ場となっています。鳴物は上演によって異同があるようですが、〈ラーラー下り羽《さがは》〉（能管・太鼓）に本釣鐘による〈寺鐘〉、〈風音〉（大太鼓）、あるいは〈ラーラー下り羽〉と〈禅の勤〉（大太鼓・銅鑼）に〈寺鐘〉や磬《キン》（37ページ参照）や妙八《みょうはち》を加えたものなどの例があります。なお、このように多種類の鳴物を一度に使う場合、楽器が重複しますので、そのあたりは適宜省略するなど調整して演奏しているようです。

セリが上がると、楼門の眼下には真柴久吉。久吉が「石川や　浜の真砂《まさご》は尽きるとも　世に盗人の種は尽きまじ」（五右衛門の辞世の歌と伝えられるもの）と落首を詠み、五右衛門の手裏剣を柄杓《ひしゃく》で受け止めると、「巡礼にご報謝」のセリフを言って二人が見合います。このストーリーのほとんどない一幕に人気があるのも、ここで互いに見合う二人の役者の大きさが魅力となっているからと言えるでしょう。令和三（二〇二一）年三月の『楼門』は二代目中村吉右衛門の最後の舞台となってしまいましたが、吉右衛門演じる五右衛門と七代目尾上菊五郎演じる久吉の対面は、ぞくぞくするような興奮を覚えたものです。

幕切は、竹本〽「目覚ましかりける」で〈カケリ〉（能管・小鼓）や〈山おろし〉（大太鼓）、〈寺鐘〉（本釣鐘）が入り、五右衛門と久吉が見得で極まって幕となります。幕切のツケにもご注目ください。

〔参考〕平成二十二（二〇一〇）年三月歌舞伎座公演　石川五右衛門＝二代目中村吉右衛門、真柴久吉＝七代目尾上菊五郎、大薩摩＝大薩摩文清太夫林雀（七代目鳥羽屋里長）、三味線＝杵屋栄津三郎

詞章　大薩摩

〽それ緑林白浪《りょくりんはくろう》の　堅き言の葉和らぎて　昼を夜なる歓楽は　盧生が夢のそれならで　瑞竜山の楼《さん》門《もん》に　しばし栄華の夢見草　緑の林色増して　春の眺めやまさるらん

※〽しばし栄華の夢見草」を略す場合や、〽しばし栄華の夢見草」の代わりに〽花の白浪青柳の」を入れる場合など、公演によって異なる場合がある。

第二章　おすすめ演目　聴きどころメモ

ここでは、音楽ジャンルや音楽演出ごとにこれまでに挙げたものも含め、おすすめの演目を一覧にし、概要と聴きどころをご紹介します。歌舞伎鑑賞の一助ともなれば幸いです。

【舞踊音楽】

長唄舞踊

長唄舞踊は圧倒的に数が多く、その性格もさまざま。作品による雰囲気の違いを味わうのも楽しみのひとつと言えるでしょう。ここでは長唄の名曲としても名高い作品から一部をご紹介します。

《京鹿子《きょうがのこ》娘《むすめ》道成寺《どうじょうじ》》　一人の女形が大曲を踊り抜く。長唄の代表曲にして、女形舞踊の決定版。

藤本斗文《ふじもととぶん》作・杵屋弥三郎《きねややさぶろう》作曲（初世杵屋作十郎《さくじゅうろう》補綴《ほてつ》か）・宝暦三（一七五三）年中村座初演

白拍子《しらびょうし》が舞を披露するうちに蛇体の本性を顕す能《道成寺》を下敷きに、さまざまな曲調の組曲のような構成。〈手拭《てぬぐい》のクドキ〉の唄、〈チンチリレンの合方〉の一糸乱れぬ三味線は圧巻です。

《鷺娘《さぎむすめ》》　雪が降りしきる中、鷺の精が恋の苦しみを体現する幻想世界。
初世杵屋忠次郎《ちゅうじろう》、初世富士田吉治《ふじたきちじ》作曲(三世杵屋正治郎《しょうじろう》補曲)・宝暦十二(一七六二)年市村座初演
立唄《たてうた》の独吟による鼓唄《つづみうた》「〽妄執《もうしゅう》の雲　晴れやらぬ」に始まり、〈クドキ〉や〈傘尽し《かさづくし》〉では娘らしい華やかさを見せ、凄艶《せいえん》な地獄の責めで締めくくられる、変化に富む大曲です。

《二人椀久《ににんわんきゅう》》　恋ゆえに正気を失った男が焦がれる女の幻影を見る、切なくも美しい名曲。
作者不詳・初世錦屋金蔵《にしきやきんぞう》作曲・安永三(一七七四)年市村座初演
能《井筒《いづつ》》の詞章を借りて椀久《わんきゅう》と松山《まつやま》の幻影が二人の舞を見せると、「〽按摩《あんま》けんぴき」の部分は曲中最も華やかなところ。三味線のタマと大小の鼓が圧巻の技を聴かせます。

《越後獅子《えちごじし》》　小品ながら、聴きどころがギュッと詰め込まれた粋な一曲。
作者諸説あり・九世杵屋六左衛門《ろくざえもん》作曲・文化八(一八一一)年中村座初演
「〽来るか来るか」の〈浜唄《はまうた》〉や後半の〈晒《さら》しの合方〉はとりわけ有名です。〈晒しの合方〉は三味線の替手《かえで》が入り、独特な旋律の二重奏を奏でます。

《船弁慶《ふなべんけい》》　能《船弁慶》を歌舞伎化したドラマティックな松羽目《まつばめ》舞踊。
河竹黙阿弥《かわたけもくあみ》脚色・三世杵屋正治郎作曲・明治十八(一八八五)年新富座《しんとみざ》初演

都落ちする源義経が静《しずか》（前シテ）と別れて船に乗ると、平知盛《たいらのとももり》の幽霊（後シテ）が襲い掛かります。〈都名所《みやこめいしょ》〉と呼ばれる静の舞と勇壮な知盛の対比が印象的です。

竹本舞踊

古風な味わいのある竹本（義太夫節）の舞踊。竹本の舞踊には道行物《みちゆきもの》が多く見られるほか、変化《へんげ》舞踊の小品もあります。特徴的な太夫の発声、三味線の音色にも注目して味わってみましょう。

《道行旅路の嫁入《みちゆきたびじのよめいり》》　不安と期待を胸に、許嫁《いいなずけ》の住む京都山科《やましな》へ向かう母娘の旅路。

二世竹田出雲《たけだいずも》、三好松洛《みよししょうらく》、並木千柳《なみきせんりゅう》合作《がっさく》・寛延元（一七四八）年大坂竹本座初演（人形浄瑠璃）

『仮名手本忠臣蔵』の八段目、加古川本蔵《かこがわほんぞう》の妻戸無瀬《となせ》と娘小浪《こなみ》の道行です。詞章には東海道の地名が詠み込まれます。小浪のクドキ〽逢ふて男になんとまあ」でクライマックスに達します。

《道行恋苧環《みちゆきこいのおだまき》》　男をめぐって町娘と姫が三角関係に火花を散らす三人の道行。

近松半二《はんじ》ほか作・明和八（一七七一）年大坂竹本座初演（人形浄瑠璃）

『妹背山婦女庭訓《いもせやまおんなていきん》』の四段目、求女《もとめ》（実は藤原淡海《ふじわらたんかい》）と許嫁の橘姫《たちばなひめ》に、求女を想うお三輪《みわ》が追いつく場面。〽園《その》に色よく」の三人の手踊りが見どころ聴きどころ。

《蝶《ちょう》の道行》　この世で結ばれなかった男女が蝶に姿を変え、冥途《めいど》へと旅立つ。

並木五瓶《なみきごへい》作・宮薗文字太夫《みやぞのもじだゆう》、富澤音次郎作曲・天明四（一七八四）年大坂中《なか》の芝居初演

〽娑婆《しゃば》も冥途も」は鼓唄《つづみうた》、万歳《まんざい》、小唄、馬士唄などを聴かせて楽しい部分。終盤は地獄の責苦《せめく》となり、男女が蝶の狂いを見せて草の露と消えます。〈寝鳥《ねとり》〉〈オルゴール〉など黒御簾楽器も活躍。

《伊達娘恋緋鹿子《だてむすめこいのひがのこ》（櫓《やぐら》のお七《しち》）》　人形を模した所作で感情の高まりを表す人形振りの代表作。

河竹黙阿弥脚色・作曲者未詳・安政三（一八五六）年市村座初演

恋する吉三郎《きちさぶろう》を助けるために、禁じられている火《ひ》の見《み》櫓の太鼓を叩いてしまうお七。最近は『松竹梅湯島掛額《しょうちくばいゆしまのかけがく》』の大詰「四《よ》つ木戸《きど》火の見櫓の場」としての上演も増えています。

《団子売《だんごうり》》　夫婦の仲睦《なかむつ》まじさに幸せな気分になれる舞踊。

作者不明・明治三十四（一九〇一）年大阪御霊文楽座《ごりょうぶんらくざ》初演（人形浄瑠璃）

〽ほんにえ」からのお臼《うす》と杵造《きねぞう》の連れ舞は音頭《おんど》調で太夫が喉を聴かせ、〽さうだよ高砂尾上の」以下、おかめとひょっとこの面をつけた俄《にわか》（滑稽な即興芸）の踊りはリズミカルで楽しめます。

常磐津舞踊

常磐津節の舞踊は曲による表情の違いが大きく、劇的展開を見せる大曲から、洒脱な変化舞踊曲まで、その豊かさは江戸時代の常磐津の人気ぶりを物語ります。

《蜘蛛糸梓弦《くものいとあずさのゆみはり》》　驚きの連続、ケレンたっぷりの変化舞踊。

金井三笑《かないさんしょう》作・初世佐々木市蔵作曲・明和二（一七六五）年市村座初演

六役（五役）の早替りや蜘蛛の糸を使った立廻りが見どころ。常磐津の聴きどころは、座頭《ざとう》による奥浄瑠璃《おくじょうるり》（東北地方の古浄瑠璃《こじょうるり》）〽「これはさておき」や、傾城《けいせい》の〽「勤《つとめ》の嘘を」のクドキなど。

《忍夜恋曲者《しのびよるこいはくせもの》（将門《まさかど》）》　妖艶さと凄味のある常磐津屈指の名曲。

宝田寿輔《たからだじゅすけ》作・五世岸澤式佐《きしざわしきさ》作曲・天保七（一八三六）年市村座初演

平将門の娘、滝夜叉姫《たきやしゃひめ》は、詮議に訪れた大宅太郎光圀《おおやたろうみつくに》を誘惑するも、謀反《むほん》を狙う本性を顕します。〽「嵯峨《さが》や御室《おむろ》」のクドキは「さがや」の名でも知られる有名な一節です。

《年増《としま》》　日常のおしゃべりを舞踊にした洒落た一曲。

三世桜田治助作・五世岸澤式佐作曲・天保十（一八三九）年中村座初演

年増とは二十歳を過ぎて丸髷《まるまげ》を結った女性のこと。元芸者の年増が幇間《ほうかん》を呼び止めて聞かせる体《てい》で、自分を囲う旦那との馴れ初めなどをしゃべりまくります。〈三味線尽し〉は楽しいところ。

《乗合船《のりあいぶね》恵方《えほう》萬歳《まんざい》（乗合船）》　隅田川の渡し船に乗る客を七福神に見立てた、愉快な舞踊曲。

三世桜田治助《さくらだじすけ》作・五世岸澤式佐作曲・天保十四（一八四三）年市村座初演

白酒売《しろざけうり》、大工、芸者、通人らが次々と踊る前半も楽しいですが、万歳《まんざい》と才造《さいぞう》が祝福芸《しゅくふくげい》を見せる「〽鼓おっとり」以下がこの作品の眼目。滑稽でノリの良い常磐津の語りが楽しめます。

《勢獅子《きおいじし》》　遊び心にあふれた祭礼《さいれい》物の代表曲。

三世瀬川如皐《せがわじょこう》作・五世岸澤式佐作曲・嘉永四（一八五一）年中村座初演

「〽ヤンレかっかれ」の木遣《きや》り、「〽それ建久《けんきゅう》」からの曽我兄弟の討入物語の見立て、「〽主にサァ」からの滑稽なぼうふら踊り、芸者のクドキなど、変化に富んだ構成は見る者を飽きさせません。

清元舞踊

艶っぽく粋な清元節の舞踊では、独特の明るさや洒落っ気が感じられ、小品に名曲が多くあります。語りの高音の技巧や洒脱な三味線の手に注目してみましょう。

《吉原雀《よしわらすずめ》》　放生会《ほうじょうえ》の日、吉原へやってきた鳥売《とりう》りの男女が見せる廓情緒《くるわじょうちょ》。

三升屋二三治《みますやにそうじ》作・初世清元斎兵衛《さいべえ》作曲・文政七（一八二四）年市村座初演

放生会とは捕らえられた生き物を放つ仏教行事。吉原雀は素見騒《そけんぞめ》き（冷やかして歩くだけで登楼《とうろう》しない客）の別称で、全体に「鳥」にまつわる歌詞が散りばめられています。

《道行旅路《みちゆきたびじ》の花聟《はなむこ》（落人《おちうど》）》　春爛漫《らんまん》の明るさの中に男女の逃避行《とうひこう》を描く一幕。

三升屋二三治《みますやにそうじ》作・清元栄治郎《えいじろう》作曲・天保三（一八三二）年河原崎座初演（『裏表忠臣蔵《うらおもてちゅうしんぐら》』の三段目裏として）

『仮名手本忠臣蔵』の四段目。主人の大事に遅れた早野勘平《はやのかんぺい》の苦しい状況を案じ、自分の責任を感じつつも、初めての二人旅に心浮き立つお軽《かる》。複雑な胸中は、二度のクドキとなって表れます。

《三社祭《さんじゃまつり》》　清元節らしい軽妙洒脱《けいみょうしゃだつ》な味わいを堪能できる一曲。

二世瀬川如皐《せがわじょこう》作・初世清元斎兵衛《さいべえ》作曲・天保三（一八三二）年中村座初演

息の合った二人の踊りが人気で、清元も洒落っ気にあふれた詞章と節付けになっています。終盤の〽早い手玉や」からは玉尽《たまづく》しの詞章による躍動感ある浄瑠璃と踊りで、最高に盛り上がるところ。

《神田祭《かんだまつり》》　仲睦まじい鳶《とび》と芸者の祭り気分にあふれた一曲。

三升屋二三治作・清元斎兵衛作曲・天保十（一八三九）年河原崎座初演

鳶頭《とびがしら》が踊る投《な》げ節《ぶし》〽「森の小鳥」（投げ節――江戸時代に主に遊里で歌われた流行唄で、節尻を投げるように歌うのが特徴）や、〽「ヤアやんれ」からの木遣《きや》りなどに清元らしいアレンジが光ります。

《流星《りゅうせい》》　七夕の日、牽牛《けんぎゅう》と織女《しょくじょ》のもとに、流星が雷《かみなり》夫婦の喧嘩を知らせにくる、洒落た舞踊。

河竹黙阿弥作・清元順三作曲・安政六（一八五九）年市村座初演

流星は面を使って、雷の亭主・雷の女房・子雷・婆雷の四役を踊り分けながら、夫婦の喧嘩の顛末を語ります。〽「ゴロゴロゴロ、ピカピカピカ」などという歌詞も楽しい作品です。

掛合の舞踊

掛合の舞踊の眼目《がんもく》は、何と言っても変化の妙《みょう》。異なるジャンルが合奏したり交互に演奏したりすることで、発声や曲調がめまぐるしく変わるのを楽しむのが醍醐味《だいごみ》と言えるでしょう。

《道行初音旅《みちゆきはつねのたび》（吉野山《よしのやま》）》　舞台一面の桜の下、源義経の元へ向かう静御前《しずかごぜん》と狐忠信《きつねただのぶ》の道行。

〔清元＋竹本〕　二世瀬川如皐作・三保崎兵助《みおさきひょうすけ》作曲・文化五（一八〇八）年初演（富本節として初演）

『義経千本桜《よしつねせんぼんざくら》』四段目の道行。狐忠信（佐藤忠信《さとうただのぶ》に化けている）が忠信の兄、佐藤継信《つぎのぶ》の戦死の様子を再現する〈物語《ものがたり》〉では、竹本と清元の掛合がキリリと格好良く響きます。

《喜撰《きせん》》　喜撰法師を茶汲《ちゃく》み女と戯れる俗っぽい僧侶として描く、洒落と遊び心の結晶。

〔清元＋長唄〕松本幸二作・十世杵屋六左衛門、初世清元斎兵衛作曲・天保二年（一八三一）中村座初演

『六歌仙容彩《ろっかせんすがたのいろどり》』の一曲。長唄のクドキ〽「今日の御見《ごけん》の」と、清元のクドキ〽「わたしゃお前の」が前半の聴かせどころ。後半はチョボクレ、住吉踊《すみよしおどり》などのリズミカルな市井《しせい》の俗曲が楽しめます。

《紅葉狩《もみじがり》》　三方掛合《さんぼうかけあい》の醍醐味を存分に味わえる、聴き応《ごた》えたっぷりの舞踊曲。

〔常磐津＋竹本＋長唄〕河竹黙阿弥作・五世岸澤式佐、鶴澤安次郎《つるざわやすじろう》、三世杵屋正治郎作曲・明治二十年（一八八七）初演

戸隠山《とがくしやま》の鬼女《きじょ》伝説を下敷きにした同名の能が原作。更科姫《さらしなひめ》（実は戸隠山の鬼女）の舞で、春・冬・夏の景色をそれぞれ長唄・常磐津・竹本が描写するところが注目ポイントです。

《身替座禅《みがわりざぜん》》　狂言《花子《はなご》》を下敷きにした抱腹絶倒《ほうふくぜっとう》の松羽目舞踊。

〔常磐津＋長唄〕岡村柿紅《しこう》作詞・七世岸澤式佐、五世杵屋巳太郎《みたろう》作曲・明治四三年（一九一〇）市村座初演

前半は、山蔭右京《やまかげうきょう》の浮気を奥方玉ノ井が知るまでの顚末が常磐津で描かれます。奥方に浮気がばれたことを知らない右京の惚気話《のろけ》は、掛合の聴かせどころであり、一番笑えるところでもあります。

《小鍛冶《こかじ》》　名刀小狐丸《こぎつねまる》の誕生秘話を描いた舞踊曲。

（竹本＋長唄）木村富子作詞・初世鶴澤道八《どうはち》、四世杵屋佐吉《さきち》作曲・昭和十四年（一九三九）明治座初演

小鍛冶宗近が稲荷明神《いなりみょうじん》の加護を受けて名刀を作り上げる伝説を下敷きにした同名の能や長唄がもと。荘厳な雰囲気と狐らしい躍動感が絶妙に相まった作品です。

三曲の舞踊

三曲《さんきょく》（箏《こと》・地歌《じうた》三味線・胡弓《こきゅう》または尺八《しゃくはち》）を使う舞踊には、近代の作品が多く見られます。歌舞伎で使われてきた三味線音楽とは違った趣《おもむき》が感じられます。

《黒塚《くろづか》》　安達ケ原《あだちがはら》の鬼女《きじょ》の「心」を描き出した近代を代表する歌舞伎舞踊。

木村富子作詞・四代目杵屋佐吉、中島雅楽之都《うたしと》作曲・昭和十四（一九三九）年東京劇場初演

三段構成の長唄舞踊のうち、箏曲と尺八が使われるのは幻想的な中の巻。仏の救済を知って喜び、秋の野で一人舞う老女岩手（実は鬼女）。踊りと情景と音楽が味わい深い情感を生みます。

【劇音楽】

黒御簾音楽全般

黒御簾音楽はあらゆる作品で使われますので、タイプの違う作品を厳選してご紹介します。

『寿曽我対面《ことぶきそがのたいめん》』　曽我兄弟《そがきょうだい》の登場に演奏される二人のテーマ曲。

作者不明・延宝四（一六七六）年中村座初演（現行は一九〇三年の台本に拠る）

小林朝比奈《あさひな》が曽我十郎《そがのじゅうろう》、五郎の兄弟を呼び出すと〈対面三重《たいめんさんじゅう》〉で花道から兄弟が登場。七三で極まるところで曲がぴったり終わるように、黒御簾の舞台師《ぶたいし》が見計らって独弾で演奏します。

『菅原伝授手習鑑《すがわらでんじゅてならいかがみ》』「車引《くるまびき》」　人物を描く黒御簾音楽。

竹田出雲《たけだいずも》、三好松洛《みよししょうらく》、並木千柳《なみきせんりゅう》合作・延享三（一七四六）年大坂竹本座（人形浄瑠璃）

荒事《あらごと》で活躍する黒御簾音楽のうち、人物登場時の鳴物にご注目。松王丸《まつおうまる》には〈流《なが》し〉の鳴物。能管の音が気性《きしょう》の激しさを表します。悪役時平公《しへいこう》には典雅《てんが》な〈音楽《おんがく》〉。高貴な位や傲慢《ごうまん》さの表れです。

『源平布引滝《げんぺいぬのびきのたき》』「実盛物語《さねもりものがたり》（九郎助住家《くろすけすみか》）」　幕明の黒御簾音楽に耳をすます。

並木千柳、三好松洛合作・寛延二(一七四九)年大坂竹本座(人形浄瑠璃)

幕明の黒御簾音楽は情景を描写します。幕明の浜唄《はまうた》〈磯《いそ》のなア〉は、九郎助の家が琵琶湖畔《びわこはん》にあることを表し、九郎助と太郎吉《たろきち》の出の浜唄〈沖《おき》は凪《なぎ》ようて〉も湖畔にあることを強調します。

黙阿弥の名セリフには合方《あいかた》が不可欠！

『三人吉三巴白浪《さんにんきちさともえのしらなみ》』「大川端庚申塚の場《おおかわばたこうしんづか》」

河竹黙阿弥《かわたけもくあみ》作・安政七(一八六〇)年市村座初演

三人の吉三が義兄弟《ぎきょうだい》の契《ちぎ》りを結ぶ序幕。ポイントは何と言ってもお嬢吉三《じょうきちさ》の厄払《やくばら》いのセリフ。お嬢吉三が百両を手に杭に足をかけると〈本釣鐘《ほんつりがね》〉がゴーンと鳴り、〈梅主合方《うめぬしあいかた》〉のメロディーに乗せて、「月も朧《おぼろ》に白魚《しらうお》の〜」と始まります。

黒御簾の演奏も演技をしている?!

『新皿屋舗月雨暈《しんさらやしきつきのあまがさ》(魚屋宗五郎《さかなやそうごろう》)』「宗五郎内の場《そうごろううち》」

河竹黙阿弥作・明治十六(一八八三)年市村座初演

妹を殺された悔しさから、宗五郎が酒を飲んで酔っぱらっていくシーン。黒御簾の〈西行桜合方《さいぎょうさくら》〉は、酒に口を付けるまではゆっくり、飲みだすと一気に加速。演奏の緩急《かんきゅう》も演技の一部です。

黒御簾の独吟

独特な雰囲気を醸し出す黒御簾の独吟《どくぎん》。地歌《じうた》の一節、めりやす、端唄《はうた》の例をご紹介します。

『恋飛脚大和往来《こいびきゃくやまとおうらい》（封印切《ふういんぎり》）』「井筒屋《いづつや》離《はな》れ座敷・元の井筒屋」　上方情緒《じょうちょ》を演出する地歌《じうた》の独吟。

作者・初演未詳（近松門左衛門『冥途《めいど》の飛脚《ひきゃく》』の増補改作のひとつ）

「離れ座敷」で〈常盤《ときわ》の松〉、「井筒屋」で〈お前の袖〉が歌われます。前者は地歌《三勝《さんかつ》》の一節、後者は地歌《愚痴《ぐち》》が原曲。忠兵衛が封印を切ったことを梅川に告げ、戸を締めると〽お前が袖とわしが袖〜」と聞こえるその刹那《せつな》は胸が痛くなります。

『仮名手本忠臣蔵』「七段目」　遊女おかるの身請《みう》け話に彩りと哀愁を添えるめりやす。

二世竹田出雲《たけだいずも》、三好松洛《みよししょうらく》、並木千柳《なみきせんりゅう》合作《がっさく》・寛延元（一七四八）年大坂竹本座初演（人形浄瑠璃）

大星由良之助《おおぼしゆらのすけ》が顔世御前《かおよごぜん》からの密書《みっしょ》を読む支度をするところから、身請け話に喜ぶおかるが実家に文を書こうとするところまで、めりやす〈小夜千鳥《さよちどり》〉が三回に分けて歌われます。

『東海道四谷怪談《とうかいどうよつやかいだん》』「元の浪宅《ろうたく》の場」　お岩の髪梳《かみす》きを演出する悲しい恋の歌。

四世鶴屋南北《つるやなんぼく》作・文政八（一八二五）年中村座初演

伊右衛門に裏切られたお岩が、鉄漿《おはぐろ》をつけ、髪を梳《す》くシーン。めりやす〈瑠璃《るり》の艶《つや》〉が三回に分けて独吟で歌われます。その歌はまるでお岩の恨みと悲しみを増幅していくかのようです。

『盟三五大切《かみかけてさんごたいせつ》』「佃沖新地鼻《つくだおきしんちはな》の場」　江戸の情緒を演出する端唄の独吟。

四世鶴屋南北作・文政八（一八二五）年中村座初演

夏の夜の佃沖《つくだおき》、船頭三五郎《さんごろう》と芸者小万《こまん》が乗る舟と、薩摩源五兵衛《さつまげんごべえ》が乗る舟がニアミスします。ドラマが動き出す序幕。幕切の端唄《夕暮《ゆうぐれ》》は、何とも言えない色気と情緒を漂わせます。

『梅雨小袖昔八丈《つゆこそでむかしはちじょう》（髪結新三《かみゆいしんざ》）』「永代橋《えいたいばし》の場」　死を決意する男に寄り添う端唄。

河竹黙阿弥作・明治六（一八七三）年中村座初演

髪結新三に騙され、お熊《くま》を誘拐された忠七《ちゅうしち》が入水《じゅすい》を決意する場面で使われるのが、端唄《書き送る》。この端唄は忠七にも聞こえていて、詞章と自分の身を重ね合わせて述懐《じゅっかい》します。河竹黙阿弥が好んで使った端唄の効果が光る演出です。

黒御簾の胡弓

黒御簾の胡弓《こきゅう》は縁切《えんき》りの場面を演出する楽器。〈ひなぶり合方〉は、多くの縁切りの場面で用いられます。縁切り以外の胡弓の例も併せてご紹介します。

『本朝廿四孝《ほんちょうにじゅうしこう》』「十種香《じゅしゅこう》の場」　姫の一途さが感じられる胡弓の音色。

近松半二《ちかまつはんじ》・三好松洛《みよししょうらく》ほか合作《がっさく》・明和三（一七六六）年大坂竹本座初演

八重垣姫《やえがきひめ》が腰元濡衣《ぬれぎぬ》を呼び寄せ、武田勝頼《たけだかつより》との仲を取り持つよう頼むシーンでは〈千草結《ちぐさゆい》の合方〉に胡弓を入れて演奏します。姫のかわいい強引さや大胆さが表れています。

『伊賀越道中双六《いがごえどうちゅうすごろく》（沼津《ぬまづ》）』「千本松原《せんぼんまつばら》の場」　涙なしには聴けない胡弓。

近松半二・近松加作《かさく》合作・天明三（一七八三）年大坂竹本座初演

娘夫婦のため、平作《へいさく》が十兵衛《じゅうべえ》に敵《かたき》の居場所を聞き出す最後の場面。命をかけた二人の決意のぶつかりあいと、十兵衛が「親父様」と抱きつく最後の別れに、竹本三味線と胡弓が切々と響きます。

『籠釣瓶花街酔醒《かごつるべさとのえいざめ》』「八ツ橋部屋縁切《やつはしべやえんき》りの場」「立花屋《たちばなや》二階の場」　花街《かがい》ゆえの悲劇を描く胡弓。

三世河竹新七作・明治二十一（一八八八）年千歳座初演

八ツ橋が佐野次郎左衛門《じろうざえもん》に縁切りを告げるセリフで〈ひなぶり合方〉に胡弓を弾き合わせます。
八ツ橋が次郎左衛門に斬られる場でも〈忍《しの》ぶ恋路《こいじ》合方〉に入る胡弓が悲劇を浮かび上がらせます。

床の竹本

あらゆる義太夫狂言で常に使われる床の竹本のうち、物語とクドキに見どころのある作品例をご紹介します。また、純歌舞伎狂言の世話物で使われるト書き浄瑠璃にも目を向けてみます。

『源平布引滝《げんぺいぬのびきのたき》』「実盛物語《さねもりものがたり》」　斎藤実盛《さいとうさねもり》の情がにじみ出る物語。

並木千柳《せんりゅう》、三好松洛の合作・寛延二(一七四九)年大坂竹本座初演

「実盛物語」という通称で知られるほど、実盛の物語が有名な一幕。実盛は、源氏の白旗《しらはた》を守るため、仕方なく旗もろとも小万《こまん》の腕を斬った一部始終を、小万の家族に語り聞かせるのです。

『一谷嫩軍記《いちのたにふたばぐんき》』「熊谷陣屋《くまがいじんや》」　熊谷直実《くまがいなおざね》が語る臨場感ある合戦《かっせん》の物語。

並木宗輔《なみきそうすけ》、浅田一鳥《あさだいっちょう》ほか合作・宝暦元(一七五一)年大坂豊竹座初演(人形浄瑠璃)

自分の意に反して平敦盛《たいらのあつもり》を討ったいきさつを、妻相模《さがみ》と敦盛の母藤《ふじ》の方《かた》に聞かせる熊谷直実。セリフと竹本が受け渡しあいながら、勇壮な合戦模様と敦盛が命を散らした哀れを描きます。

『本朝廿四孝《ほんちょうにじゅうしこう》』「十種香《じゅしゅこう》の場」　恋する姫の一途な情熱。

近松半二《ちかまつはんじ》・三好松洛ほか合作・明和三(一七六六)年大坂竹本座初演

死んだはずの許嫁《いいなずけ》武田勝頼にそっくりな男(実は本人)を前に、恋に心を焦がす八重垣姫《やえがきひめ》。真実を教えてと勝頼に迫るクドキでは、詞章は全て竹本が語り、役者は所作《しょさ》で濃厚な世界を表します。

『伽羅先代萩《めいぼくせんだいはぎ》』「御殿《ごてん》」　敵に涙を見せない忠義の母の慟哭《どうこく》。

松貫四《まつかんし》ほか合作・天明五（一七八五）年江戸結城座《ゆうきざ》初演（人形浄瑠璃）

目の前で息子を殺されても、若君を守ることに徹した乳人《めのと》の政岡。敵が去って一人になると、若君のために命を落とした息子を褒《ほ》め称《たた》える一方、母親としての絶望的な悲しみに襲われます。

『神明恵和合取組《かみのめぐみわごうのとりくみ》（め組《ぐみ》の喧嘩《けんか》）』「浜松町辰五郎内の場《はままつちょうたつごろううち》」　家族の愁嘆《しゅうたん》を演出するト書き浄瑠璃。

竹柴其水《きすい》作・明治二十三（一八九〇）年新富座（桐座）初演

喧嘩に向かう鳶頭辰五郎《とびがしらたつごろう》と彼を送り出す妻子。場面前半と後半の辰五郎の態度の変化を竹本（義太夫節）が緩急をつけて際立たせます。又八《またはち》との子別れも竹本なくしては成り立ちません。

豊後系浄瑠璃

劇音楽として使われる豊後系浄瑠璃《ぶんごけいじょうるり》には、清元節《きよもとぶし》による他所事《よそごと》浄瑠璃や道行浄瑠璃、特定の演目で使われる常磐津節《ときわずぶし》、清元節、新内節《しんないぶし》などがあります。風情《ふぜい》を大切に味わってみましょう。

『雪暮夜入谷畦道《ゆきのゆうべいりやのあぜみち》』「大口屋寮の場《おおぐちやりょう》」　この世での最後の逢瀬《おうせ》に情感を添える他所事浄瑠璃。

河竹黙阿弥作・明治十四（一八八一）年新富座初演

悪事を重ねた片岡直次郎《なおじろう》が江戸から逃亡する前に恋人の三千歳《みちとせ》に会いに来る場面。清元《忍逢《しのびおう》春雪解《はるのゆきどけ》》が〽冴《さ》え返《かえ》る」と語り出すと、春の雪に儚《はかな》い逢瀬のイメージが重なります。

『水天宮利生深川《すいてんぐうめぐみのふかがわ》』「浄真寺裏貧家《じょうしんじうらひんか》の場」　他所事浄瑠璃が描く没落士族《ぼつらくしぞく》の嘆き。

河竹黙阿弥作・明治十八（一八八五）年千歳座

息子の誕生を祝う隣家の清元《風狂川辺《かぜにくるうかわべ》の芽柳《めやなぎ》》が、筆屋幸兵衛《ふでやこうべえ》一家の不幸と嘆きを照らし出します。幸兵衛が発狂してしまうと、清元の明るい曲調との対比がかえって悲劇を際立たせます。

『廓文章《くるわぶんしょう》（吉田屋）』「吉田屋奥座敷の場」　恋する男女の久しぶりの再会を彩る常磐津節。

作者未詳・寛政五（一七九三）年大坂大西芝居か（人形浄瑠璃）

清元節を使う家系・芸系もありますが、常磐津節を使うのが、中村鴈治郎《がんじろう》系と片岡仁左衛門《にざえもん》系の型。藤屋伊左衛門《ふじやいざえもん》と夕霧の痴話喧嘩《ちわげんか》と仲直り、最高のハッピーエンドを華やかに彩ります。

大薩摩

床《ゆか》で演奏される大薩摩《おおざつま》は、荒事《あらごと》との結びつきが強い音楽で、『暫《しばらく》』以外に『鳴神《なるかみ》』、『外郎売《ういろううり》』、『矢《や》の根《ね》』にも使われます。足掛けの大薩摩は時代だんまりを中心に使用例があります。

『暫《しばらく》』　主人公のスーパーマンぶりを表す勇壮な大薩摩。
作者未詳・元禄五(一六九二)年森田座初演(現行は一八九五年の台本に拠る)
『暫』における大薩摩は、作品冒頭、鎌倉権五郎《かまくらごんごろう》の出端《では》(登場)、太刀下《たちした》(権五郎に助けられる善人たち)の退場の三ヶ所。古風で大らかな雰囲気と権五郎の勇猛ぶりを演出します。

『宮島《みやじま》のだんまり』　時代だんまりにお馴染みの幕外(足掛け)の大薩摩。
作者未詳・天保十三(一八三二)年市村座初演(上演ごとに差異あり)
浪幕《なみまく》や浅葱幕《あさぎまく》を前に、宮島の情景を語ります。詞章の内容は変わりますが、漢文調《かんぶんちょう》の力強い語りと勇壮で技巧的な三味線の演奏という特徴は、どの足掛けの大薩摩にも共通しています。

『極付幡随長兵衛《きわめつきばんずいちょうべえ》』「村山座舞台の場」　金平浄瑠璃《きんぴらじょうるり》の再現としての大薩摩。
河竹黙阿弥作(三世河竹新七補筆)・明治十四(一八八一)年初演
『公平法問諍《きんぴらほうもんあらそい》』という金平浄瑠璃を劇中劇《げきちゅうげき》として見せる序幕。大薩摩の演奏者(長唄方)も衣裳《いしょう》をつけて舞台上(に作られた村山座の舞台上)に座って演奏をする珍しい例です。

役者の演奏

役者が楽器を演奏する例には箏《こと》が最も多く、次いで三味線にも複数の例があります。

『壇浦兜軍記《だんのうらかぶとぐんき》（阿古屋《あこや》）』　傾城阿古屋《けいせいあこや》の圧倒的な演奏と教養！

文耕堂《ぶんこうどう》、長谷川千四《はせがわせんし》合作・享保十七（一七三二）年大坂竹本座初演（人形浄瑠璃）

秩父庄司重忠《ちちぶのしょうじしげただ》に箏《こと》・三味線・胡弓《こきゅう》の演奏を命じられた阿古屋《あこや》。阿古屋は箏組歌《ことくみうた》を替え歌にしたり能《班女《はんじょ》》の一節を引いたりして、恋人の悪七兵衛景清《あくしちびょうえかげきよ》の居所を知らないと訴えます。

『奥州安達原《おうしゅうあだちがはら》』「環宮明御殿の場（袖萩祭文）」　実の親への詫びと願いの三味線。

近松半二・竹田和泉ほか合作・宝暦十二（一七六二）年大坂竹本座初演（人形浄瑠璃）

苦労の末に盲目となった袖萩《そではぎ》は、娘のお君《きみ》を連れて両親を訪ねますが、家に入ることを許されません。雪の降る中で三味線を弾き、祭文《さいもん》に乗せて親の許しを請う哀れな場面です。

『盲目物語』　幻想的な情趣《じょうしゅ》あふれる箏と三味線の合奏。

谷崎潤一郎《たにざきじゅんいちろう》原作・宇野信夫《うののぶお》脚本・昭和三十（一九五五）年東京宝塚劇場初演

信長の妹、お市を愛する三人の男性、柴田勝家《しばたかついえ》、豊臣秀吉《とよとみひでよし》（木下藤吉郎《きのしたとうきちろう》）、按摩《あんま》の弥市《やいち》。お市が慕い結ばれるのは勝家ですが、箏を弾くお市と三味線を弾く弥市の絆は特別。とりわけ、乞食《こつじき》となった弥市がお市の亡霊と合奏するラストシーンは、見る者に鮮烈な印象を残します。

新作歌舞伎の音楽

近年の新作歌舞伎では、いわゆる邦楽器による歌舞伎音楽ではない音楽演出を用いることが増えています。旧来の歌舞伎音楽とのコラボレーションにもご注目ください。

スーパー歌舞伎『ヤマトタケル』　歌舞伎における現代音楽使用の先駆け。

梅原《うめはら》猛《たけし》作・昭和六十一（一九八六）年初演

音楽を担当したのは、現代邦楽《げんだいほうがく》作曲家の長澤勝俊《ながさわかつとし》（一九二二〜二〇〇八）と文楽三味線《ぶんらくしゃみせん》の鶴澤清《つるさわせい》治《じ》（一九四五〜）。琵琶《びわ》、箏《こと》（十七弦《じゅうしちげん》、二十弦《にじゅうげん》などの多弦箏《たげんそう》含む）、太棹《ふとざお》三味線、笛、打楽器などのアンサンブルが、旧来の歌舞伎音楽とは異なる音色とハーモニーを奏でます。

『NINAGAWA十二夜』　歌舞伎音楽＋チェンバロのスパイス。

W・シェイクスピア原作・蜷川幸雄《にながわゆきお》脚本演出・平成十七（二〇〇五）年歌舞伎座初演

古典的な黒御簾音楽や竹本（義太夫節）を主体とし、要所にチェンバロやオルガンが響くのが特徴の本作。チェンバロ伴奏による少年たちの讃美歌《さんびか》に大小鼓が入る幻想的な序幕は印象的。

コクーン歌舞伎『三人吉三』（再演）　椎名林檎と黙阿弥の化学反応。

河竹黙阿弥作・串田和美演出・平成十九（二〇〇七）年シアターコクーン（初演は二〇〇一年）

椎名林檎が音楽を担当したことで話題になった本作。温もりを求めるような作品の世界観は椎名林檎の世界観と見事にマッチします。大詰「本郷火の見櫓の場」の立廻りの音楽演出は秀逸。

スーパー歌舞伎Ⅱ『ワンピース』　ゆずの楽曲が持つ祝祭感。

尾田栄一郎《おだえいいちろう》原作・横内謙介《よこうちけんすけ》脚本・平成二十七（二〇一五）年新橋演舞場初演

おおたか静流《しずる》のヴォイスやシタールなどのインド楽器を用いたエキゾティックな音楽演出に加え、ゆずによる主題歌《TETOTE》のインパクトは大。主人公ルフィの宙乗りを盛り上げました。

新作歌舞伎『風の谷のナウシカ』　映画音楽と古典の融合が生む広がり。

宮崎駿原作・丹羽圭子、戸部和久脚本・平成三十一（二〇一九）年新橋演舞場初演

久石譲のおなじみのメロディーを和楽器で聴く新鮮さ。さらに、それが黒御簾音楽や竹本（義太夫節）とも融合する、その在り方は作品のテーマとも結びつくような気がします。

演奏家
インタビュー

二代目　竹本葵太夫師に聞く
歌舞伎義太夫（竹本）　太夫

竹本葵太夫（たけもと・あおいだゆう）

昭和35（1960）年生まれ。東京都大島町出身。昭和51（1976）年、女流義太夫の太夫・竹本越道に入門。昭和54（1979）年7月、二代目竹本葵太夫の名を許され、国立劇場『仮名手本忠臣蔵』五段目で初舞台。昭和55（1980）年3月、国立劇場第三期竹本研修修了。以後、竹本扇太夫・竹本藤太夫、三味線の鶴澤英治・豊澤螢緑・豊澤重松、文楽の九代目竹本源太夫らに師事。昭和55（1980）年10月、サンシャイン劇場《源平布引滝（義賢最期）》で初の切場。昭和57（1982）年11月、《菅原伝授手習鑑（桜丸切腹）》にて歌舞伎座で初の出語りを務める。昭和56（1981）年10月のヨーロッパ公演《平家女護島（俊寛）》を皮切りに海外公演にも数多く参加。令和元（2019）年重要無形文化財各個認定（人間国宝）。令和3（2021）年度（第78回）日本芸術院賞を受賞。

——歌舞伎にご興味を持ったきっかけからお話しいただけますか。

子供の頃から時代劇が好きだったんです。大河ドラマも家族で欠かさず見ていて、再放送まで見るくらい好きでした。自分でもチャンバラをやって遊んだりしてね。それで、小学六年生のときにテレビの歌舞伎中継を見て興味をもちまして、中学生になって親戚に頼んで歌舞伎座に連れて行ってもらったのがきっかけです。竹本のメロディーが自分の体の中に入ってきたんですよね。『本朝廿四孝』「十種香《じゅしゅこう》」の〽姫御前《ひめごぜ》のあられもない」とか、『一谷嫩軍記』「組討」の〽檀特山《だんどくせん》の」といった部分に、魂を揺さぶられるような気がしました。

——いわゆる義太夫節の聴かせどころに、中学生にして惹かれたわけですね。

三味線のデーンという音色にも惹かれましたね。もっと小さい頃はお囃子にも興味があったのですが、見ているうちに竹本が好きになりました。当時、竹本米太夫《よねたゆう》(三代目。一九一六～一九九三。歌舞伎竹本・太夫)というお師匠さんがいらして、その方が熱演なさるんですよ。それで、歌舞伎の世界に興味が出てきていたところに、昭和五十年から国立劇場の研修制度が始まったんです。新聞や雑誌『演劇界』に募集要項や特集記事が掲載されたり、NHKの番組で竹本の研修を取り上げたり、いろいろなメディアに情報が出ていて、触発されましたね。義太夫節をやるなら普通は文楽なんでしょうが、私は歌舞伎の中で働きたいと思ったんです。

――それから竹本越道《こしみち》さん(一九一二〜二〇一三。女流義太夫・太夫)に師事されたのですね。

はい、義太夫協会の事務局長をしていらした竹本綾太夫《あやたゆう》師(一九三三〜二〇一一。歌舞伎竹本・太夫)が越道師匠に紹介してくださったんです。そうしたら越道師匠に「あんた筋が良いから、商売人におなんなさいよ」と言われまして、それでどんどん太夫の道に……。

――そして、国立劇場の研修の三期生になられて間もなく、葵太夫として舞台に出演されます。

当時は皆、研修生の頃から名前をいただいて出ていたんです。その後、研修期間には舞台に出さないということになりましたが……。私は、研修前から越道師匠に習っていましたし、高校生のときにも夏休みや冬休みの間、一期生の先輩の授業を臨時聴講生として受けさせていただいていたので、四月に研修に入って七月には舞台に出ていました。初舞台のときには、稽古場に行くと俳優さん方がびっくりしていましたよ。こんな若い子が竹本さんにいるのか、とね。

――竹本の世界というのは、一人のお師匠さんに弟子入りするという形なのですか。

私はそうあるべきだと思うんですよ。でも、みんなで育てようという方針で、特定の師匠につく人は少ないのです。ただ、やっぱり研修制度を修了してからも責任をもって面倒を見る人がいないと難しいんですよ。私は今、直弟子として竹本拓太夫《たくたゆう》を育てていますが、弟子じゃない人には「稽古しないとダメだよ」と強くは言えないわけです。完全に個人の裁量に任されているので、よほど自分で意識を持って勉強しないと上達は望めません。

――それは大変な状況ですね。その代わり、いろんな方から芸を学べるという良さもありますか。

そうですね。それに、文楽のように一座が集団で行動するのではなく、みんな分散して行動していますからね、必ずしも師匠と同じ劇場にというわけでもないのです。ですので、そのつど一座している先輩のお師匠さんに教えていただくということになります。

――具体的なお稽古についてですが、役が決まって初日まではどのように進むのでしょうか。

同じ曲でも俳優さんが変わると詞章も演出も違いますから、しかるべき師匠のところへうかがって教わります。例えば、成駒屋（中村歌右衛門家）系統の演目は豊澤瑩緑《えいろく》師匠（一九一二〜一九九九。歌舞伎竹本・三味線方）、播磨屋（中村吉右衛門家）系統の演目なら米太夫師匠、音羽屋系統（尾上菊五郎家）でしたら竹本扇太夫《おうぎだゆう》師匠（初代。一九〇二〜一九八九。歌舞伎竹本・太夫）、というように、私はそれぞれのやり方に通じている方に音楽面、演劇面を教わってきました。

――予習をしてから、教わりにいらっしゃるのですね。

そうですね、今はいろいろな機器がありますが、私が修業を始めた頃はビデオカメラが出始めたときで、まだ普及していませんでした。カセットテープはたくさん録りました。初めは、とにかくたくさんの演目を覚えることが大切です。それも録音ではなく、御簾内《みすうち》に入って、下(床)で師匠がどうやって語り、舞台で俳優さんたちがどうやって動いているのか、その関連を覚えるわけですね。例えば足を出したら「テン」とか、そういうのを見て覚える。お客様が拍手をする箇所なども含めて芝居を身体で覚えるのが、やっぱりビデオなどよりも良いと思いますね。それから、床本《ゆかほん》(竹本の詞章が書かれた本)も拝借して書写して覚えましたね。「十遍読むより一遍書け」と言われます。今は若手にはコピーさせますが、あとで書かなきゃだめだよと言います。

――実地の体験と地道な努力の両方が大事なのですね。ご出演の舞台はどう決まるのでしょうか。

今は太夫が十八人いるのですが、主演俳優さんが自分の舞台に出てほしい人から指名していきます。どうしても力のある人から声が掛かるので、若手はなかなか勉強のチャンスがありませんが、輪番出演という場合もあるので、その中で抜きん出て、俳優さんに使っていただけるようにならないといけないよと、若手には言っています。口上などで「皆様のご指導ご鞭撻、お引き立てをもちまして」と言うでしょう。芸を教えていただいて、俳優さんに引き立てて使っていただいて、「良かったよ」などと励ましていただく、というこの三つは大切だと思っております。

三味線との組み合わせも俳優さんが選び、太夫はこの人、三味線はこの人というように、それぞれ指名されます。「葵さんのいい人で」と任せてくださることもありますが。

――俳優さんとの関係ということでは、俳優さんによる演出の違いもありますね。

そうですね、例えば、『梶原平三誉石切《かじわらへいぞうほまれのいしきり》（通称「石切梶原」）』の場合、播磨屋、橘屋（市村羽左衛門家）、成駒屋（中村鴈治郎家）でそれぞれの工夫があり、橘屋では『名橘誉石切《なもたちばなほまれのいしきり》』、成駒屋では『梶原平三試名剱《かじわらへいぞうためしのわざもの》』と、外題（タイトル）からして違いますから、我々は床本を三種類持っています。個々の俳優さんのセリフや動き、呼吸に合わせて語らなければいけません。

――生の舞台の経験を積まないとなかなか学べないことですね。

私たちは「いどこ」と言うんです。居所《いどころ》ですね。歌舞伎の中のいどこをよくわきまえなくてはいけない。目立ってはいけないし、頼りなくてもいけない。そのためには舞台のツボを心得ている人に教わって、俳優さんのやり方を知らなくてはね。先ほども若手の「四《し》の切《きり》」（『義経千本桜』「川連法眼館の段」）の前半の稽古をしたんですが、ただ節をなぞるだけではいけません。例えば、佐藤忠信が引っ込むときに亀井と駿河に前後を囲まれて、「エ、エ、エエエ」と向きを変えながら動くところは廻るところで三味線を「ガンッ」と弾かないとしぐさに合わないのです。そして上手の揚幕を見込んで、義経の御前だということで体の向きを変えるときに「ド、ト、トン」、踏み出すのに合わせて「トン」、「トン」と弾きます。そのように俳優さんの動きや呼吸を心得て演奏すると、俳優さんも信用してくれるわけです。とにかく、俳優さんが引き立つか、お客さんが喜ぶかということが大事ですね。三代目市川猿之助さんを弾いていらした豊澤重松師匠（一九一六〜

二〇〇〇。歌舞伎竹本・三味線）からは、俳優さんが気持ちよくきまってブロマイドを撮るような感じで演奏しなくちゃいけないと教えられました。

――特に思い出深い舞台のことなどお聞かせいただけますか。

いろいろな俳優さんとの思い出がありますが、近年ですと二代目中村吉右衛門さんの『熊谷陣屋』ですね。二〇一〇年の歌舞伎座のさよなら公演の千穐楽の前日に「熊谷らしくもっと大きく語ってほしいんだけど」と言われまして、私もだいぶ悩みましてね、吉右衛門さんの舞台写真を買いに行ったりもしましたが、工夫が付かないまま翌日の千穐楽を勤めまして、終わってご挨拶に伺ったら「またお願いしますよ」と言われまして、まあ宿題になったわけです。それから三年後の歌舞伎座新開場の際に勤めさせていただいたときはもう何もおっしゃらなかった。その間に私が考えたのは、いわゆる浄瑠璃の中の熊谷ではなくて、中村吉右衛門さんの演じる熊谷をもっと考えなくては、ということでした。豊竹山城少掾《とよたけやましろのしょうじょう》師匠（一八七八〜一九六七。文楽・太夫。大正・昭和期の文楽を代表する名人）の熊谷は絶品ですが、それを真似していてはいけないんです。吉右衛門さん演じる熊谷を語るということ、それをやってから何もおっしゃらなくなりましたね。

あとは、『伊賀越道中双六』の「岡崎」（二〇一四年・国立劇場）。四十四年ぶりの上演だったんですね。浄瑠璃の「岡崎」が好きで随分聴いていて、いつかやりたいと思っていたんです。でもなかなか舞台にかからなかったのですが、ようやく機会がやってきたという感じでした。

——竹本は葵太夫さんがかなり工夫なさったとのことですね。

はい。歌舞伎で上演するにあたって風通しを良くしようと思って、竹本の詞章をかなり抜いたんです。読売演劇大賞最優秀作品賞をいただき、風通しをして良かったなと自負しております。

——今後の歌舞伎や竹本について思われることはありますか。

最近は、大音量や高速の演奏が好まれる風潮から、マイクを使用したり、モニターによる音声出力をしたりという場合があるんですが、歌舞伎の音楽は生身の実演家がその場で演奏することに値打ちがあると私は考えています。伝統的な作品は生の音でお伝えすべきと思いますね。

あとは、やはり伝承についての課題は大きいと思いますから、私は自分より上手な人を何人か育てて後世につなげられるとよいなと思いながら、若手の稽古をしています。そのためにはいろいろな情報を惜しみなく提供しますし、自分の良くないところなども取り繕わずに伝えるようにしています。若手を稽古しながら自身も少しでも向上できたらと思って、「後進とともに前進」を標語に、励んでいるところですね、ダジャレですが(笑)。

——歌舞伎も竹本も、良い形で伝わっていくとよいですね。貴重なお話をありがとうございました。

演奏家
インタビュー

八代目　杵屋巳太郎師に聞く
歌舞伎長唄　三味線方

杵屋巳太郎（きねや・みたろう）

昭和41（1966）年生まれ。東京都出身。昭和58（1983）年、七代目杵屋巳太郎に入門。昭和59（1984）年、二代目杵屋巳吉を名乗り、歌舞伎座『玉藻前雲居晴衣』の出囃子の三味線で歌舞伎の初舞台。菊五郎劇団音楽部に入部。以後、今藤六史（現・杵屋長四郎）、五代目松島寿三郎、稀音家義丸らに師事。平成3（1991）年6月、国立劇場歌舞伎鑑賞教室「歌舞伎のみかた」で初めて舞台師を務める。平成6（1994）年9月、公文協巡業『廓三番叟』で菊五郎劇団幹部・立三味線に昇進。平成12（2000）年10月、国立劇場『小栗判官譚』で初めて付師を務め、以後数々の作品で付師を担当。平成14（2002）年5月、團菊祭『京人形』で初めて歌舞伎座で立三味線を務める。平成24（2012）年12月、新橋演舞場『御摂勧進帳』『奴道成寺』にて八代目杵屋巳太郎を襲名。平成27（2015）年11月、菊五郎劇団音楽部部長に就任。

――まずは長唄三味線に初めて触れた頃のことを教えていただけますか。

もともと、両親が民謡や端唄、小唄をやっていたものですから、幼少の頃から三味線には親しんでいました。長唄に初めて接したのは、十六、七歳の頃ですね。ラジオ放送で聴いて、大変いいなあと思いました。それから一生懸命ラジオ放送を録音したり、自分で譜面を買いに行ったり……。おふくろに長唄をやりたいと言ったら、知り合いの踊りのお師匠さんからまずは今藤六史さん(現・五代目杵屋長四郎)を紹介していただいたんですが、当時家元だった三代目今藤長十郎さん(一九一五〜一九八四)にはお弟子さんがいっぱいいらして、「君には入門する席がないねえ」と言われまして。では歌舞伎でバリバリ活躍されている七代目杵屋巳太郎(一九三七〜二〇二二)がいいのではと六史さんからご紹介いただきました。

――入門後の修業は大変だったことでしょうね。

最初の二年ほどは通いの修業をしていました。大学にも受かったけれど勉強は面白くなくて、三味線に夢中で取り組んでいたところ「お芝居のほうに遊びにいらっしゃい」と言っていただいて、十八歳で大学を中退してお芝居の世界に入り、本格的な修業が始まりました。弟子の中でいちばん下だったので、師匠の着替えの手伝いやお茶汲み、草履揃えなど雑用をやって、たまに「弾いてごらんなさい」と出囃子の隅っこや黒御簾に入れてもらっていました。舞踊会や演奏会にも、鞄持ちとしてお供して、その場の雰囲気を実地で覚えていくわけです。特殊な世界ですからね。

——そうやって修業していく中で、職業にしようという決断はいつごろされたのでしょうか。

十六、七歳でこの世界に入ったときに、自分の中では何となく(いけるなと)感じていました。週に三日か四日お稽古があったんですが、どんどん曲を覚えて、週に一曲上げちゃうわけです。すると、「今度はこんな合方を教えてやる」と。でも放送を聴いて音を取っていたので教わる前に弾けちゃって、「なんで弾けるんだ」と(笑)。芝居に出るようになってからも二十年近くは先輩のワキを弾いたり、黒御簾の小さいものを勉強したり、と修業が続きました。三十五歳のときに、菊五郎劇団の立三味線というお話をいただきました。

——若くして頭角を現されたんですね。タテを弾くときとワキ以下のときの違いは何でしょうか。

タテはいわばコンサートマスターなので、演奏者全体、舞台のキッカケや音楽的なキッカケなど、すべてを統括する責任があります。ワキは、立三味線の息を汲んで、タテの懐に入るようにして一心同体で演奏し、立三味線がちょっと危なそうだなと思ったときには助けるなど、引くところは引く、出るところは出る、というのが大事ですね。

——初めてタテを弾いたときの思い出など、お聞かせ願えますか。

二十七歳のとき(平成六〔一九九四〕年九月、公文協巡業)、二代目片岡秀太郎さんの『廓三番叟』で弾かせていただきました。その少し前、一九九三年に行われた上方歌舞伎会で『橋弁慶』が出たときに、先輩が出囃子のタテを弾く自信がないとおっしゃるので、三枚目だった私がタテを弾いたんです。そうしたら、それを見ていた秀太郎さんが、あの子は大きい三味線弾きね、と言ってくださって。秀太郎さんは三味線ができる方だったので、ちゃんと見てくださったんです。それで、『廓三番叟』の際に指名してくださったんです。大変でしたけどね。

——現在は、黒御簾の付師、舞台師としても大きなお役目を果たしていらっしゃいますね。

舞台師は歌舞伎のBGMである黒御簾音楽における演奏面のリーダーです。付師は黒御簾音楽の演出プランや演奏する曲を決める役目を担っています。舞台師は演奏者の中のコンサートマスター、付師は音楽台本の作者と説明できますね。

——出囃子、黒御簾、大薩摩と、ジャンルによって三味線の演奏に違いはありますか。

黒御簾は、目立つところは目立つように弾き、俳優さんのセリフがあるところなど、引くところは引いていないといけません。舞踊もそうですが、俳優さんに合わせることが大事ですね。反対に、幕外の大薩摩などは、つなぎではなく舞台の一場をいただいているわけなので、そこは しっかり聴かせてお客さんを喜ばせないといけません。撥の当て方も、それぞれ違いますね。黒御簾では、特にセリフのところは控えめに当てるようにします。ただ、動きのところなど当てるところはしっかり当てます。強弱をつけることを「生け殺し」って言うんです。私は撥の当て方に関して、緩急をつけるほうですね。俳優さんもそのほうがやりやすいんじゃないかな。また、出囃子の場合、俳優さんによって、演奏は演奏のペースでいい、という方と、踊りの動きに合わせてほしい、という方がいらっしゃるので、ご希望に合わせるようにします。

――歌舞伎公演の演目が決まって、幕が開くまではどんなふうに準備をするのでしょうか。黒御簾の付師としてのお仕事と、舞踊曲のお仕事と、両方お聞かせいただけますか。

黒御簾音楽の場合は、演目が決まって台本や前回の公演の資料をいただくと、まずは付師として台本に附けや譜面を書き入れていきます。それを一緒に演奏する人たちに渡して、稽古に入る前に写してもらい、またそれを見て各自練習しておいてもらって、全体の流れをさらう「附立《つけたて》」と言われる稽古のときには音が出せるようにしておかないといけません。稽古は、附立、総ざらい、舞台稽古と進んでいって本番を迎えます。舞踊の場合は、曲が決まったら振付師から抜き差し（カットするところ、加えるところ）などを伺った上で、稽古に臨みます。楽屋で集まったり家に来てもらったりして、演奏者だけの合わせ稽古も行います。

どちらの場合も、鳴物との打ち合わせは稽古場での附立で初めて行います。また、初日が開いてからも、俳優さんからの修整が入ります。同じ演目でも、例えば令和四（二〇二二）年一月・国立劇場『八犬伝』は、菊五郎さん主導の上演としては三回目でしたが、台本も前回とは変わっているので、黒御簾音楽も新しく付けました。演奏では黒御簾と大薩摩をやっています。

――付師として、どんなことを心掛けていらっしゃいますか。

四十年近い、ゼロからの蓄積なのでね……なかなか説明しにくいです。こういう場合にはこういう合方を使う、というのは現場でたたき上げじゃないとわからないんですよね。付師ばかりは、一朝一夕にはできないもので、二十年、三十年かけて覚えていかないといけません。

――俳優さんや役の格に応じて、唄が入る、鳴物が入る、などの違いが基本としてありますね。

それは大原則ですね。格の高い俳優さんや重要な役ほど、唄や鳴物が入ったり、それまでの曲とは変えたりして、強調します。ただ、具体的にどの曲をどこに使うかというのは、実地の経験次第です。もう一つ大事なのは、付師になるには、あらゆる三味線音楽を広く浅く知っていないと。長唄だけでなく、小唄や端唄、民謡、古曲、浪花節、説教節、沖縄民謡……そういったものを知らないといけません。私の場合は、小さい頃から両親の影響で民謡や小唄を身近で聴いていたのが活きていますし、二十歳くらいのときから常磐津や清元といった他のジャンルも好きで、レコードを買ったりして聴いていました。今でも他のジャンルもよく聴きます。少し前にも、NHKの「邦楽のひととき」で荻江節の「分身草摺引《ぶんしんくさずりびき》」っていう珍しい曲が放送されたとき、録音しましたしね。この曲は、長唄「菊寿《きくじゅ》の草摺」(通称「勢い」)の原曲で、もともとは長唄の古曲なんです。そういうものに常にアンテナを張っておかないといけませんね。今はテンポの速い時代だから他のものに興味がいってしまうのか、三味線オタクじゃないといけませんね。荻江節、一中節、河東節などを聴こうっていう人がいないんですよね。付師に関しては、僕があと三十年頑張って、そのあとどうなるだろう、次に続く人はいるだろうか、という感じですね。

——本当に一朝一夕ではないお仕事ですね。付師の仕事の内容は古典でも新作でも同じですか。

段取りは一緒ですが、新作の場合は登場人物に合わせた合方を作曲することが多いです。作るといっても一分にも満たないフレーズですが。古典の演目の場合は、今までにあるレパートリーからその場に合う曲を使いますが、新作の場合は、どの曲がうまく合うだろうか、と考えるよりも、新たに作ったほうが早いことが多いですね。

——国立劇場の講師もなさっていますが、研修ではどんな指導をされているのでしょうか。

研修期間はたった二年間なので、経験ゼロの人は難しいです。今は、まったく未経験の人ではなく、それまでにどこかのお師匠さんに習っていたり、大学のサークルでやっていたり、といった即戦力になりそうな人に入ってもらっています。曲を教える先生は他にいて、私は手事《てごと》というわゆるテクニック、速弾きや弾き唄いなんかを教えています。お稽古は月に三〜四回です。研修の間に、この世界は腕一本の商売だということを見せておかないといけません。逆に言えば、結構平等です。私も普通の家の出身ですし、できる人間が引き上げてもらえるわけです。

――歌舞伎自体が好きでなくては務まらないと思われますか。

三味線は好きですが、演劇のことは深くはわからないからこそ、続けられているんじゃないかと思います。とはいえ、歌舞伎が嫌いだったらできないですけどね。やはり俳優さんと息がぴったり合ったときやお客さんが喜んでくださったときはうれしいですね。常に、お客さんに喜んでもらうことを心掛けていますし、それを感じる余裕を持ちたいと思っています。舞踊で独弾のときに客席から拍手が来ると、喜んでもらえているんだな、とホッとした気持ちになりますね。

――歌舞伎の長唄や黒御簾について、今後の課題はどんなところにありますか。

やはり後継者、人材不足ですね。九代目巳太郎を継ぐには、私と同等に黒御簾と出囃子、三味線音楽、唄の知識があって、作曲もできる必要があります。また、歌舞伎のお稽古では、弾き唄いも求められます。みんな三味線の手は回るんですがね……。なるべく一人で抱えず、若手に弾かせるようにはしています。鳴物はまだ層が厚いですが、常磐津、清元も人がいなくて大変だと思います。職業として成り立たなくなってきていますね。若い人たちが修業の時期を我慢することは大変だと思いますが、とにかくいろいろな音楽を聴いて腕を磨いてもらうしかないですね。

――歌舞伎における豊かな三味線音楽が今後も受け継がれていくことを願っております。どうもありがとうございました。

歌舞伎音楽用語集

歌舞伎音楽を楽しむうえで知っておきたい用語を集めました。本書に登場する用語を中心としています。掲載は五十音順です。

合方［あいかた］

①主に長唄で、唄が入らず三味線のみで演奏される、長い間奏部分。三味線の聴かせどころとなる。三味線による短い間奏部分は「合の手」と言う。②黒御簾音楽のうち、三味線で演奏される曲。上方では「相方」と表記する。場の雰囲気やセリフのテンポを左右し、芝居の進行を助ける。

合引［あいびき］

舞台上で役者が用いる方形の腰掛け。また、足掛けの大薩摩で三味線方が足を掛ける台。

荒事［あらごと］

初代市川團十郎が江戸で創始したとされる、荒々しく豪快な演技のこと。また、そのような役を主人公とする芝居のこと。隈取と呼ばれる化粧や大がかりな衣裳、見得や六方などの派手な演技が特徴。⇕和事

一中節［いっちゅうぶし］

京都出身で後に江戸に移った都一中が創始した浄瑠璃の一種。三味線は中棹。柔らかく洗練された節回しに特徴があり、江戸町人の上流階級に愛された。後の豊後系浄瑠璃の源となった。

糸に乗る［いとにのる］

立役の物語や女形のクドキなどで、役者が義太夫三味線のリズムや太夫の語りに合わせて演技すること。

入れ事［いれごと］

義太夫狂言で、もとの人形浄瑠璃にないセリフや演出を入れること。

上下［うえした］

竹本の義太夫三味線によるメリヤスと、長唄三味線による黒御簾の合方が、一緒に同じ旋律を奏でるもの。

歌い物［うたいもの］

日本の伝統的な声楽のうち、メロディーを聴かせることに主眼を置き、叙情的な歌詞を歌う音楽。長唄、地歌、端唄、小唄など。⇕語り物

唄浄瑠璃［うたじょうるり］

浄瑠璃のような語り物の要素が加わった長唄。また、黒御簾音楽で、出端を中心に独吟や両吟で演奏されるめりやす的な曲も唄浄瑠璃と呼ぶことがある。

打ち上げる［うちあげる］

太鼓入りの鳴物を一段と高く打ち終えて区切りをつけること。

上調子［うわぢょうし］

タテ、ワキよりも高く調弦した三味線を使って主旋律を装飾する旋律、またその演奏者。舞台では一番端に座るのが一般的。調弦時には、枷という器具を三味線に装着する。

大薩摩［おおざつま］

大薩摩主膳太夫が創始した勇壮な浄瑠璃で、荒事、時代だんまりの幕外で演奏されるほか、長唄の中にも取り入れられている。現在では長唄の演奏者が担当する。床の大薩摩と足掛けの大薩摩がある。

大向う［おおむこう］

舞台から離れた後方の客席のこと、またそこから舞台の役者に向かって声を掛ける人たち、またその掛け声自体を指す。掛け声には「成田屋」「音羽屋」などの屋号、「●代目」という代数、「紀尾井町」などの地名が用いられる。役者の登退場や見得、セリフの間などのタイミングで掛けられる。

置キ［おき］

舞踊の導入部、まだ踊り手が登場する前に、情景や人物の紹介などのために弾かれる部分。長唄では置唄、竹本や清元節など浄瑠璃では置浄瑠璃と呼ばれる。

送り三重［おくりさんじゅう］

登場人物が愁いを秘めながら花道を引込む際に、花道付け際で立って弾く三味線の演奏。『熊谷陣屋』の熊谷直実や『仮名手本忠臣蔵』四段目の大星由良之助の引込みに用いられる。

踊り地［おどりじ］

①舞踊の後半で、鳴物が賑やかに入り手踊りを見せる部分のこと。②廓の場面で三味線と太鼓によって演奏される黒御簾の曲。

替手［かえで］

三味線の本来の旋律（本手）と合奏する、異なる旋律のこと。タテ三味線が中心となって担当する。

カカリ［かかり］

①曲の冒頭のこと。②長唄の中で、他のジャンルの曲風に似せたフレーズ。能の謡を取り入れた「謡ガカリ」や、「一中ガカリ」「半太夫ガカリ」などがある。

掛合［かけあい］

舞踊において、異なる複数のジャンルを一つの楽曲中で用いる手法。特に三種類のジャンルを組み合わせることを三方掛合と言う。

陰囃子［かげばやし］

黒御簾音楽の別称。客席から見えない場所で演奏する囃子であることによる。

語り物［かたりもの］

日本の伝統的な声楽のうち、ストーリーを伝えることに重点が置かれ、叙事的なことを語る音楽。三味線音楽では、義太夫節、常磐津節、清元節など、浄瑠璃の類が相当する。⇔歌い物

活歴［かつれき］

九代目市川團十郎が演劇改良運動のなかで取り組んだ、従来の時代物の荒唐無稽さを排し時代考証に基づいて構成されたリアルな歴史劇。

河東節［かとうぶし］

初代十寸見河東が江戸で創始した浄瑠璃の一種。細棹三味線を用い、明るく軽快な音色が特徴。現在、歌舞伎では市川團十郎家が『助六由縁江戸桜』を上演するときにのみ用いられる。

歌舞伎十八番［かぶきじゅうはちばん］

七代目市川團十郎が市川宗家のお家芸として選

定した、18の歌舞伎演目のこと。『勧進帳』、『助六』、『暫』、『矢の根』、『外郎売』、『毛抜』、『鳴神』、『景清』、『不動』、『関羽』、『象引』、『七つ面』、『解脱』、『嫐』、『蛇柳』、『鎌髭』、『不破』、『押戻』。

カラニ［からに］

義太夫節で三味線の二の糸の開放弦を弾き、緊迫した雰囲気を作る技法。

河竹黙阿弥［かわたけもくあみ］

一八一六〜一八九三。幕末から明治時代にかけて活躍した歌舞伎作者。明治十四（一八八一）年まで二世河竹新七の名で活躍。世話物や明治期の活歴・散切物、舞踊などその作品数は三六〇にも及ぶ。七五調のセリフや音楽を多用した演出に特徴がある。

柝［き］

狂言作者が舞台袖で打つ拍子木のこと。芝居の幕明や幕切、廻り舞台のキッカケ、次の幕が開くまでのつなぎなど、さまざまな役割がある。

義太夫狂言［ぎだゆうきょうげん］

もとは人形浄瑠璃のために書かれ、後から歌舞伎化された作品のこと。三大名作と言われる『仮名手本忠臣蔵』『義経千本桜』『菅原伝授手習鑑』など。「丸本歌舞伎」とも呼ばれる。

義太夫節［ぎだゆうぶし］

江戸初期に竹本義太夫によって創始された浄瑠璃。はじめ人形浄瑠璃で用いられたが、歌舞伎にも早くから取り入れられた（歌舞伎では竹本と呼ぶ）。劇音楽として用いられる場合は、舞台上手の「床」で演奏される。三味線は重く太い音色の太棹を用いる。

狂言［きょうげん］

脚本や演目、芝居そのもののこと。

清元節［きよもとぶし］

十九世紀初めに豊後系浄瑠璃の一派として始まった。舞踊で多く使われるほか、河竹黙阿弥の作品の中で他所事浄瑠璃として用いられる。舞踊では萌葱色の肩衣を着るのが基本。語りは高音域を好んで用い、装飾的な技巧を聞かせる。三味線は中棹を用いる。

クドキ［くどき］

義太夫狂言や舞踊で、女形が三味線や語り・唄に動きを合わせながら、自分の心情を切々と訴える見せ場。竹本や長唄の聴かせどころでもある。

黒御簾［くろみす］

舞台下手にある、簾のかかった黒い部屋のこと（面囲いと呼ばれる背景の大道具に覆われていることも）。中には長唄の唄方、三味線方、鳴物方などが入り、芝居の進行に合わせて演奏する。

黒御簾音楽［くろみすおんがく］

黒御簾の中で演奏される音楽。情景描写、人物描写、効果音、強調機能などを担う。下座音楽、陰囃子などとも言う。

稽古唄［けいこうた］

近所で長唄の稽古をしている体で、既存の長唄の一節を使うもので、江戸の商家や町家などを表す黒御簾音楽の一ジャンル。

外記節［げきぶし］

江戸浄瑠璃の一つで、薩摩外記が創始した。勇壮な語り口で人形浄瑠璃や歌舞伎の荒事に用いられたが、その後滅び、現在は長唄の中にその影響がみられる曲がある。

下座［げざ］
黒御簾の別称。また、黒御簾音楽（下座音楽）のこと。元来は舞台の上手袖を指して言った。

化粧声［けしょうごえ］
荒事で、舞台に居並ぶ大名や家来が主人公に向かって掛ける声のこと。主人公が動作をしている間は「アーリャ　コーリャ」と繰り返し、ツケの音とともに見得をする際に「デッケエ」と叫ぶ。

見台［けんだい］
邦楽における譜面台のこと。音楽のジャンルによって形が異なるため、見台の形を見れば大概演奏されている音楽のジャンルがわかる。

口跡［こうせき］
声の良さ、セリフ術のこと。「一声、二顔、三姿」と言われるように、優れた歌舞伎役者の条件の第一に挙げられる。

小歌［こうた］
さまざまな意があるが、歌舞伎に関わるものとしては室町時代末期から江戸時代初期に流行った小品歌謡がある。初期歌舞伎に取り入れられた。幕末以降に流行した小唄とは別のジャンル。

古浄瑠璃［こじょうるり］
初代竹本義太夫が近松門左衛門とともに義太夫節を完成する前にあった、浄瑠璃各派の総称。外記節、土佐節などを含む。

ご注進［ごちゅうしん］
人形浄瑠璃や義太夫狂言で戦の様子や事件の詳細などを主君に知らせる役割のこと、またその一連の演技。

祭文［さいもん］
三味線を伴奏とする流行唄。元来は宗教と結びついたものだったが、信仰と分離して芸能化した。市井の事件などをセンセーショナルに歌った。

騒ぎ唄［さわぎうた］
黒御簾音楽で、揚屋・茶屋などの場面で酒宴・遊興の騒ぎを表す唄。賑やかな囃子を伴う。

サワリ［さわり］
①三味線において、一の糸が棹に直接触れる部分の溝のこと、またこれによって生まれる独特の共鳴音のこと。②美しい詞章と旋律で女形が心情を訴える義太夫節の聴かせどころのこと。義太夫節以外の舞台音楽における、心地よい詞章や旋律の部分も指す。

三曲［さんきょく］
箏曲、地歌、尺八の音楽の総称。また、箏、地歌三味線、尺八または胡弓の合奏のことも指す（三曲合奏とも）。

散切物［ざんぎりもの］
明治維新後の散切頭や洋服などの風俗を取り入れた歌舞伎作品。河竹默阿弥が五代目尾上菊五郎のために書いた作品が多い。

三重［さんじゅう］
①浄瑠璃や長唄で、一曲の最初や最後、場面の変わり目などに用いる三味線のフレーズ。②黒御簾音楽で用いられる三味線の合方。〈対面三重〉〈忍び三重〉などがある。

地［じ］
①所作事の伴奏音楽のこと。②竹本（義太夫節）の語りのうち、旋律をつけて語る部分。地合。
⇕詞

地歌［じうた］
江戸初期に上方を中心に生まれ、盲目の音楽家によって発展した三味線音楽の一種。

地方［じかた］
舞踊における伴奏音楽の演奏者のこと。唄方・浄瑠璃方、三味線方、鳴物方をまとめて言う。

獅子物［ししもの］
能の《石橋》をもとに作られた舞踊を指し、「石橋物」とも呼ばれる。中国の聖地清涼山に住む獅子が登場する。《石橋》《連獅子》《春興鏡獅子》《英執着獅子》など。

時代物［じだいもの］
江戸時代の人たちにとっての〝時代劇〟にあたる、奈良・平安・鎌倉・室町時代などを舞台にした作品で、主に武家社会を描いたもの。⇔世話物

純歌舞伎狂言［じゅんかぶききょうげん］
歌舞伎専業の作者（狂言作者）によって歌舞伎のために作られた作品。

浄瑠璃［じょうるり］
三味線を伴奏とする語り物。義太夫節、河東節、常磐津節、清元節など。

所作事［しょさごと］
舞踊のこと。

白浪物［しらなみもの］
盗賊を主人公にした世話物の総称。特に河竹黙阿弥が得意とした。

シン［しん］
義太夫節における、太夫および三味線のタテ（リーダー）のこと。

新内節［しんないぶし］
豊後系浄瑠璃の一種で、哀切な語り口を特徴とする。太夫と三味線方が二人一組となって三味線の二重奏をしながら街頭を歩く「新内流し」で知られる。

世話物［せわもの］
江戸時代の人たちにとっての〝現代劇〟にあたり、主に町人社会を扱った作品。⇔時代物

曽我狂言［そがきょうげん］
父の仇である工藤祐経を討った曽我十郎・五郎兄弟を題材にした演目。曽我物。

大小［だいしょう］
大鼓と小鼓のこと。

竹本［たけもと］
歌舞伎で用いられる義太夫節、またそれを語る太夫および三味線方のことも指す。

立役［たちやく］
男性の役、特に善人の主役を指すことが多い。また、男性を専門に演じる役者のこと。

タテ［たて］
演奏者のリーダーを表す。唄方のタテを立唄、三味線方のタテを立三味線といい、それぞれ一列の中央に座る。「タテ」の次が「ワキ」。

タマ［たま］
三味線の即興演奏。他の演奏者が繰り返し弾く短い旋律に、立三味線が即興的に合わせる。

太夫［たゆう］
浄瑠璃の語り手のこと。

だんまり［だんまり］

暗闇の中で、複数の人物が黙ってお互いのことを探り合う様子を様式的に見せる演出。黒御簾音楽の演奏の中、大切な宝物や手紙などを手探りで奪い合う。「時代だんまり」と「世話だんまり」がある。

チラシ［ちらし］

舞踊およびその伴奏の三味線音楽の終局部（段切れの直前）。テンポが速く動きの激しい部分で、鳴物が賑やかに入る。

〜尽し［づくし］

長唄などの詞章における言葉遊びの一種。一例に、「富士の山」「吉野山」「嵐山」などが登場する『京鹿子娘道成寺』の「山尽し」など。

ツケ［つけ］

「附打」の人が舞台上手に座って附け板に附け木を打ち付けて音を出すもの。人が駆け出す音など実際の音や動きを強調する用法と、見得などの際に用いて力強さや型を表現する用法があり、ともに役者の演技を際立たせる。

鼓唄［つづみうた］

三味線を入れずに鼓を伴奏として立唄が歌う、聴かせどころ。

ツラネ［つらね］

主に荒事の主役が花道で述べる、掛詞や縁語を使った長セリフのこと。『暫』のツラネなど。

ツレ［つれ］

複数で演奏すること。歌の場合は連吟（れんぎん）、三味線の場合は連弾（つれびき）。

手［て］

三味線や鳴物の奏法。フレーズ。

出語り［でがたり］

芝居や舞踊で、浄瑠璃の演奏者が舞台上に姿を見せて演奏すること。

出端［では］

重要な登場人物の花道からの登場のこと、またその登場を見せ場とする演技。

出囃子［でばやし］

舞踊で長唄・鳴物の演奏者が舞台上に姿を見せて演奏すること。

ト書き浄瑠璃［とがきじょうるり］

台本のト書きにあたる、状況説明の部分を語る竹本のこと。

常磐津節［ときわずぶし］

十八世紀半ばに豊後系浄瑠璃の一派として常磐津文字太夫が創始。舞踊で多く使われる。ゆったりと重厚な曲調で、三味線は中棹を用いる。柿色の肩衣と朱塗りの見台（蛸足）が特徴。

独吟［どくぎん］

一人で歌うこと。①舞踊曲における長唄の独吟と、②黒御簾音楽における独吟がある。①の独吟は主にタテやワキが担う。複数で声を揃えて斉唱することは「連吟（ツレ）」と言う。②では「めりやす」が代表的。黒御簾で二人で歌う場合は「両吟」と言う。

長唄［ながうた］

十八世紀に江戸で歌舞伎のために生まれた三味

線音楽で、歌いものに分類される。舞踊の際には主に舞台正面の雛壇で大人数で演奏される。また、黒御簾音楽は長唄の演奏者が担う。三味線は細棹を用いる。

鳴物［なりもの］

笛類と打楽器類の総称。その演奏者を「鳴物方」という。

ノリ地［のりじ］

竹本（義太夫節）の三味線のリズムに乗ってセリフを言う部分。

端唄［はうた］

江戸後期から明治初期に流行した三味線音楽。一～三分ほどの短曲で、一般庶民に支えられた。

囃子［はやし］

広義には、長唄と鳴物のこと。狭義では鳴物のみ。その演奏者（長唄の唄方、三味線方と鳴物方）を「囃子方」という。

半太夫節［はんだゆうぶし］

江戸半太夫（?～一七四三）が創始した江戸浄瑠璃の一種。江戸中期に流行したが、河東節に押されて衰退した。

引込み［ひっこみ］

芝居の途中や幕切れで、登場人物が花道を使って退場すること、またその際の演出。

雛壇［ひなだん］

舞踊などで出囃子の演奏者が乗る、二段以上で緋毛氈が掛けてある台のこと。

豊後系浄瑠璃［ぶんごけいじょうるり］

宮古路豊後掾が創始した豊後節から派生して生まれた浄瑠璃の総称。常磐津節、清元節、新内節などを含む。

変化物［へんげもの］

一人の役者が何役もの小品舞踊を踊り分け、全曲をあわせて一曲とする舞踊作品。変化舞踊とも。

本行［ほんぎょう］

歌舞伎舞踊の原作となった能や狂言のこと。また、義太夫狂言のもととなった人形浄瑠璃のこと。

本手［ほんで］

三味線の本来の旋律、主旋律。⇔替手

前弾［まえびき］

唄や語りの前に楽器のみで弾かれる前奏部分。

松羽目物［まつばめもの］

能舞台の鏡板を模し、大きな松を正面に描いた「松羽目」を舞台装置として用いる、能・狂言を原作とした歌舞伎舞踊のこと。舞台下手の五色の揚幕、上手の臆病口（小さな出入口）、衣裳も能を模している。『勧進帳』『土蜘』『船弁慶』『身替座禅』など。松羽目舞踊とも。

見得［みえ］

重要な場面で登場人物の気持ちが高まった時などに、力を込めて動きを止め、観客の注目を集める演技のこと。首を回す、足を踏み出すなどの動作を伴ってポーズを作る。多くの場合、見得のタイミングでツケが入る。

道行［みちゆき］
主として男女が連れ立って旅行する場面。また、その所作。駆け落ちや心中の場合が多い。

道行浄瑠璃［みちゆきじょうるり］
登場人物の移動の様を描いた浄瑠璃舞踊（＝道行物）、またそこで用いられる浄瑠璃のこと。

めりやす［めりやす］
黒御簾音楽のうち、短い曲をしっとりと情感たっぷりに独吟する曲のこと。多くの場合、一の句、二の句、上ゲで構成され、その間に三味線に乗せた役者のセリフが入る。

メリヤス［めりやす］
義太夫節の演奏法の一つ。一連のセリフや動作に合わせて三味線が短い旋律を繰り返し演奏する。

物語［ものがたり］
主に義太夫狂言において、立役が過去の出来事や合戦の様子などを身振りを交えて周りの人々に語って聞かせるところ。

山台［やまだい］
主として舞踊で出囃子・出語りの演奏者が座る台のこと。台の前面に背景の大道具と合わせた山や土手の絵が描かれることから、この名がついた。

床［ゆか］
義太夫狂言における竹本の演奏場所。舞台上手に台が設置される「出語り床」と、御簾がかかった二階部分の床（「御簾内」「御簾上げ」）がある。

他所事浄瑠璃［よそごとじょうるり］
隣家で浄瑠璃の稽古やお浚い会をしているという設定で演奏される浄瑠璃。隣家の演奏として舞台上の人物も耳を傾けるが、いつしか舞台の情景や人物の心情を描写するという手法。河竹黙阿弥が好んで用いた。余所事浄瑠璃。

連中［れんじゅう］
音曲その他の演芸の一座の人々。

六方［ろっぽう］
主に花道を通って引込むときに、大きく手を振り、力強く足踏みして歩く所作。右手と右足、左手と左足が同時に出る動きが特徴。『勧進帳』の弁慶による「飛び六方」や『吉野山』の狐忠信の「狐六方」などがある。

ワキ［わき］
①能のシテ（主役）の相手役のこと。②長唄、浄瑠璃、鳴物などでタテの脇（二枚目）に座って補佐する演奏者。

和事［わごと］
初代坂田藤十郎が上方で完成させた、色男の恋模様を表現するやわらかい演技、また、そのような芝居自体のこと。初代藤十郎の時代はやつし事と呼ばれたが、のちに和事（上方和事）として完成された。⇔荒事

渡り台詞［わたりぜりふ］
一連のセリフを二人以上の登場人物が順繰りに受け渡しながら言う手法。

割り台詞［わりぜりふ］
二人の登場人物が別々の思いを交互に独白しながら、最後には双方が共通の言葉を同時に行って締めくくるもの。

主要参考文献

本書全体において使用した文献
富澤慶秀・藤田洋監修『最新 歌舞伎大事典』柏書房、二〇一二年
服部幸雄・富田鉄之助・廣末保編『新版 歌舞伎事典』平凡社、二〇一一年
平野健次・上参郷祐康・蒲生郷昭編『日本音楽大事典』平凡社、一九八九年
河村繁俊監修／早稲田大学坪内博士記念演劇博物館編『演劇百科大事典』平凡社、一九六〇～一九六二年
景山正隆『歌舞伎音楽の研究―国文学の視点』新典社、一九九二年
東洋音楽学会編『歌舞伎音楽』（東洋音楽選書12）音楽之友社、一九八〇年
伝統歌舞伎保存会編『平成28年版歌舞伎に携わる演奏家名鑑』伝統歌舞伎保存会、二〇一七年
配川美加『歌舞伎の音楽・音』音楽之友社、二〇一六年
服部幸雄監修／日本芸術文化振興会 国立劇場調査養成部企画・編集『日本の伝統芸能講座 舞踊・演劇』淡交社、二〇〇九年
山田庄一『歌舞伎音楽入門』音楽之友社、一九八六年
歌舞伎 on the web『歌舞伎演目案内』 https://enmokudb.kabuki.ne.jp
歌舞伎 on the web『歌舞伎用語案内』 https://enmokudb.kabuki.ne.jp/phraseology/
日本芸術文化振興会『文化デジタルライブラリー』 https://www2.ntj.jac.go.jp/dglib/
日本芸術文化振興会『ユネスコ無形文化遺産 歌舞伎への誘い』「演出と音楽」 https://www2.ntj.jac.go.jp/unesco/kabuki/jp/production/index.html
『歌舞伎下座音楽集成』（CD） ビクター伝統文化振興財団、一九九八年
『歌舞伎・黒御簾音楽精選100』（CD） キングレコード、二〇〇七年
『堅田喜三久 邦楽囃子大系』（CD） 日本コロムビア、二〇一二年

『鳴物選集』（CD） キングレコード、二〇〇一年
国立国会図書館『歴史的音源（れきおん）』 https://rekion.dl.ndl.go.jp

第一部 歌舞伎音楽を知る

第一章 歌舞伎音楽ってどんなもの？

西川浩平『一歩入ればそこは江戸―歌舞伎音楽を知る』ヤマハミュージックメディア、二〇〇九年
八板賢二郎『音で観る歌舞伎―舞台裏からのぞいた伝統芸能』新評論、二〇〇九年

第二章 歌舞伎音楽の楽器

杵屋佐之忠『黒御簾談話―三味線十二ヶ月』演劇出版社、二〇〇二年
竹内明彦インタビュー・監修『13人の奏者が明かす「和」の管楽器・打楽器の世界』杉原書店、二〇一四年
田中悠美子・野川美穂子・配川美加編著『まるごと三味線の本』青弓社、二〇〇九年
西川浩平『カラー図解 和楽器の世界』河出書房新社、二〇〇八年
服部幸雄『大いなる小屋―江戸歌舞伎の祝祭空間』平凡社、一九九四年
東京藝術大学小泉文夫記念資料室「アジアの楽器図鑑」「日本」 https://www.geidai.ac.jp/labs/koizumi/asia/jp/japan/index.html
日本芸術文化振興会『文化デジタルライブラリー』「日本の伝統音楽―楽器編」 https://www2.ntj.jac.go.jp/dglib/contents/learn/edc6/edc_new/index.html
太鼓・神輿・祭礼具製造販売 宮本卯之助 https://www.miyamoto-unosuke.co.jp/company/index.php

第三章 歌舞伎音楽のジャンル

郡司正勝稿／浅原恒男編『芝居唄』（上・下・別巻） 伝統歌舞伎保存会、二〇二二年
小島美子監修、日本芸術文化振興会国立劇場調査養成部企画・編集『日本の伝統芸能講座 音楽』淡交社、二〇〇八年

竹紫蟹助「柝の用法」、川尻清潭著／国立劇場調査養成部・芸能調査室編『芝居おぼえ帳（歌舞伎資料選書2）』所収、国立劇場調査養成部芸能調査室、一九七八年
配川美加「歌舞伎の「独吟」について―めりやす「花曇」を中心に」『演劇研究センター紀要Ⅲ　早稲田大学21世紀COEプログラム〈演劇の総合的研究と演劇学の確立〉3』二〇〇四年一月
望月太意之助『歌舞伎下座音楽』演劇出版社、一九七五年
『演劇界　特集　歌舞伎義太夫　竹本の魅力』二〇二〇年四月号、小学館
歌舞伎役者　片岡嶋之亟オフィシャルサイト「歌舞伎ナビゲーション」　竹柴聡「狂言作者の仕事と手紙（1）（2）」／山崎徹「附け打ちについて」 http://www.shimanojou.jp/navi00.html
日本芸術振興会『文化デジタルライブラリー』「日本の伝統音楽―歌唱編」 https://www2.ntj.jac.go.jp/dglib/contents/learn/edc8/index.html
めぐりジャパン「この人に聞く①　歌舞伎の義太夫節「竹本」の人間国宝、竹本葵太夫さん」 https://meguri-japan.com/conversations/20210909_6819/

第四章　歌舞伎音楽の歴史

原道生監修／漆崎まり『江戸歌舞伎長唄成立史』八木書店、二〇一九年
鎌田紗弓『歌舞伎鳴物における伝承と変遷―近現代における能楽手法の手配り・演出』（東京藝術大学大学院博士論文）二〇一八年
神山彰『近代演劇の来歴―歌舞伎の「一身二生」』森話社、二〇〇六年
武井協三『歌舞伎とはいかなる演劇か』八木書店古書出版部、二〇一七年
竹内道敬『近世邦楽考』南窓社、一九九八年
辻亨二『心に残る音』日本演劇協会出版部／演劇出版社、一九九九年
土田牧子『黒御簾音楽にみる歌舞伎の近代―囃子付帳を読み解く』雄山閣、二〇一四年
鳥越文蔵・内山美樹子・渡辺保編『岩波講座　歌舞伎・文楽　第2巻　歌舞伎の歴史Ⅰ』／『岩波講座　歌舞伎・

文楽　第3巻　歌舞伎の歴史Ⅱ』岩波書店、一九九七年
服部幸雄『歌舞伎成立の研究』風間書房、一九六八年
服部幸雄『絵で読む歌舞伎の歴史』平凡社、二〇〇八年
前島美保『江戸中期上方歌舞伎囃子方と音楽』文学通信、二〇二〇年
吉田弥生『江戸歌舞伎の残照』文芸社、二〇〇四年

第二部　歌舞伎音楽を聴く

第一章　音楽に特に注目したい七演目 全般に使用した文献

石橋健一郎『歌舞伎見どころ聞きどころ―芸談でつづる歌舞伎鑑賞』淡交社、一九九三年
杵屋栄左衛門『歌舞伎音楽集成　江戸編』「歌舞伎音楽集成」刊行会、一九七六年
杵屋十三郎『歌舞伎黒御簾音楽 附の考査』新潮社図書編集室、二〇一九年
郡司正勝稿／浅原恒男編『芝居唄』（上・下・別巻）伝統歌舞伎保存会、二〇二二年
福原百之助（五世）『黒美寿』邦楽社、一九八三年
横道萬里雄『日本の楽劇』岩波書店、二〇一一年

一、勧進帳

景山正隆「勧進帳いろいろ」『勧進帳いろいろ』所収、冬樹社、一九八九年
戸板康二ほか監修『名作歌舞伎全集　第十八巻　家の芸集』東京創元新社、一九六九年
服部幸雄編著『歌舞伎オン・ステージ10 勧進帳 毛抜 暫 鳴神 矢の根』白水社、一九八五年
『季刊邦楽』「特集　勧進帳（名曲総合研究5）」三十五号、邦楽社、一九八三年六月
吉川英史ほか監修『日本古典音楽大系　第四巻　長唄』（LPレコード解説）講談社、一九八一年

二、寺子屋

大阪市立大学文学研究科「上方文化講座」企画委員会編『上方文化講座　菅原伝授手習鑑』和泉書院、二〇〇九年

国立劇場芸能調査室編『菅原伝授手習鑑　第二部　国立劇場上演資料集〈196〉』国立劇場芸能調査室、一九八一年
戸板康二ほか監修『名作歌舞伎全集　第二巻　丸本時代物集　一』東京創元新社、一九六八年
林京平編著『歌舞伎オン・ステージ16　菅原伝授手習鑑』白水社、一九八九年
二川清『歌舞伎の型の検証　現行の型の問題点（歌舞伎学会型の研究会調査報告）』私家版、二〇〇四年

三、十六夜清心

戸板康二ほか監修『名作歌舞伎全集　第十巻　河竹默阿弥集　一』東京創元新社、一九六八年
日本芸術文化振興会編『通し狂言小袖曾我薊色縫：十六夜清心　国立劇場上演資料集〈407〉』日本芸術文化振興会、一九九九年
日本芸術文化振興会監修・資料提供『小袖曽我薊色縫：十六夜清心 通し狂言四幕八場（国立劇場歌舞伎公演記録集　開場40周年記念8）』ぴあ、二〇〇六年
富田鉄之助「小袖曾我薊色縫細見—十六夜清心」『季刊雑誌 歌舞伎24（特集　江戸の世話物）』一九七四年六月

四、関の扉

渥美清太郎「『積恋雪関扉』の鑑賞」『演劇界』一九四九年三月号、演劇出版社
大矢芳弘『歌舞伎を読む　雅の巻』森話社、二〇二〇年
郡司正勝編著『歌舞伎オン・ステージ25　舞踊集』白水社、一九八八年
戸板康二ほか監修『名作歌舞伎全集　第十九巻（舞踊劇集）』東京創元新社、一九七〇年
高木由美子「積恋雪関扉考」『日本歌謡研究』三十二号　日本歌謡学会、一九九二年十二月
古井戸秀夫『舞踊手帖』新書館、二〇〇〇年
吉川英史ほか監修『日本古典音楽大系　第七巻　豊後系浄瑠璃 常磐津・富本・清元・新内』（LPレコード解説）講談社、一九八二年
『日本舞踊曲集成　歌舞伎舞踊編』（別冊『演劇界』伝統芸能シリーズ）演劇出版社、二〇〇四年
『日本舞踊全集　第三巻　演目解説Ⅲ』日本舞踊社、一九九二年

五、弁天小僧

渥美清太郎「『弁天小僧』鑑賞」『演劇界』一九四九年六月号
伊坂梅雪編『五代目菊五郎自伝』、先進社、一九二九年
埋忠美沙『江戸の黙阿弥—善人を描く』春風社、二〇二〇年
河竹登志夫編著『歌舞伎オン・ステージ1　蔦紅葉宇都谷峠・青砥稿花紅彩画』
菊池明「河竹黙阿弥作 青砥稿花紅彩画（白浪五人男）雪ノ下浜松屋の場、かぶき総見）、かぶきを観る：誌上舞台鑑賞）」『国文学—解釈と教材の研究』三十七巻六号、学燈社、一九九二年
土田牧子『黒御簾音楽にみる歌舞伎の近代—囃子付帳を読む』雄山閣、二〇一四年
戸板康二ほか監修『名作歌舞伎全集　第十一巻　河竹黙阿弥集 二』東京創元新社、一九六九年
藤沢茜「豊国と黙阿弥の意図—『豊国漫画図絵』から『青砥稿花紅彩画』へ」『浮世絵芸術』一五四号　国際浮世絵学会、二〇〇七年

六、助六

遠藤為春「助六由縁江戸桜の型」『名優当り芸芝居の型』（近世文芸研究叢書：第2期芸能篇15）所収、クレス出版、一九九七年
吉川英史ほか監修『日本古典音楽大系　第六巻　古曲：河東・一中・宮薗・荻江』（LPレコード解説）講談社、一九八一年
齊藤千恵「「助六所縁江戸桜」考—上演史からみた「ゆかり」の意味」『近世文藝』九十五号、二〇一二年
諏訪春雄編著『歌舞伎オン・ステージ17助六由縁江戸桜 寿曽我対面』白水社、一九八五年
戸板康二ほか監修『名作歌舞伎全集　第十八巻　家の芸集』東京創元新社、一九六九年
ビュールク・トーヴェ『二代目市川團十郎の日記にみる享保期江戸歌舞伎』文学通信、二〇一九年

七、楼門

古井戸秀夫編著『歌舞伎オン・ステージ13　五大力恋緘・楼門五三桐』白水社、一九八七年

一杵屋栄二監修／浅川玉兎構成・解説、ＬＰレコード『大薩摩節』、日本ビクター

第二章　おすすめ演目 聴きどころメモ

吉川英史ほか監修『日本古典音楽大系』（第四巻長唄、第五巻義太夫、第七巻豊後系浄瑠璃）（ＬＰレコード解説）講談社、一九八一～一九八二年
長沢勝俊『長沢勝俊―音に命を吹き込む：長沢音楽のすべて』日本音楽集団、二〇〇四年
古井戸秀夫『舞踊手帖』新書館、二〇〇〇年
真しほ会　宮丸直子・配川美加・鴻巣香『邦楽囃子真しほ会解説集 その一 一九八六～一九九五』山川出版社、二〇一三年
真しほ会　宮丸直子・配川美加『邦楽囃子真しほ会解説集 その二 一九九六～二〇〇五』山川出版社、二〇一四年
松本幸四郎監修『知っておきたい 歌舞伎 日本舞踊 名曲一〇〇選』淡交社、二〇二三年
杵屋直光 note「長唄「鷺娘」解説 https://note.com/naomitsu_kineya/n/na728bd3e8fbf
清元國惠太夫 OFFICIAL WEBSITE「清元曲辞典」https://kuniedayu.com/library/
松竹株式会社「歌舞伎公式総合サイト　歌舞伎美人　公演情報」https://www.kabuki-bito.jp/

おわりに

私が歌舞伎に足しげく通うようになったのは、小学六年生の春のことです。受験塾を早退して、母親に連れられて見たのは、歌舞伎座百年公演の『仮名手本忠臣蔵』の昼の部。何がそんなに心に響いたのか、はっきりと記憶していないのですが、その日からブロマイドを買い、夜の部のチケットを速攻で手に入れたことはよく覚えています。そして、翌月も、翌々月もといった具合に、ずぶずぶと沼にはまっていきました。何かに夢中になった時の子供の知識欲というのはすごいもので、あっという間に歌舞伎や役者さんに詳しくなり、またそれが歌舞伎熱に拍車をかけました。

劇場には家族ともよく行きましたが、小学校の親友Aちゃんを歌舞伎沼に引きずり込むことに成功したので、彼女と二人で行くことも。子供だけで見に行っていると、近くの席の方からなぜか「偉いね」と褒められ、飴やミカンを頂くこともしばしば。そんな客席の雰囲気にも温もりを感じていました。

そのまま、中学・高校と歌舞伎熱は続きましたが、同時に宝塚や劇団四季、高校になるとオペラにも夢中になりました。こうしたいろんな音楽劇は、大げさに聞こえるかもしれませんが、私にとって心の支えでもありました。支えられたおかげで(?)大学受験も無事終わり、東京藝術大学の楽理科という学科に進みました。楽理科は音楽に関わるさまざまな学問に触れることのできる学科です。入学前から大好きな音楽劇について勉強できるかなという期待はありました。

大学ではいろんな音楽に触れましたが（歌舞伎観劇と研究との公私にわたる友を得たことも幸運でした）、さて卒論という段になって、最終的には歌舞伎の黒御簾音楽をテーマに選びました。歌舞伎は音楽をたくさん使いますが、音楽主導で舞台が進むオペラ（や一部のミュージカル）のようなものではなく、かといって、大半のミュージカルや宝塚のようにセリフで物語が進行し、大事なメッセージや感情を歌で伝えるというものでもなく、演劇（ストレートプレイ）や映画、テレビドラマなどの音楽（劇伴）とも違っています。黒御簾音楽の仕組みを知りたい、そんな思いで卒論に取り組みました。しかし、それから数十年。未だにその探究は続いています。


歌舞伎音楽の本を書きませんか。そんな私が、NHK出版の吉田光里さんから声をかけられたのは、二〇一八年の秋のことでした（ちなみに、吉田さんと私をつないでくれたのは、小学校以来ずっと私の歌舞伎友達でいてくれている親友Aちゃん）。

この企画を持ちかけられたとき、歌舞伎好きで音楽にも造詣の深い吉田さんと本を作るのは、さぞ楽しいだろうと思いました。でもそれと同時に、複雑な歌舞伎音楽の世界を広くカバーし、読者の皆さんにわかりやすくお伝えすることが、自分に可能なのかという不安もありました。それでも、歌舞伎音楽を主な研究対象としている者として、それを果たすことも自分の責務ではないかという思いもあり、お引き受けした次第です。

予想どおり、いや予想以上に、執筆は難航しました。執筆作業は日頃の勉強不足を思い知らされる毎日で、調べては書き、書いては調べる中、多くの先行研究にお世話になりました。ひとつあげるとすれば、迷わず配川美加さんの『歌舞伎の音楽・音』です。この本なくしては本書の執筆は不可能でした。この場をお借りして厚く御礼を申し上げたいと思います。

また、執筆にあたりましては、多くの方々に貴重なご助言をいただきました。竹本葵太夫師、八代目杵屋巳太郎師、三代目柏要二郎師、堅田喜三代師、前島美保氏、鎌田紗弓氏には、個別にご質問ご相談をさせていただきました。また、国立国会図書館、松竹大谷図書館、東京藝術大学附属図書館、早稲田大学演劇博物館ほか、多くの機関にお世話になりました。深く御礼申し上げます。そして、なかなか進まない私の執筆を根気強く待ち続け、出版に漕ぎ着けてくださった吉田さんには、本当にお世話になりました。ありがとうございました。

最後に、本書には今の歌舞伎音楽を第一線で担う竹本葵太夫師と八代目杵屋巳太郎師によるインタビューを収録することが叶いました。お二方ともにお忙しい中、貴重なお話をお聞かせくださいましたことに、心より感謝申し上げます。

二〇二四年一月

土田牧子

土田牧子（つちだ・まきこ）
共立女子大学文芸学部教授。1976年東京生まれ。2007年、東京藝術大学大学院音楽研究科博士課程修了。博士（音楽学）。日本学術振興会特別研究員を経て、東京藝術大学、金沢大学ほか非常勤講師。2016年より共立女子大学文芸学部専任講師、2023年より現職。研究分野は近世演劇、日本音楽史。著書に『黒御簾音楽にみる歌舞伎の近代―囃子付帳を読み解く』（雄山閣、2014年）、細川周平編著『音と耳から考える―歴史・身体・テクノロジー』（共著、アルテスパブリッシング、2021年）、上田学・小川佐和子編『新派映画の系譜学―クロスメディアとしての〈新派〉』（共著、森話社、2023年）他。

本文デザイン　三森健太（JUNGLE）　DTP　ノムラ
本文イラスト　株式会社ウエイド　校閲　髙松完子

音を聴く　深く観る
歌舞伎音楽事始

2024年2月25日　第1刷発行

著　者　土田牧子

発行者　松本浩司
発行所　NHK出版
〒150-0042　東京都渋谷区宇田川町10-3
電話　0570-009-321（問い合わせ）
0570-000-321（注文）
ホームページ　https://www.nhk-book.co.jp
印刷・製本　共同印刷

Printed in Japan
ISBN978-4-14-081957-9　C0073